Gestão de pessoas:
uma vantagem competitiva?

COLEÇÃO **FGV**  UNIVERSITÁRIA

Gestão de pessoas:
uma vantagem competitiva?

MARIA ZÉLIA DE ALMEIDA SOUZA
VERA LÚCIA DE SOUZA

 FGV | EDITORA IDE

Copyright © 2016 Maria Zélia de Almeida Souza e Vera Lúcia de Souza

Direitos desta edição reservados à
EDITORA FGV
Rua Jornalista Orlando Dantas, 37
22231-010 — Rio de Janeiro, RJ — Brasil
Tels.: 0800-021-7777 — (21) 3799-4427
Fax: (21) 3799-4430
editora@fgv.br — pedidoseditora@fgv.br
www.fgv.br/editora

Impresso no Brasil / *Printed in Brazil*

Todos os direitos reservados. A reprodução não autorizada desta publicação, no todo ou em parte, constitui violação do copyright (Lei nº 9.610/98).

Os conceitos emitidos neste livro são de inteira responsabilidade dos autores.

1ª edição – 2016

Preparação de originais: Sandra Frank
Editoração eletrônica: FA Editoração
Revisão: Clarisse Cintra
Capa: aspecto:design

Ficha catalográfica elaborada pela
Biblioteca Mario Henrique Simonsen/FGV

Souza, Maria Zélia de Almeida
    Gestão de pessoas: uma vantagem competitiva? / Maria Zélia de Almeida Souza, Vera Lúcia de Souza. - Rio de Janeiro : FGV Editora, 2016.
    298 p.

    Inclui bibliografia.
    ISBN: 978-85-225-1665-0

    1. Administração de pessoal. 2. Desenvolvimento organizacional. 3. Cultura organizacional. 4. Planejamento empresarial. I. Souza, Vera Lúcia de. II. Fundação Getulio Vargas. III. Título.

                                     CDD – 658.3

Aos nossos pais, pela crença de que o acesso ao conhecimento faz diferença no mundo do trabalho.
Às organizações que nos confiaram desafios e, além de favorecerem o amadurecimento dos nossos perfis de competência, também permitiram o aprofundamento do nosso olhar sobre os fenômenos organizacionais em maior nível de profundidade.
Aos nossos alunos, pelas reflexões que instigaram o aprofundamento do nosso olhar sobre o gerenciamento de pessoas em ambientes corporativos.
Às pessoas queridas com que privamos nossos cotidianos devido à escolha do ofício da docência com o intuito de promover intervenções na realidade organizacional.
Aos nossos filhos, com quem, com amor, compartilhamos nossa crença na possibilidade de um mundo do trabalho mais justo e humano.
E, ainda, a Nietzsche, ao denunciar que o trabalho é a coluna vertebral da existência (Aforismo 575).

Agradecemos ao diretor de serviços compartilhados, Gérson Lachtermacher, e ao Paulo Sérgio de Souza Coelho, superintendente do Programa Certificação de Qualidade, pelo incentivo do compartilhamento das nossas crenças, conhecimentos e experiências relativas ao gerenciamento de pessoas neste mundo do trabalho instável e turbulento.

Sumário

Para início de conversa... 15

1. **A contextualização da função RH**   19

   Desafios e dilemas do atual contexto de negócio   19
   Modelos de gestão empresarial   23
   Mudanças nas relações de trabalho   28
   Mudanças na organização do trabalho   31
   Mudanças no âmbito do indivíduo   32

2. **Mudanças na gestão de pessoas**   35

   A evolução da gestão de pessoas no Brasil   35
   A gestão estratégica de pessoas   40
   Mudança e cultura organizacional   49

3. **Planejamento empresarial e planejamento de RH**   53

   Afinal, o que é planejamento estratégico de recursos humanos (PERH)?   53
   A arquitetura do planejamento estratégico de RH (PERH)   65
   Necessidades organizacionais de recursos humanos   68
   Elaboração de políticas, programas e projetos de RH   69

4. **Gestão de pessoas: uma cadeia de processos**   75

   A gestão de RH como um sistema integrado   75

Da perspectiva do cargo ao foco da competência   80
A liderança gerencial: gestor de negócio, processos e pessoas   82

5. **O processo obtenção**   95

    Recrutamento e seleção: ideias-chave   95
    O recrutamento de pessoas   98
    A seleção de pessoas   104
    Avaliação do processo obtenção   111

6. **O processo desenvolvimento**   113

    Educação: o alicerce do desenvolvimento   113
    Da área de treinamento à universidade corporativa   116
    Treinamento e desenvolvimento: finalidades   118
    O alinhamento de políticas, programas, projetos e ações de T&D   121
    Fluxo do processo desenvolvimento   123
    Organizações que aprendem e universidade corporativa   127

7. **Gestão do desempenho humano**   129

    A relevância contemporânea da gestão do desempenho   129
    Etapa planejamento do desempenho: o ponto de partida   135
    Etapa acompanhamento: uma ação necessária   142
    Etapa avaliação: uma fonte de informações   143
    Barreiras e avanços   155
    A dimensão humana da gestão do desempenho   157

8. **Gestão da remuneração**   161

    A gestão da remuneração: uma forma de recompensa organizacional   161
    Remuneração funcional   162
    A remuneração baseada em competências e resultados   173
    Benefícios   178

9. Gestão de carreira   189

   Gestão da carreira: por que e para quê?   189
   Carreira: um conceito em construção   190
   Sistemas de administração de carreira   193
   O papel dos planos de desenvolvimento pessoal   206

10. Gestão da ambiência: clima organizacional   215

    A ambiência contemporânea do contexto de negócio   215
    Gestão do clima   217
    O papel do clima na consecução dos objetivos organizacionais   222
    As dimensões do clima organizacional   223
    Clima e cultura organizacionais: conceitos complementares?   224
    Consequências do clima organizacional   224
    O processo da pesquisa de clima   226

11. Gestão das relações de trabalho   231

    A mudança de paradigma da gestão e do trabalho   231
    O papel contemporâneo da função RH nas relações de trabalho   236
    O sistema brasileiro de relações de trabalho   244
    Conflitos jurídicos no âmbito da gestão de pessoas   246
    O assédio moral no trabalho   249
    Os avanços nas relações de trabalho   253

12. Administração de informações sobre o capital humano   257

    Os impactos dos avanços tecnológicos na área de RH   257
    Sistemas integrados de recursos humanos (SIRH)   260
    O papel de um SIRH na atuação da área de RH como *business partner*   264
    Barreiras   267

13. Desafios da gestão participativa   271

    O desafio da comunicação na organização   271

A relevância da gestão do capital humano, social e
   psicológico   272
O desafio da resistência à mudança   275
O desafio do diálogo   276
O desafio da mudança pessoal   278

Referências   287

As autoras   297

A mudança é a única coisa permanente.
Heráclito

Para início de conversa...

Há mais de duas décadas atuamos como profissionais nos diversos processos vinculados à cadeia de valor gestão de pessoas. Cada uma de nós desenvolveu sua carreira em organizações distintas, públicas e privadas, de médio e grande portes. A atividade acadêmica, porém, sempre foi desenvolvida em paralelo às funções executivas. No âmbito acadêmico, majoritariamente optamos pelas contribuições profissionais cujos desafios enfrentávamos no dia a dia, atendendo a um público heterogêneo e geograficamente disperso.

Assim, saímos em busca de temas e questões que refletissem a experiência acumulada para recortarmos o conteúdo do livro, orientadas por uma indagação: o que é relevante compartilhar com alguém que busca atuar como um profissional na área de recursos humanos no mundo do trabalho atual? Essa indagação nos exigiu longas e profundas conversas. Revisitamos os êxitos e os fracassos que vivenciamos em nossas trajetórias profissionais. O balanço evidenciou que os prazeres sobressaíram em relação às frustrações.

Então, como diria o poeta Carlos Drummond de Andrade, "De tudo fica um pouco". Especificamente, em nós ficaram marcas que estimulam reflexões que instigam o desejo da construção de um livro que enfatize, simultaneamente, as duas vertentes da gestão do elemento humano: o prescrito e o real.

Desde o início rejeitamos a ideia de escrevermos um livro restrito à perspectiva técnica e funcional, apenas descrevendo o que significa na prática o funcionamento adequado do processo gestão de pessoas. O mercado dispõe de excelentes publicações didáticas centradas nos temas vinculados ao gerenciamento de pessoas. A produção acadêmica, brasileira e estrangeira, defendendo a hipótese que de pessoas são as principais fontes de vantagens competitivas é incalculável. Então, por que mais um livro cujos temas abordam essa área do conhecimento?

Os fatos organizacionais cotidianos atestam que a vida, em sentido amplo, não segue seu curso conforme o prescrito. Como cantaram Caetano e Chico, no Teatro Castro Alves, em Salvador, Bahia, em 1972, "Navegar é preciso, viver não é preciso". À semelhança, a realidade organizacional extrapola o "roteiro" preconizado por modelos de gestão. A organização habita um mundo real no qual convivem a racionalidade instrumental e a substantiva.

A consciência de que o campo das organizações é impulsionado por pressões externas e dinamizado por homens e mulheres, a partir de suas crenças e de seus valores a respeito de como lidar com as exigências dessas pressões, consolidou a decisão de construirmos um livro que extrapolasse a perspectiva descritiva. Entendemos que a opção por esse caminho denotaria uma postura ingênua e simplista. E, por que não dizer, irreal.

Fundamentalmente, a experiência profissional propôs a inclusão de um olhar crítico sobre os impactos dos condicionantes contemporâneos, externos e internos, sobre o processo gestão de pessoas, até onde fosse adequado aos propósitos do livro.

Em função disso, além do descrito, abordamos a dinâmica da gestão de pessoas com as exigências, os paradoxos e as idiossincrasias que a caracterizam nesse mundo do trabalho real, nas primeiras décadas do século XXI. Para tanto, associamos à perspectiva funcional o questionamento sobre os atuais desafios da função RH e, por decorrência, da área de RH. Apesar de na atualidade essa ser a faceta da gestão enaltecida em discursos, na prática o hiato entre o pensamento e a ação é visível. Será que o discurso de que pessoas se constituem em um diferencial competitivo é apenas um clichê?

Os focos e as abordagens dos capítulos do livro, portanto, além de se originarem de nossa experiência profissional, revelam nossas crenças.

Acreditamos que uma organização apenas será o que quer ser se for capaz de despertar em cada indivíduo que nela atua o desejo de oferecer o melhor que possui em sua bagagem pessoal. Daí o entendimento de que esse é o principal desafio gerencial.

A mudança no ambiente de negócios construído para o atendimento das demandas da reestruturação produtiva dos anos 1990, bem como suas repercussões nesse campo do saber, será o pano de fundo dos capítulos do livro.

Nos capítulos 1 e 2, intitulados, respectivamente, "A contextualização da Função RH" e "Mudanças na gestão de pessoas", ressaltamos a ambiência dessa função, que se materializa em uma área instituída para oferecer apoio às decisões empresariais no que se refere à gestão do elemento humano.

No capítulo 3 – "Planejamento empresarial e planejamento de RH" –, apresentamos os aspectos críticos relativos ao planejamento das ações de RH dirigidas ao atendimento das demandas organizacionais, processo que se constitui no alicerce da gestão de pessoas. E por conseguinte, representa o fio condutor para a intervenção efetiva nas organizações quanto às contribuições das pessoas para o negócio.

No capítulo 4 – "Gestão de pessoas: uma cadeia de processos" –, analisamos a administração de RH como um sistema integrado, enfatizando as repercussões do deslocamento da perspectiva da gestão de pessoas do cargo para a competência.

O capítulo 5 – "O processo obtenção" – ressalta os conceitos-chave e os procedimentos usuais para atrair e selecionar profissionais potencialmente capazes de adicionar valor ao negócio.

Por sua vez, o capítulo 6 – "O processo de desenvolvimento" – destaca a relevância de investimentos no alinhamento dos perfis de competência dos indivíduos às demandas do negócio.

O capítulo 7, dedicado à "Gestão do desempenho humano", destaca sua centralidade na retenção dos profissionais que contribuem de modo diferenciado para que organização seja o que ela quer ser.

Mantendo essa linha de pensamento, o capítulo 8 prossegue abordando a "Gestão da remuneração", analisando suas tendências atuais, segundo as pesquisas que vimos realizando na última década, em organizações apontadas como avançadas em termos de práticas gerenciais.

O capítulo 9 delineia as tendências da "Gestão de carreira", tema antes restrito aos formuladores das estratégias empresariais, hoje, porém, uma negociação entre seus dois atores principais: a empresa e os empregados.

O foco do capítulo 10 reside na "Gestão da ambiência organizacional", tema impossível de ser negligenciado no atual mundo do trabalho, considerando que o ambiente favorece ou não a sustentação da excelência, uma condição necessária à obtenção de vantagens competitivas.

No capítulo 11, ressaltamos os impactos da reestruturação produtiva mais recente na "Gestão das relações de trabalho", condição que, junto com a gestão da ambiência, permitirá ou não a concretização da visão organizacional.

O enfoque do capítulo 12 enfatiza os impactos dos avanços tecnológicos da informação e comunicação na administração das informações relativas ao capital humano da organização.

Finalizando, o capítulo 13 traz à tona os desafios da interação humana na aceitação do convívio com a diferença.

Esperamos que a leitura do livro não somente contribua para a ampliação do conhecimento do leitor, mas, também, que estimule reflexões propulsoras de ações que expressem efetivamente a importância do gerenciamento do elemento humano nas organizações do século XXI.

1 A contextualização da função RH

> **Objetivos:**
> ❏ identificar os desafios e dilemas da gestão de pessoas do atual contexto de negócio;
> ❏ destacar as bases de sustentação dos modelos de gestão empresarial predominantes nos séculos XX e XXI.

Desafios e dilemas do atual contexto de negócio

A percepção da simplicidade da gestão do elemento humano é ilusória. Por quê? Segundo Oliveira (2000), gerir designa a materialização de princípios, processos e funções, objetivando planejar situações futuras e seu posterior controle e avaliação da eficiência, eficácia e efetividade. Logo, gestão do elemento humano é um processo que implica a tomada de decisão relativa à sua organização e à sua alocação (figura 1), visando à obtenção dos resultados desejados. Portanto, convenhamos, esse não é um desafio a ser enfrentado de modo ingênuo.

Se o foco da decisão se vincular à gestão de pessoas em ambientes competitivos, a simplicidade praticamente inexiste. O ser humano é uma "caixa de surpresas", imprevisível, daí sua natureza se distinguir dos demais fatores que coexistem na dinâmica das organizações. Apesar de o jargão popular afirmar que "de futebol e gestão de pessoas todo mundo entende", a consciência de seu significado destrói a ideia de simplicidade. À semelhança das demais áreas do conhecimento científico, estudos idôneos, recentes, focados na gestão de pessoas, provocaram avanços, teóricos e práticos, que impedem a continuidade do olhar reducionista a esse respeito.

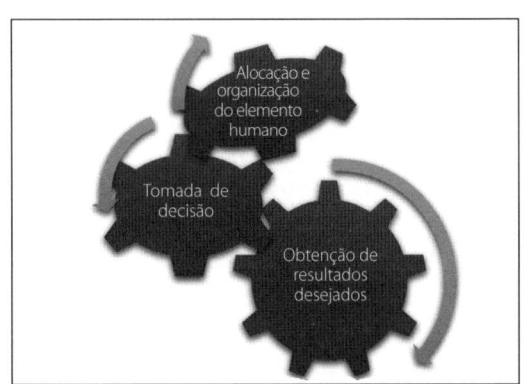

Figura 1. Gerir pessoas: um processo gerencial

Reestruturações produtivas nos séculos XX e XXI

Os séculos XX e XXI assistiram a reestruturações produtivas que provocaram intensas mudanças nos modelos e nas práticas de gestão. O acirramento da competição, em atendimento às demandas da globalização dos mercados, dos avanços das tecnologias de informação e comunicação e da elevação do nível de exigência do cliente, impôs mudanças organizacionais que culminaram na substituição da lógica da produção em massa (modelo taylorista-fordista) pela lógica da produção flexível (pós-fordismo). Em decorrência, tais mudanças afetaram o modo de pensar e agir nas organizações ao longo desses séculos. O quadro 1 ilustra fatos marcantes vinculados às reestruturações produtivas ocorridas nesse período, em uma perspectiva temporal.

Do final do século XIX às primeiras décadas do século XX, as pressões ambientais condicionaram mudanças nas esferas do trabalho, da organização e do indivíduo.

QUADRO 1. Influência das reestruturações produtivas dos séculos XX e XXI nas mudanças organizacionais

Período	Caracterização	Consequências
Final do século XIX até anos 1930	Lógica baseada em metas racionais. Concepção economicista e mecanicista do ser humano. Relações de poder regulamentadas por normas e leis.	Exclusão do humano e, portanto, da emoção na vida das organizações. Predomínio de culturas que estimulam a despersonalização.
Anos 1930-1960	Valorização da lógica apoiada nos pressupostos da psicologia cognitiva.	Enriquecimento do trabalho. Ênfase nas condições do trabalho e na vida social da organização.
Anos 1960-1990	Ênfase em mecanismos de proteção social. Foco na elevação da qualidade do trabalho assalariado.	Ampliação de ganhos relativos a conquistas trabalhistas e de seguridade social.
A partir dos anos 1990	Valorização da nova lógica de gestão que enfatiza a relação custo/benefício. Economia como o centro da sociedade. Flexibilidade dos mercados e do trabalho.	Alinhamento de modelos, práticas e perfis de competência às flutuações do mercado. Incremento do desemprego estrutural. Redução da hierarquia. Enfraquecimento dos vínculos entre o trabalhador e a organização.

Fontes: Boltanski e Chiapello (1999); Oliveira (2010); Chesnais (1996); Freitas (1999); Smith (1997); Souza e Souza (2008); Ingelgard (1998); Powell (2001); Cattani (2002); Souza (2008, 2011); Ayres e Souza (2012).

O pensamento de Taylor, Fayol e Weber alicerçou as bases racionais das organizações visando à obtenção de ganhos máximos de eficiência. Para tanto, a organização do trabalho valorizava formas rígidas de divisão do trabalho. Essa visão economicista e mecanicista estimulou a crítica de Weber quanto ao pacto burocrático para regulamentar o convívio social. A dinâmica da hierarquização do poder, ao excluir o humano, eliminou a emoção na vida organizacional, incentivando a despersonalização e a cultura racional (Ayres e Souza, 2012).

À época da depressão dos anos 1930, a busca de ganhos de produtividade impôs uma nova perspectiva a respeito do elemento humano, dessa vez orientada pelos pressupostos da psicologia cognitiva. Os estudos de Hawthorne, coordenados por Elton Mayo, contribuíram de modo significativo para um olhar humanizado da gestão do elemento humano ao enfatizarem a relevância de relações humanas saudáveis no ambiente de trabalho como estratégia de aumento de produtividade. A relação entre as condições do trabalho e a vida social se tornou uma preocupação por parte dos teóricos.

Por sua vez, a década de 1960 assistiu à elevação do nível de produtividade e ao aumento da atividade econômica, o que propiciou o aumento crescente dos salários reais, a elevação do nível global do emprego, a redução de taxas de desemprego e a adoção de políticas do Estado de bem-estar social, entre outros. Em síntese, esse contexto fomentou a adoção de mecanismos de proteção social e a elevação da qualidade do trabalho assalariado.

O período 1970-1990 se caracterizou pelo acirramento da competição, aliado à redução das taxas de crescimento, ao aumento da inflação e à elevação das taxas de desemprego, exigindo mudanças organizacionais mais complexas.

O prosseguimento das mudanças organizacionais impôs, desde os meados dos anos 1990, o gerenciamento do elemento humano por uma perspectiva distinta – passando a ser orientado pela lógica de produção flexível.

Em concordância com vários autores, Souza e Souza (2008) acentuam que essa lógica buscou atender às exigências das flutuações do mercado. Para tanto, tornou a flexibilidade o alicerce das estratégias empresariais.

Pesquisas recentes evidenciam que a mudança recente de paradigma transformou o indivíduo em um agente digno de investimento. Desse modo, a mão de obra é transformada em capital humano, ou seja, uma fonte de vantagem competitiva.

Ratificando, o conceito de capital humano (CH) explicita a mudança da concepção do trabalhador na dinâmica organizacional. A teoria do capital humano deriva da teoria econômica neoclássica. Ela pressupõe que o indivíduo deve ser livre, soberano e racional. Essa premissa ressurge com a crise do modelo taylorista-fordista, associada à redefinição de trabalho na empresa.

Em suma, as pressões competitivas impuseram à organização contemporânea a reinvenção da gestão do elemento humano. Nessa direção, a gestão de pessoas exige mudanças significativas nos papéis da função RH e, portanto, da área de RH[1] e de seus principais atores envolvidos. À função RH foi imposto o desafio da construção de condições favoráveis à execução das estratégias definidas para a concretização da visão empresarial. Em decorrência, a área de RH e seus atores foram impelidos a assumir novos papéis para assegurar o alinhamento estratégico (quadro 2).

QUADRO 2. Metamorfoses na gestão do elemento humano

> Formas flexíveis de organização do trabalho.
> Novos padrões de excelência.
>
> **Mudança organizacional**
> Reinvenção do modo de gerenciar o capital humano.
> Criação de um ambiente propício à satisfação do cliente interno.
> Prestação de serviços em nível de excelência.
>
> **Metamorfoses do mundo do trabalho**
> Globalização do mercado.
> Avanços da informatização.

Uma questão notadamente se impõe: os impactos específicos da globalização do mercado, dos avanços tecnológicos e da elevação do nível de exigência do cliente exigiram mudanças na gestão do elemento humano.

Modelos de gestão empresarial

A compreensão das transformações nas formas de gerenciamento de pessoas, a partir das duas últimas décadas do século XX, requer a análise dos fundamentos dos modelos tradicionais em maior nível de profundidade,

---

[1] Área de RH é a unidade organizacional, composta por especialistas em gestão de pessoas, enquanto função RH é a atribuição de todos aqueles que possuem subordinados.

sobretudo no tocante ao paradigma de gestão delineado desde o início dos anos 1970. É provável que isso possibilite o aprofundamento do pensamento quanto às mudanças que afetam a gestão do elemento humano na organização contemporânea.

Organizações tradicionais

O mecanicismo é um paradigma tradicional que até hoje influencia as organizações de modo significativo. Ilustrando, o *Jornal do Brasil*, em novembro de 1999, publicou, no Caderno de Economia, que Henry Ford foi eleito pela revista americana *Fortune* o homem de negócios do século XX. Um trecho da notícia justifica a escolha: "O famoso modelo T, preto, foi sinônimo de padronização industrial [...]". Apesar de o momento atual valorizar modelos flexíveis, isso evidencia a força do mecanicismo, uma concepção determinista da realidade organizacional, entendida como um conjunto de "peças" conectadas de modo preciso.

As bases da empresa mecânica, originadas das ideias de Frederick Winslow Taylor (1856-1915) e Henri Fayol (1841-1925), conceberam modelos racionalistas de gestão. Portanto, eles defendiam que eficiência e produtividade são diretamente proporcionais. Taylor defendia a divisão estratificada do trabalho em tarefas menores, na definição de um tempo padrão, na eficiência máxima na realização da tarefa mediante métodos determinados *a priori*.

O homem, estimulado pelo olhar reducionista, além da divisão de tarefas e da excessiva separação de "classes" na organização, dividiu-se (Souza, 2002).

A postura mecanicista separou o homem do homem e o homem de si mesmo. Idealizou uma visão reducionista, pragmática, individualista. O filme *Tempos modernos*, de Charles Chaplin, ilustra esse pensamento de forma magistral (Souza, 2002). Porém, as imposições da economia global determinam o abandono desses modelos de gestão. O foco na hierarquia, na burocracia e no controle *top-down* (de cima para baixo) não mais atende às suas exigências. As organizações contemporâneas requerem modelos orientados para o mercado visando à sustentação de níveis crescentes de excelência no desempenho.

O atual cenário corporativo tornou necessária a criação de mecanismos que propiciem melhoria contínua da qualidade de produtos e serviços, redução de custo, redução do tempo de atendimento e aumento da inovação (Lawler, 1996). Nesse sentido, emerge um novo paradigma de gestão. Em suma, a falência dos modelos mecanicistas condicionou as transformações organizacionais necessárias ao enfrentamento dos desafios impostos pelas novas referências paradigmáticas à gestão do elemento humano.

Organizações no século XXI

A velocidade das mudanças, ao implodir padrões antigos de comportamento, abalou velhos ideais em suas raízes, demandando estratégias flexíveis de gestão para enfrentar os desafios da competitividade. A gestão de pessoas não ficou imune aos impactos dessas transformações. A lógica que sustenta os modelos de gestão flexível, sobretudo a explicitada nos quadros teóricos concebidos por Lawler (1996) e DiMaggio (2001), expõe os pressupostos do novo modelo de gestão do elemento humano nas organizações do século XXI.

A visão de E. E. Lawler

A primeira crise do petróleo, em 1973, acelerou as mudanças organizacionais. A análise dessas mudanças na perspectiva de Lawler (1996), oferece insumos relevantes à compreensão da dinâmica da organização contemporânea, em particular das organizações de alto desempenho.

Especificamente, a linha de pensamento de Lawler contribuiu para a ampliação da compreensão das implicações das mudanças nos modelos de gestão e de gerenciamento do elemento humano, em especial ao sinalizar que as abordagens contemporâneas de gestão podem ser visualizadas a partir de duas perspectivas distintas.

A primeira abordagem enfatiza que a concorrência deve ser enfrentada por meio da estratégia de custos menores, inclusive com pessoal. Na medida em que não compete por talentos, ela não prioriza a inovação, o conhecimento do produto e a orientação para o cliente. O elemento humano não é percebido como diferencial competitivo.

O trabalho, nessa perspectiva, não requer alterações que agreguem valor decorrente da contribuição do indivíduo. Sua vantagem competitiva advém de fontes distintas, como a padronização de atividades, considerando o fato de suas bases de sustentação se originarem do modelo taylorista-fordista de produção.

Organizações atuantes em ambientes relativamente estáveis tendem à adoção desse modelo. Considerando seu predomínio desde o final do século XIX, as mudanças observadas são graduais. Essa modelagem é encontrada com frequência em empresas de serviços, de limpeza, de zeladoria, em indústrias de processamento de alimentos e na agricultura. Vale ressaltar que a demanda pelos seus produtos e serviços não apresenta oscilações significativas.

A segunda perspectiva reflete uma concepção distinta. Os modelos de gestão apoiados nesse modo de pensar buscam vantagens competitivas por meio da reação à concorrência global. Para tanto, eles defendem que o indivíduo é o elemento-chave no processo de geração de valor, e por isso se caracterizam pela busca do envolvimento dos empregados com o negócio. A gestão do elemento humano é considerada estratégica. Em função disso, paulatinamente, a função RH e a área de RH vêm substituindo seus papéis operacionais por outros, estratégicos, visando captar, desenvolver e reter o capital humano (CH) que agrega valor.

As mudanças nas perspectivas de DiMaggio e Powell

As ideias centrais dos estudos de DiMaggio e Powell (2001) corroboram as premissas de E. E. Lawler. Em linhas gerais, elas sinalizam que um número expressivo de organizações do século XXI fracassa no enfrentamento dos desafios impostos pela competitividade contemporânea devido ao não distanciamento dos fundamentos do modelo taylorista-fordista, a seguir enumerados:

- a separação entre pessoa e função por meio de descrições formais de cargos;
- o excesso de normas e regras universalmente aplicadas;
- o estímulo ao vínculo empregatício de longo prazo em uma mesma empresa;
- o fomento às recompensas baseadas na antiguidade.

Os autores compararam os pressupostos dos modelos tradicionais e contemporâneos, e os resultados encontram-se sintetizados no quadro 3.

QUADRO 3. Pressupostos dos modelos tradicionais e contemporâneos

Tradicional	Organizações do século XXI
Ênfase no baixo custo.	Ênfase na diferenciação de produtos/serviços.
Ausência de priorização da inovação.	Ênfase na inovação.
Ausência de conhecimento do produto.	Conhecimento do negócio.
Ausência de orientação para o cliente.	Orientação para o cliente.
Elemento humano não considerado um diferencial competitivo.	O elemento humano é gerador de valor.
Padronização da realização das atividades.	Autonomia.

Fonte: adaptado de DiMaggio e Powell (2001).

Por sua vez, anteriormente, nos anos 1990, Wood Jr. (1995) analisou as recentes mudanças organizacionais por meio de três categorias-chave: características do trabalho, estruturas organizacionais e gestão empresarial, conforme esquematiza o quadro 4.

Observa-se, segundo a linha do pensamento dos autores, que a resposta organizacional ao ambiente de negócios do século XXI é a flexibilidade – o atual mantra corporativo.

A teoria revisada e os fatos observados autorizam a afirmação de que a nova forma de fazer negócios não se restringe ao mantra da flexibilidade. A financeirização da economia, isto é, a lógica do mercado de capitais, permeia a forma de ser da organização, o que a transforma, cada vez mais, na "mestra" dos negócios, prescrevendo objetivos e rumos para a economia real.

QUADRO 4. Tendências das mudanças organizacionais

	Tendências declinantes	Tendências ascendentes
Características do trabalho	Reprodutibilidade Divisão rígida de tarefas Experiência anterior	Flexibilidade Interfaces nebulosas Multiespecialização Aprendizado contínuo
Estruturas organizacionais	Hierarquia vertical Centralização Perenidade Departamentalização	Redução de níveis hierárquicos Autonomia Descentralização Terceirização Matricialidade Instabilidade como fator de evolução
Características da gestão empresarial	Foco na produção Teorias quantitativas Distância capital/trabalho	Foco na gestão da informação Visão comum Valores compartilhados Colaboração Participação

Fonte: Wood Jr. (1995).

Essa forma de pensar se expandiu para todas as funções empresariais. Sobretudo, o impacto desse fato impôs um novo papel à função RH: promover mudanças nas demais áreas e funções da empresa norteadas pela lógica da financeirização.

Nesse sentido, ela é instada a contribuir para as mudanças nas relações de trabalho, na organização do trabalho e no âmbito do indivíduo.

Mudanças nas relações de trabalho

A análise dos condicionantes da turbulência no atual contexto organizacional nos permite afirmar que a capacidade de respostas bem-sucedidas das organizações aos desafios impostos por essa realidade requer um atributo: flexibilidade.

Na gestão do elemento humano, na atualidade, a flexibilidade se expressa por meio de duas perspectivas que orientam as políticas e práticas da gestão de pessoas: a flexibilidade funcional e numérica da força de trabalho. Trata-se de mecanismos que amortecem a incerteza quanto às necessidades de força de trabalho. Diante da incerteza e da volatilidade dos mercados, é necessária a redução do custo com a mão de obra para aumentar a produtividade e o retorno financeiro.

Nesse contexto, flexibilidade funcional é entendida como a capacidade de as empresas reorganizarem as competências associadas aos postos de trabalho de forma que os trabalhadores possam empregá-las por meio de um grande número de tarefas (Atkinson, 1986). Assim, é notório o favorecimento da flexibilidade funcional em função da queda da premissa típica do modelo mecanicista: a divisão rígida das tarefas. Em seu lugar, valorizam-se a capacidade de adaptação e a mobilidade dos empregados, na medida em que tal flexibilidade requer o emprego eficaz de várias capacidades para o alcance dos resultados almejados.

Na prática, a flexibilidade funcional busca a fluidez da organização do trabalho. Para tanto, ela investe no desenvolvimento e na transferência contínua de conhecimentos e habilidades para a realidade empresarial. Isso requer um considerável investimento em formação e empenho dos empregados no futuro da organização. Em contrapartida, as empresas buscam a construção de vínculos com seus empregados, proporcionando a formação adequada e oferecendo condições de emprego atraentes, tais como progressão na carreira e rendimentos mais elevados.

Flexibilidade numérica, ou quantitativa, refere-se à capacidade de as empresas ajustarem o número de trabalhadores ou, ainda, de horas de trabalho, de acordo com as mudanças nas demandas efetuadas à organização. Esse mecanismo representa a capacidade de a empresa efetuar ajustes na demanda da sua força de trabalho por meio de trabalhadores sem vínculo empregatício permanente. Estruturando-se pela perspectiva do curto prazo, esse mecanismo se associa à busca de minimização de custos.

Observando as duas perspectivas, Furnham (2000) observa que elas podem ser utilizadas simultaneamente no tocante à inserção no mercado de trabalho, como demonstra a figura 2.

Figura 2. Novas formas de relações de trabalho

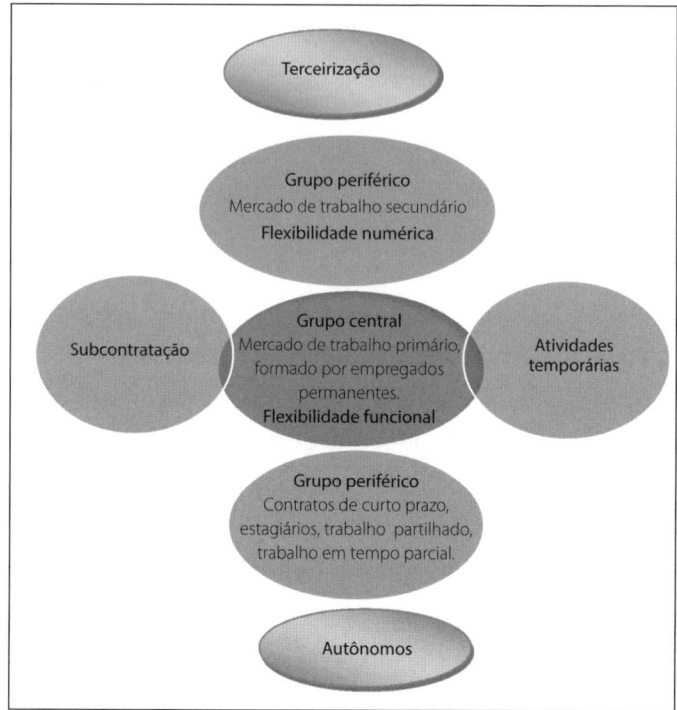

Fonte: adaptado de Smith (1997); Furnham (2000).

A figura 2 aponta um grupo central, composto por empregados permanentes e qualificados, que contribuem para o aumento da flexibilidade da empresa graças ao fato de possuírem competências demandadas pela flexibilidade funcional.

Assim, esses empregados se ocupam das funções centrais e mais relevantes para a atividade da organização e, portanto, gozam de relativa segurança no mundo do trabalho.

Em contraponto, os grupos periféricos são compostos por trabalhadores temporários, que trabalham em tempo parcial e se ocupam de tarefas e funções secundárias ou, ainda, de apoio à atividade principal da organização. Esse mecanismo permite à empresa contrair seu número de empregados em períodos de retração da procura de seus serviços e produtos e consequente diminuição da atividade, bem como expandi-lo em períodos de aumento da procura e da atividade. Dessa forma, o grupo periférico de trabalhadores proporciona flexibilidade numérica à empresa.

Em face da relevância desse tema na atualidade, ele será abordado em maior nível de profundidade no capítulo 11.

Mudanças na organização do trabalho

Mudanças decorrentes da nova lógica de gestão buscam assegurar a flexibilidade organizacional. Nesse sentido, vale ressaltar que, em função dessa nova lógica, a base da gestão de pessoas deixa de ser o cargo restrito. Este é substituído, em uma primeira instância, pelo cargo amplo, e, atualmente, o modelo de gestão de pessoas se apoia na lógica da competência.

Essa transformação é uma prova da mudança na organização do trabalho. Em lugar de empregados que realizam atividades por meio de descrições minuciosas de suas tarefas, a nova lógica requer indivíduos atuando segundo parâmetros elásticos ao realizar suas atividades.

Conforme abordado, a modelagem de cargos, deixa de ser em um primeiro momento baseado no cargo restrito e passa a utilizar a perspectiva do cargo amplo, que se caracteriza pelos seguintes atributos:

- variedade de tarefas, objetivando permitir ao indivíduo a utilização de suas habilidades e conhecimentos, ou seja, fomento à multifuncionalidade;
- autonomia do indivíduo, de modo a propiciar aumento crescente do seu grau de independência para planejar e executar seu trabalho, ou seja, busca de "empoderamento";
- significado da tarefa, de modo a permitir ao indivíduo identificar o impacto de seu trabalho e das outras pessoas na organização;
- identidade das tarefas, que diz respeito ao grau em que o cargo requer que a pessoa execute e complete uma unidade integral do trabalho, ou seja, que o trabalho seja um elemento de realização pessoal;
- *feedback*, ou seja, compartilhamento de informação de modo a permitir ao indivíduo avaliar a eficiência de seus esforços na produção de resultados.

Em um segundo momento, a lógica do cargo amplo vem sendo substituída gradativamente pela lógica da competência. Essa questão relevante é alvo de análise no capítulo 4.

Mudanças no âmbito do indivíduo

No atual contexto das organizações, os indivíduos se tornaram elementos importantes na consecução e sustentação de vantagens competitivas das organizações.

Se por um lado a valorização do elemento humano no espaço organizacional é um fato inconteste, por outro há um preço a ser pago por isso. Para ser considerado uma fonte de vantagem competitiva, faz-se necessário que esse elemento apresente um perfil cobiçado pelo mercado corporativo. Esse é o perfil que garantirá sua empregabilidade, conceito em construção e, portanto, controverso, impreciso e inacabado, que um número expressivo de autores entende como uma nova forma de conceber as atitudes dos indivíduos com relação ao trabalho.

Mas o fato é que, ao analisar os impactos das mudanças organizacionais sobre o indivíduo, observa-se que desde o final do século XX o cenário econômico contribuiu para a classificação dos indivíduos em duas categorias: permanentes (trabalhadores essenciais ao negócio) e contingentes (trabalhadores periféricos, ou seja, "descartáveis").

A lógica da gestão flexível, portanto, requer do indivíduo a comprovação contínua de sua capacidade de atender às demandas do negócio. Por sua vez, essa lógica demanda, da área de RH, tecnologias de gestão capazes de avaliar se os indivíduos apresentam ou não perfis que agregam valor. Essa é a finalidade da avaliação de desempenho, a ser abordada no capítulo 7. Logo, a valorização dos perfis de competência é histórica. Perfis valorizados em uma época podem se desvalorizar posteriormente.

Pode-se concluir que, na nova economia, quanto maior a contribuição do indivíduo para o negócio, maior sua empregabilidade. Na atualidade, perfis que agregam valor se constituem no "passaporte" para o ingresso e a permanência no mercado de trabalho. Quem não consegue comprovar que possui esses perfis é excluído do mercado de trabalho.

Daí o medo do indivíduo de ser percebido como "desnecessário" fortalecer a busca da garantia da sua empregabilidade, quer por meio da busca contínua de uma qualificação alinhada às demandas do mercado, quer pelo empreendimento de esforços visando a entregas em níveis crescentes de excelência.

A realidade corporativa imposta pela economia global transfere ao indivíduo a responsabilidade pelo seu sucesso ou fracasso. Além disso, ele é obrigado a enfrentar os paradoxos contemporâneos. O indivíduo passou a ter mais autonomia, porém tem de se esforçar para superar metas cada vez mais audaciosas. O controle externo se afrouxou, mas paralelamente se exige um autocontrole e uma disciplina cada vez maiores. Os avanços tecnológicos propiciam o aumento da satisfação graças ao enriquecimento do trabalho, mas podem também gerar a alienação do indivíduo.

O permanente risco da exclusão do indivíduo do mercado e, também, do convívio social, pode acarretar sérios danos, alguns dos quais merecem destaque: redução do nível do desempenho do indivíduo, da equipe e da organização; redução da satisfação individual; fragilização das relações de trabalho; aumento da precarização das relações de trabalho; debilidade da saúde física e psíquica, enfim, danos passíveis da criação de terrenos férteis ao assédio moral (Souza, 2008).

Tudo leva a crer que, apesar das vantagens da substituição da exigência física (sociedade industrial) pela intelectual (sociedade pós-industrial), as consequências das mudanças organizacionais que afetam o indivíduo são nítidas e ocorrem em direções distintas:

- mudanças aceleradas nos perfis de competência;
- elevação do nível do desemprego estrutural;
- redução dos postos de trabalho;
- redução do trabalho com vínculo empregatício permanente;
- aumento do trabalho contingente;
- ambientes de trabalho ameaçadores.

Diante dos fatos, a qualidade de vida no trabalho, por exemplo, passou a ser uma preocupação crescente nas organizações. Ela sinaliza a relevância do papel da liderança gerencial na redução dos danos que as mudanças organizacionais, decorrentes das pressões competitivas, podem provocar no indivíduo.

Em suma, a gestão do elemento humano ganha relevância porque, inquestionavelmente, pessoas são fonte de vantagens competitivas. Mas, para tanto, as organizações precisam ter a abertura e a coragem de adotar modelos de gestão que conciliem os interesses empresariais e individuais, condições indispensáveis ao comprometimento do indivíduo com o negócio.

Essa nova concepção de relação de trabalho, no entanto, requer mudanças nos modelos e nas práticas de gestão de pessoas. Esse é o tema do próximo capítulo.

2 Mudanças na gestão de pessoas

> **Objetivos:**
> - identificar as fases da evolução da gestão de pessoas no Brasil;
> - caracterizar a perspectiva estratégica da gestão de pessoas;
> - salientar os padrões comportamentais que interferem na gestão do elemento humano.

A evolução da gestão de pessoas no Brasil

O capítulo 1 destacou que a nova concepção do papel do elemento humano na consecução de propósitos empresariais resultou da evolução do pensamento administrativo. Pouco a pouco, ela abandona a lógica da uniformidade, interessada em ganhos exclusivos de eficiência, para privilegiar a flexibilidade e a descentralização. As mudanças no contexto de negócios impuseram transformações organizacionais que geraram mudanças nas formas de gerenciamento.

O foco deste capítulo, portanto, será a análise dos impactos dessas mudanças organizacionais, especificamente na gestão de pessoas no Brasil.

Fases

Há um número expressivo de estudos centrados no tema evolução da gestão de pessoas no Brasil. Entretanto, é notória a ausência de uniformidade dos mesmos quanto à divisão de suas fases em termos cronológicos. Cada pesquisador adota uma cronologia própria. Então, com base em nossos estudos, a gestão de pessoas no Brasil será, nesta publicação, segmentada em três fases, conforme descritas a seguir:

- burocrático-cartorial;
- administração de recursos humanos;
- gestão estratégica de pessoas.

A escolha se associa diretamente aos impactos significativos decorrentes das mudanças ocorridas no cenário econômico nacional nas relações de trabalho no Brasil.

O primeiro marco foi a abolição da escravatura. À época, cerca de 80% da população brasileira viviam no campo. Inexistia legislação trabalhista, que apenas se concretiza a partir da década de 1930. Porém um fato é inconteste: apesar da inexistência de legislação, o trabalho, após 1888, passa a ser remunerado. O escravo deixa de ser uma mercadoria e passa a ser um homem livre que, juridicamente, pode oferecer seu trabalho em troca de uma remuneração.

Naquele período histórico, as atividades de pessoal, se é que se pode denominá-las assim, restringiam-se às tarefas necessárias ao cálculo do pagamento a que os trabalhadores faziam jus pelos serviços prestados.

O segundo marco foram as transformações ocorridas na economia brasileira na gestão do presidente Juscelino Kubitschek (1956-1961). O modelo econômico adotado, conhecido como "50 anos em cinco", operou uma ruptura significativa com a orientação da política econômica anterior. O novo modelo elegeu o setor produtivo de bens de consumo duráveis, decidindo pelo favorecimento da produção de automóveis, eletrodomésticos e similares. Assim, optou por atrair o capital estrangeiro e viabilizar a abertura econômica ao exterior. Essa nova dinâmica viabilizou o crescimento industrial de forma acelerada e, em decorrência, ampliou a massa total de empregos. A mão de obra rural teve de se profissionalizar para atender às demandas no novo contexto de negócios.

O terceiro marco ocorre nos anos 1990, com a abertura econômica brasileira pelo governo de Fernando Collor de Mello.

Como se pode observar, a primeira fase, denominada burocrático-cartorial, compreende o período logo após a abolição da escravatura até os anos 1950. Essa fase pode ser visualizada por meio de dois momentos distintos. Em ambos, as atividades de RH se restringiram às tarefas burocráticas. No primeiro momento, o "embrião" do "RH" requeria do profissional da área apenas um razoável conhecimento de aritmética, capacidade de lidar com detalhes e de guardar segredo sobre os salários alheios, entre outros. O segundo momento da fase burocrático-cartorial, denominada por alguns autores fase de "relações industriais", se inicia com a introdução da legislação trabalhista. As empresas são obrigadas a se organizar melhor para atender à recém-criada legislação. Para tanto, elas inserem em suas estruturas a seção de pessoal, uma unidade administrativa dirigida pelo chefe de pessoal.

A seção de pessoal era responsável pelos registros funcionais, pelo zelo quanto ao cumprimento das obrigações e dos direitos, bem como pela coordenação das atividades disciplinares do quadro de empregados.

O chefe de pessoal era um profissional que cuidava de atividades burocráticas e disciplinares, sem se preocupar com os aspectos de integração e bem-estar da mão de obra. A preocupação básica residia nos aspectos legais. As pessoas estavam em segundo plano. "Administravam-se papéis e não pessoas", como enfatiza Aquino (1980).

A segunda fase, administração de RH, se estende cronologicamente entre os anos 1950 a 1990, marcada por avanços e retrocessos em termos políticos e econômicos. A retomada do crescimento econômico, iniciada no governo JK, se realiza por volta do final da década de 1960. A dinamização dos negócios se acentua graças à entrada de capital estrangeiro. As empresas crescem. A modernização avança nitidamente. As organizações requererem ações mais concretas em relação à administração dos seus recursos – materiais, financeiros e humanos. Em consequência, um número expressivo de empresas desloca sua atenção para determinadas áreas de recursos humanos, tais como treinamento, desenvolvimento e remuneração, até então negligenciadas, acarretando uma revolução técnica na área.

Na prática, entretanto, as mudanças se restringiram ao nível técnico-instrumental. Contudo os problemas relacionados a recursos humanos continuaram a ser tratados à margem da gestão estratégica do negócio. A gestão de recursos humanos se manteve percebida como suporte às ações preconizadas por áreas-chave, ou seja, aquelas que atuam diretamente na concretização da missão organizacional, tais como finanças, marketing e produção.

Finalizando, a terceira fase – gestão estratégica de pessoas – corresponde ao período após 1990. Vale assinalar que, no Brasil, um número reduzido de empresas incorporou tempestivamente o modelo de gestão estratégica de pessoas. A cultura empresarial brasileira não estava preparada para alinhar estrategicamente RH ao negócio.

As figuras a seguir apresentam, de forma esquemática, a síntese das fases da evolução de pessoas no Brasil, decorrente da análise dos impactos das mudanças ambientais e estruturais na valorização do estilo gerencial e nas práticas de gestão de pessoas.

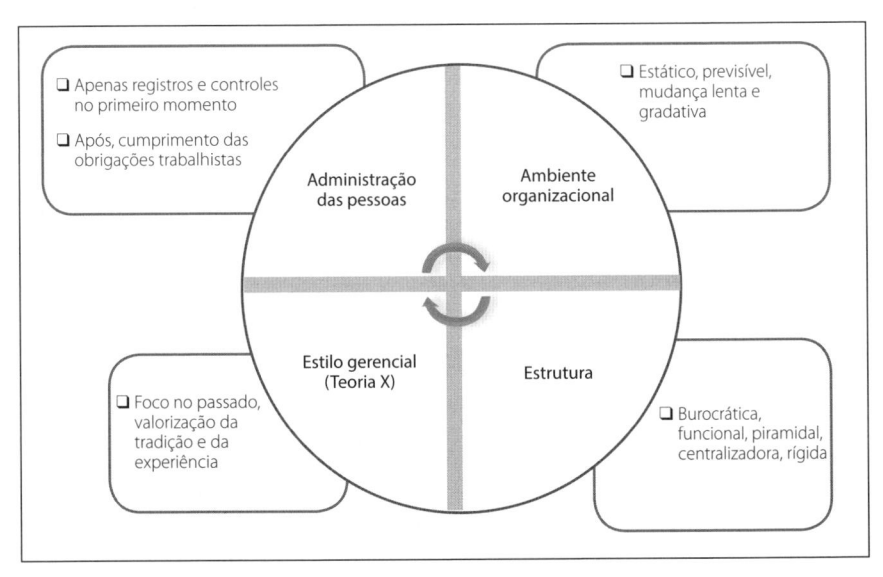

FIGURA 3. Fase burocrático-cartorial

- Administração das pessoas
  - Apenas registros e controles no primeiro momento
  - Após, cumprimento das obrigações trabalhistas
- Ambiente organizacional
  - Estático, previsível, mudança lenta e gradativa
- Estilo gerencial (Teoria X)
  - Foco no passado, valorização da tradição e da experiência
- Estrutura
  - Burocrática, funcional, piramidal, centralizadora, rígida

FIGURA 4. Fase administração de recursos humanos

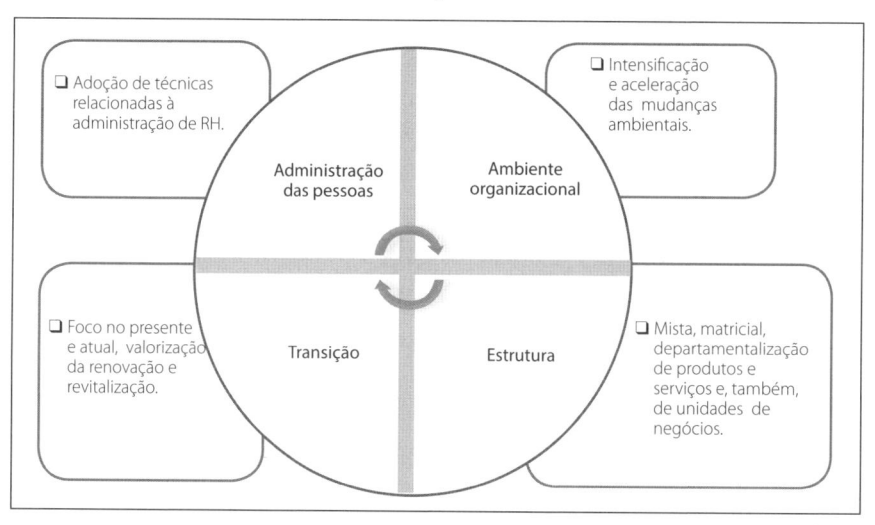

- Adoção de técnicas relacionadas à administração de RH.
- Intensificação e aceleração das mudanças ambientais.
- Foco no presente e atual, valorização da renovação e revitalização.
- Mista, matricial, departamentalização de produtos e serviços e, também, de unidades de negócios.

Administração das pessoas | Ambiente organizacional
Transição | Estrutura

FIGURA 5. Gestão estratégica de pessoas

- Gestão estratégica de pessoas.
- Mudanças imprevisíveis, intensas e constantes.
- Foco no futuro, valorização do conhecimento e criatividade.
- Fluida, ágil, flexível, descentralizada, ênfase em redes e equipes multifuncionais.

Administração das pessoas | Mudanças organizacionais
Estilo gerencial (Teoria Y) | Estrutura

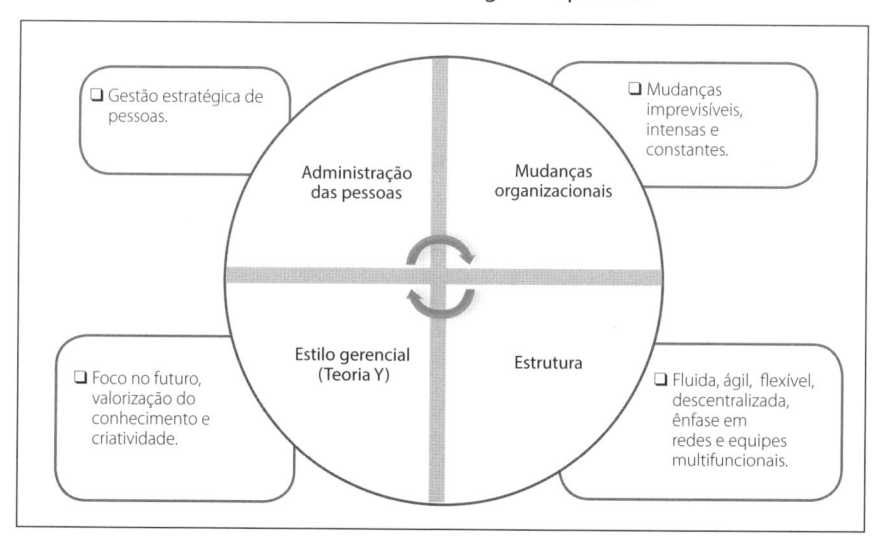

Vale enfatizar, à guisa de finalização desta seção, que as mudanças na gestão do elemento humano não ocorreram naturalmente. Antes, são produto das alterações na gestão empresarial que buscou estratégias distintas para fazer frente às demandas impostas pelo ambiente externo.

A gestão estratégica de pessoas

É notório: a gestão estratégica de pessoas é uma resposta organizacional a um ambiente de negócios imprevisível e altamente turbulento, sobretudo a partir dos anos 1990, quando o ritmo das mudanças se tornou cada vez mais acelerado. Desde então, a questão estratégica ganha espaço na agenda de acadêmicos e executivos. Ilustrando, em *Competindo pelo futuro*, Hamel e Prahalad (1995:147) destacam a relevância do papel das pessoas como agentes de vantagem competitiva: "Não é o dinheiro o combustível de viagem para o futuro, e sim a energia emocional e intelectual de cada funcionário".

Porém, somente após o trabalho de Kaplan e Norton (1996) a questão relativa à gestão do elemento humano passa a ser abordada sob a perspectiva estratégica. Os autores conceberam um instrumento gerencial denominado *balanced scorecard* (BSC), ou, traduzindo, "indicadores balanceados de desempenho", visando à integração das medidas derivadas da estratégia. Em síntese, Em síntese, a perspectiva estratégica instrumentalizada pelo BSC aponta que a gestão de uma organização não deve se apoiar exclusivamente em indicadores vinculados à perspectiva financeira.

Inicialmente, o BSC foi apresentado como um modelo de avaliação de desempenho empresarial. Porém, sua aplicação em empresas propiciou seu desenvolvimento para uma metodologia de gestão estratégica. Em linhas gerais, essa ferramenta de gestão incorpora às medidas financeiras do desempenho passado os vetores de desempenho financeiro futuro, que abrangem as perspectivas financeira, do cliente, dos processos internos, e de aprendizado e crescimento.

O poder do BSC, segundo seus criadores, reside em oferecer um mecanismo valioso para a tradução da estratégia em objetivos, medidas e metas específicas, e para a monitoração de sua execução. Desse modo, o conjunto de medidas proposto serve de base para o sistema de medição e gerenciamento estratégico.

Kaplan e Norton enfatizam que empresas desejosas de em crescimento além de seus níveis atuais de desempenho financeiro devem implementar melhorias contínuas em seus processos internos e no relacionamento com os clientes. Em função disso, é impossível negligenciar uma questão: a origem dos resultados empresariais reside no desempenho dos empregados que atuam na linha de frente, pois são eles que estão mais próximos dos clientes da empresa.

Com base nessa pressuposição, manter os empregados comprometidos com o negócio é uma condição *sine qua non* à consecução dos objetivos organizacionais. A retenção e a produtividade são evidências da mobilização e do engajamento dos empregados, e dependem da satisfação desses objetivos. Kaplan e Norton (1996:130) afirmam que "funcionários satisfeitos são uma precondição para o aumento da produtividade, da capacidade de resposta, da qualidade e melhoria do serviço aos clientes".

Em outras palavras, a produtividade dos empregados, segundo esses autores, denota o resultado do impacto da elevação do moral e do nível da habilidade dos funcionários e é mensurada pela inovação, pela melhoria dos processos internos e pelo grau de satisfação dos clientes. Para Kaplan e Norton (1997:136), "existem muitas maneiras de mensurar o nível de produtividade dos funcionários. A medida mais simples é a receita por funcionário, que representa o volume de produção gerado por funcionário".

Ainda, Kaplan e Norton (1997:136) afirmam que "se os funcionários e a empresa se tornam mais eficazes na venda de um volume maior de um conjunto de produtos e serviços com maior valor agregado, a receita por funcionário deve aumentar".

Pensar segundo essa lógica é conceber que pessoas podem ser fonte de vantagens competitivas, ou seja, podem ser ativadores inteligentes de recursos e, portanto, parceiros organizacionais. Assim, a gestão de pessoas ganha novo *status*: ela passa a ser estratégica.

Portanto, a gestão estratégica de pessoas, por meio de suas políticas, realiza o alinhamento da ação dos indivíduos e de equipes aos objetivos corporativos.

Em função disso, sua base de sustentação é o processo de planejamento estratégico. Ele é o insumo básico para as ações de gestão estratégica de pessoas ao funcionar como uma bússola para o alinhamento do desempenho humano ao organizacional, concretizado por meio de indicadores de desempenho oriundos do *balanced scorecard*.

Anteriormente, Walker (1980), um dos pioneiros no estudo da gestão estratégica de recursos humanos, caminha nessa direção ao propor a vinculação direta das políticas de RH ao planejamento estratégico da organização, mesmo sem utilizar o BSC. Na visão desse autor, para a consecução dos objetivos organizacionais, a área de RH deve desenvolver ações diretamente vinculadas ao plano estratégico da organização. O autor apontou os riscos do negligenciamento dessa ligação:

> Uma companhia de produtos químicos acrescentou rapidamente novas instalações de produção e ampliou as fábricas existentes para satisfazer a demanda, sem um planejamento para o desenvolvimento dos gerentes necessários. Consequentemente, os inícios da produção foram por vezes retardados e surgiram problemas devido à experiência e ao treinamento inadequado de pessoal. Por outro lado, uma grande companhia de produtos de papel e madeira previu suas necessidades de novos gerentes de fábrica e de pessoal técnico sênior e fazia sistematicamente uma rotação de candidatos em perspectiva entre as fábricas e escritórios centrais pertinentes e posições de staff regionais para satisfazer as necessidades projetadas [Walker, 1980:81].

Walker defendia a tese de que as políticas de recursos humanos deveriam estar integradas ao planejamento estratégico da organização. Contudo esse vínculo envolve o enfoque nas mudanças críticas planejadas pela empresa:

> Quais as implicações das estratégias empresariais propostas? Quais as possíveis exigências e restrições externas? Quais as implicações para as práticas gerenciais, as organizações e o desenvolvimento da sucessão? O que pode ser feito em curto prazo para atender as necessidades em um prazo mais longo? [Walker, 1980:81].

O autor ainda alertava quanto à necessidade de a visualização das ações na gestão do elemento humano possuir duas dimensões, intrinsecamente integradas: ação imediata e ação futura.

A ação imediata se baseia no mapeamento, em curto prazo, das necessidades de obtenção, desenvolvimento e retenção de pessoal, como será detalhado nos capítulos posteriores.

Há, porém, ações a serem realizadas em um prazo mais longo. Decisões que, apesar de serem tomadas na atualidade, repercutirão no longo prazo. A dimensão da ação futura – o planejamento estratégico de RH – será abordada no capítulo 3.

Neste momento vale ressaltar que, desde os anos 1980 a visão de Walker incorporava uma compreensão ampla da implicação dos recursos humanos nas estratégias empresariais.

Resumindo, enquanto na primeira dimensão prevalece, portanto, a visão técnica, na segunda a visão técnica se subordina às novas exigências do ambiente e às influências e mudanças externas às quais a organização se submete permanentemente.

Numa linha de pensamento similar, Ulrich (1998), estudioso do tema, delineia um modelo de gestão de recursos humanos baseado em quatro perspectivas, esquematizado na figura 6.

FIGURA 6. Papéis de RH na construção de uma organização competitiva

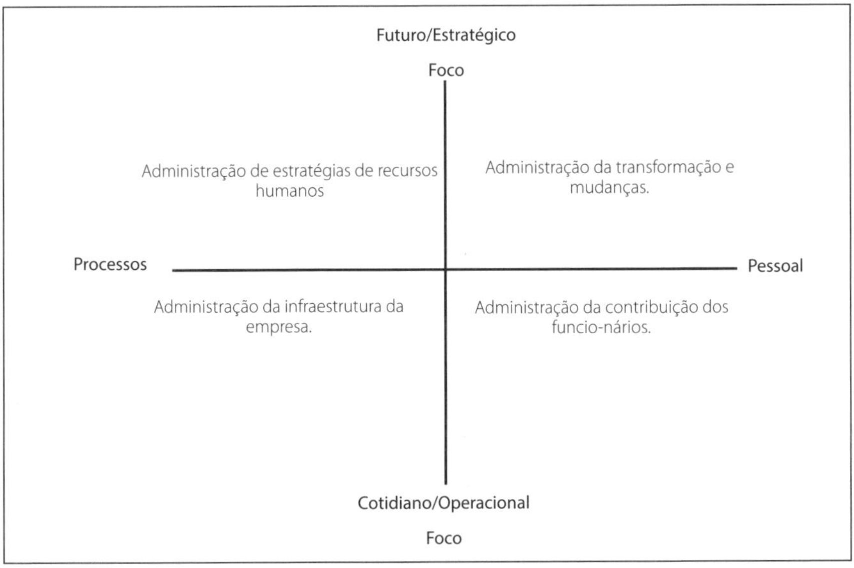

	Futuro/Estratégico Foco	
Processos	Administração de estratégias de recursos humanos	Administração da transformação e mudanças.
	Administração da infraestrutura da empresa.	Administração da contribuição dos funcio-nários.
	Cotidiano/Operacional Foco	Pessoal

Fonte: Ulrich (1998:40).

Como se pode observar, ao analisar a gestão de RH nas empresas denominadas competitivas, Ulrich (1998-40-41) destaca quatro papéis:

- administração da infraestrutura da empresa;
- administração da contribuição dos funcionários;
- administração da transformação e da mudança;
- administração estratégica de RH.

Administração da infraestrutura, para esse autor, é o papel mais tradicional da área de RH. Ele se relaciona às atividades necessárias ao gerenciamento do fluxo de empregados por meio de técnicas de RH para assegurar a eficiência administrativa da empresa (Ulrich, 1998).

O papel relativo à administração da contribuição dos funcionários objetiva a resolução das queixas e dos problemas dos empregados. Segundo Ulrich, cada vez mais, esse papel passa a ser uma atribuição do gerente de linha, por nós denominado "liderança gerencial". Essa expressão se refere a qualquer gestor com subordinados sob sua responsabilidade, independentemente do nível hierárquico que ocupa na organização. A área de RH, por sua vez, funciona como uma consultoria interna, prestando serviços aos demais gestores.

De modo similar isso ocorre com o papel da administração da transformação e da mudança, relacionado à mudança da cultura organizacional. Cada vez mais, a área de RH é instada a concentrar esforços no desenvolvimento das competências gerenciais necessárias à mobilização do comprometimento dos empregados com o negócio.

Essa mudança de enfoque reside no fato concreto de que a gestão de pessoas é uma atribuição da liderança gerencial, ou seja, de quem é responsável por uma equipe de trabalho. Nesse sentido, cresce nitidamente a relevância do papel da administração estratégica de RH. Segundo Ulrich, os profissionais de RH gradativamente se tornam parceiros estratégicos, ou seja, funcionam como consultores internos à liderança gerencial, condição que garante o aumento da capacidade da empresa de atingir seus objetivos por meio do ajuste das estratégias e práticas de RH à estratégia empresarial.

Como se observa, a lógica de gerenciamento de pessoas ganhou sofisticação, não apenas técnica, mas de concepção. Ela deixou de ser atributo de uma área para ser uma preocupação de todos que possuem subordinados diretos.

Por essa perspectiva, cabe à liderança gerencial realizar a gestão de suas equipes. Na prática, significa definir os parâmetros da obtenção, do treinamento, do desenvolvimento, das ações de mobilidade vertical e horizontal, tais como promoções, e, ainda, das demissões, apoiados nos instrumentos de gestão delineados pela área de RH.

A área de RH passa a ser parceira, uma consultora, fornecedora dos instrumentos, objetivando possibilitar o alinhamento das ações individuais às ações corporativas.

Em suma, a visão contemporânea da gestão do elemento humano prioriza a parceria entre a liderança gerencial e os especialistas de RH. Isso favorece a construção do modelo denominado HPWS, sigla em inglês de *high performance work system*, ou seja, sistema de trabalho de alto desempenho. O HPWS substitui o modelo gerencial tradicional, voltado para o comando e o controle, com a finalidade de vincular os processos de RH às estratégias do negócio. Sua base é a gestão por competências. Para tanto, ele busca a inter-relação dos componentes do sistema de RH e o vínculo entre RH e o sistema mais amplo de implementação da estratégia. Estudando essa questão, Becker, Huselid e Ulrich (2001:34-36) salientam que:

> O HPWS é um sistema de implementação da estratégia, embutido no sistema mais amplo de implementação da estratégia da empresa. [...] Em nossa opinião, tal processo de alinhamento deve começar com a compreensão clara da cadeia de valor da empresa [...] Com essa compreensão compartilhada do processo de criação de valor, a empresa torna-se então capaz de projetar um modelo de implementação da estratégia que especifica as competências e os comportamentos necessários em toda a empresa. Assim, é possível direcionar o sistema de gerenciamento de pessoas para a geração dessas competências e comportamentos.

O HPWS é um modelo fundamentado no gerenciamento de pessoas baseado em competências, delineadas objetivando a criação de condições favoráveis à execução das estratégias empresariais. Antes, os modelos de gestão de pessoas priorizavam a descrição pormenorizada do conjunto de tarefas que cabia aos ocupantes dos cargos. Portanto, o foco era o cargo, a tarefa.

Na atualidade, o foco são as competências, ou seja, o saber, o saber fazer e, principalmente, o querer fazer. Não bastam o conhecimento (saber), a habilidade (saber fazer); para o alcance de resultados, é indispensável a motivação (o querer fazer).

Por essa ótica, as atividades-chave da área de RH voltadas à obtenção, ao desenvolvimento e à retenção de profissionais passam a ocupar um novo lugar no ambiente empresarial. Elas fornecem instrumentos capazes de garantir o alinhamento de resultados individuais aos corporativos, contribuindo para a sustentação da vantagem competitiva por meio do aumento da produtividade de cada colaborador. Apoiado nessa lógica, o modelo de gestão de pessoas abandona gradativamente a gestão pelo cargo em favor da gestão por competências e resultados.

Antes, o importante era fazer com que os empregados cumprissem passivamente as atribuições previstas nas descrições dos seus cargos. Como assinala Bergamini (1997), a ênfase era o controle sobre pessoas como principal recurso para conseguir delas atitudes produtivas rumo à consecução dos objetivos organizacionais. Segundo a autora, o uso sistemático das estratégias de controle, explícitas ou camufladas, no entanto, não apresentou a eficácia esperada. A sensação é que o controle sobre os indivíduos mutila a identidade pessoal, oferecendo a sensação de que o trabalho é simplesmente um meio para se conseguir ser feliz fora dele.

Em contraposição, a complexidade organizacional contemporânea requer que o elemento humano se disponha efetivamente a ir além do prescrito. Não se trata de uma frase de efeito. Trata-se de um dado concreto. O trabalho real ganhou *status*. O gradativo abandono do modelo clássico de concepção do trabalho é visível.

A lógica que privilegia a racionalidade absoluta, o conhecimento perfeito de relações entre meios e fins, a crença no modo *one best way* de realizar tarefas, a configuração estável de tarefas, em que os indivíduos se adaptam ao trabalho se mostra acanhada para os desafios do atual mundo dos negócios. Enfim, é notório que o modelo burocrático de gestão não mais dá conta dos desafios empresariais contemporâneos.

Na atualidade, as empresas competitivas não veem a tecnologia, tampouco os recursos financeiros, como problemas maiores, já que máquinas inteligentes e uma economia estável podem viabilizar o sucesso esperado. Contudo, indivíduos não comprometidos, desmotivados, podem representar um obstáculo à vantagem competitiva. Mais do que nunca, a dimensão simbólica precisa ser trabalhada no espaço corporativo, porque pessoas somente transformam seus conhecimentos e suas habilidades em resultados se quiserem e, portanto, se evidenciarem atitudes compatíveis com as necessidades do negócio. No jargão da literatura de gestão de pessoas, competência é o insumo básico para a geração de resultados.

Esse tema da competência é abordado no capítulo 3. Por ora, porém, é relevante salientar que a gestão estratégica de pessoas se apoia em premissas distintas dos modelos baseados no cargo. Além dessa diferença fundamental, a gestão estratégica de pessoas se baseia na crença de que cabe à liderança gerencial a gestão cotidiana do elemento humano. Ela é fundamental para a transformação de competência em resultados. Cabe a ela orquestrar e criar condições para o adequado uso das competências de cada membro de sua equipe.

Nessa vertente de pensamento, passou a ser fundamental para a liderança gerencial a orquestração e a tomada de decisões relativas à equipe. Porém nem sempre o líder está apto ao exercício desse papel, pois nem sempre o acesso a essa posição resultou da comprovação das competências gerenciais necessárias. O convite para o exercício da liderança, por exemplo, pode ter decorrido apenas da comprovação de competências técnicas em nível de excelência.

Em função disso, a figura do consultor interno de RH ganha relevância. Trata-se de um papel exercido pelos especialistas de RH para assegurar que o gestor exerça seu papel, de fato, em sua plenitude.

É nesse contexto que se insere a lógica da visão baseada em recursos, ou RBV (*resource based view*), uma visão estratégica alternativa. Sua análise se baseia no ambiente interno da organização, contrapondo-se ao modelo de Porter (1986), cuja ênfase reside na identificação de oportunidades no mercado e na adaptação de seus recursos internos ou aquisição externa de recursos para aproveitá-las. A RBV considera que a empresa possui um conjunto de recursos internos, tangíveis e intangíveis, a serem configurados para assegurar vantagens competitivas.

O objetivo de uma empresa, segundo alguns autores, é a obtenção e a organização de recursos que sejam superiores aos de seus concorrentes. Por essa perspectiva, as empresas devem buscar aplicar seus recursos de forma mais eficiente do que seus concorrentes, desenvolvendo estratégias para explorar seus recursos internos e criar oportunidades para melhor aproveitá-los. Essa é a base da gestão estratégica de RH.

Fleury e Fleury (1997) destacam que a expressão tem sido utilizada nas as versões *soft* e *hard*. A versão *hard* enfatiza os aspectos quantitativos, advogando que a administração de recursos humanos deve ser efetuada de forma racional, a partir da mensuração do *quantum* de valor que cada empregado agrega ao negócio. Por sua vez, a perspectiva *soft* ressalta os aspectos de comunicação, motivação e liderança.

A aparente contradição entre as duas versões tem sido superada, segundo os autores, por uma gestão marcada por princípios de incentivo ao desenvolvimento e comprometimento dos empregados, com a contrapartida da exigência crescente de resultados. Ainda, segundo Fleury e Fleury (1997), a manutenção das relações empregatícias fica condicionada ao desempenho dos empregados e à sua relevância para a realização das estratégias da empresa.

A versão *soft* defende a ideia de que a definição de uma estratégia de recursos humanos para a obtenção de uma força de trabalho altamente motivada e comprometida com a organização deve preceder as demais estratégias organizacionais.

Como se pode observar, as estratégias são distintas, porém ambas demandam o comprometimento da força de trabalho com os resultados desejados. Assim, seja qual for a estratégia selecionada, ela deve ser apoiada por políticas, e mais; deve ser aderente às crenças e aos valores da cultura organizacional.

Mudança e cultura organizacional

Por décadas, a questão simbólica, apesar de real, não recebeu um tratamento específico na literatura de negócios. Ela despertou a atenção do mundo corporativo no final dos anos 1950, quando o conceito cultura se tornou necessário ao mundo corporativo. O estopim dessa mudança foi a expansão geográfica das empresas multinacionais em busca de novos mercados, de mão de obra mais barata e de maior proximidade de matérias-primas. Esse conceito se popularizou nos anos 1980, segundo Barbosa (1999:136):

> A percepção da dimensão cultural como vantagem competitiva tem por base justamente essa compreensão da cultura como conjunto de símbolos e valores compartilhados por determinado grupo e uma interpretação restrita do termo compartilhar, cujo significado passa a ser concordar, adotar e, sobretudo, *comprometer-se*. Não se cogita que esse termo possa também significar dividir e conhecer, não implicando necessariamente consenso e homogeneidade. A ideia subjacente a essa concepção da cultura como vantagem competitiva é que os funcionários comprometidos com os "valores e pressupostos da organização" são mais satisfeitos, mais produtivos e mais adaptáveis do que os demais.

Complementando, Lívia Barbosa, antropóloga da Universidade Federal Fluminense (UFF), alerta que a apropriação do termo "cultura" pela gestão ocorreu com o intuito da internalização de valores capazes de garantir o engajamento dos empregados, pois, na sua visão, inexiste uma concordância passiva dos indivíduos com os objetivos da empresa.

A área de RH, aparentemente a mais familiarizada com a dimensão simbólica da organização, é demandada a delinear políticas de gestão de pessoas que favoreçam o engajamento do indivíduo com os resultados empresariais. Esse é o contexto da gestão estratégica de RH.

Essa, no entanto, não é uma concepção unânime. Muitas organizações não evidenciam crenças e valores que favoreçam a adoção da gestão estratégica de RH. Os novos paradigmas, ainda, não estão presentes em alguns ambientes de trabalho, apesar das vantagens que essa prática propicia.

Daí a relevância de se estimular o processo de mudança, porém com cautela. Um dos cuidados refere-se à identificação da cultura organizacional. O intuito é verificar o alinhamento das crenças e valores da organização com aqueles exigidos pela lógica da gestão estratégica de RH. Para tanto, é necessário o aprofundamento do olhar sobre a cultura que predomina na organização. Quais são as suas crenças? Os seus costumes? As suas regras? Enfim, esses e outros insumos são necessários à escolha do modelo de gestão mais adequado. Sem dúvida, trata-se de um aspecto crítico para a eficácia da gestão de pessoas e, por decorrência, para o desempenho da organização.

Além disso, duas questões se impõem: há uma cultura ideal? Qual é a mais adequada? Inexistem fórmulas mágicas. Há, porém, aspectos que favorecem a identificação de soluções eficazes. Por exemplo, a compreensão do ambiente em que a organização atua, o estágio do ciclo de vida em que a organização se encontra e a estratégia estabelecida por ela. As respostas a essas questões favorecem o processo de identificação e, se necessário, de intervenção para a mudança de cultura.

FIGURA 7. Exemplo de influência da cultura organizacional no modo de pensar e agir

A cultura organizacional é uma fonte legítima de geração de códigos de conduta que desvela os valores subjacentes aos modelos e às práticas de gestão adotadas. Portanto, valores e atitudes afetam o modo de gerir pessoas.

A compreensão da cultura ou da ideologia organizacional de um contexto específico é fundamental à construção de estratégias eficazes. Charles Handy publicou o livro *Os deuses da administração* (1994), construindo uma analogia das orientações das ideologias organizacionais com os deuses gregos, resumida a seguir.

Quadro 5. Culturas organizacionais, segundo Charles Handy

Roger Harrison	Charles Handy
Cultura orientada para o poder A empresa orientada para o poder privilegia o próprio crescimento em detrimento do bem-estar das pessoas. O controle é exercido pelo poder pessoal ou político. As recompensas e punições são formas de valorização de pessoas obedientes e fiéis aos interesses da chefia. As pessoas bem-sucedidas na organização são competitivas e interessadas no poder. As decisões são tomadas pela autoridade de maior nível hierárquico. Manter o poder instituído é mais importante do que realizar o trabalho.	**O povo de Zeus** As pessoas com personalidade Zeus confiam apenas em quem faz parte da sua "turma". O foco não é a competência técnica. O importante é estar rodeado por pessoas da sua confiança. No entanto, a palavra final sempre é delas. O aspecto positivo dos seguidores do rei dos deuses é que eles depositam confiança... na confiança. Se positivos, não são fiscalizadores, estimulam a proatividade, premiam os êxitos e desculpam erros plausíveis. Se negativos, são tirânicos e podem usar o poder para ameaçar.
Cultura orientada para o papel A orientação para o papel se caracteriza pela demasiada preocupação com a legalidade, a responsabilidade, a legitimidade, a hierarquia e o status. A adaptação à mudança, quando ocorre, é lenta. As decisões são previsíveis, pois são tomadas com base em normas e regras. Tais empresas têm dificuldade em lidar com a imprevisibilidade que caracteriza o atual cenário empresarial. Cumprir ordens é mais importante do que investir na busca de resultados.	**O povo de Apolo** Um Apolo ficará satisfeito de ser conhecido como titular da função X. Aprecia organogramas, manuais e descrições de cargos. Mantém cada coisa no seu lugar. Aprecia regras, rotinas e procedimentos. Logo, desempenha com satisfação papéis em áreas que demandam estabilidade e previsibilidade, necessárias ao funcionamento da organização.
Cultura orientada para a tarefa Em contrapartida, as organizações orientadas para a tarefa valorizam o alcance de resultados. São empresas flexíveis e ágeis, que buscam a adaptação às mudanças. As regras são alteradas para favorecer o alcance de resultados. As equipes são estimuladas ao desenvolvimento de competências objetivando o alinhamento contínuo às demandas do mercado. De modo geral, apenas pessoas competentes ocupam a liderança gerencial.	**O povo de Palas Atena** Pessoas com essa personalidade são atraídas pelo novo, por situações novas, pelo trabalho em equipe. Se gestores, buscarão selecionar talentos para suas equipes e demonstrarão empenho para manter a equipe coesa e motivada. Têm um sentido de solidariedade e de igualdade.

Continua

Roger Harrison	Charles Handy
Cultura orientada para a pessoa	**O povo de Dionísio**
O objetivo principal é o atendimento das necessidades individuais, visando criar condições que estimulam a motivação para o trabalho. A autoridade é pouco exercida, pois, de modo geral, é desnecessária. O processo de delegação visa ao crescimento pessoal.	Para um Dionísio, a qualidade do trabalho está acima de tudo, além de não ser admitida a transgressão ética. Ele não se interessa por poder ou posição, enquanto puder dispor do suficiente para assegurar um trabalho realizado em liberdade. A palavra "gerente" é uma designação que implica status menor e pertinente apenas às necessidades de serviço. Os dionisíacos aceitam mais facilmente a liderança de colegas, desde que tenham domínio do assunto, mas não de um "gerente".

Fonte: adaptado de Handy (1994).

Empresa alguma é puramente centrada no poder, no papel, na tarefa ou na pessoa. As orientações coexistem, embora em situações específicas umas predominem sobre as demais. Logo, inexistem "boas práticas", conforme fazem crer pessoas que, apoiadas na herança mecanicista, acreditam em padrões universais para gerir pessoas. O que é adequado para uma organização pode ser inadequado para outra. Enquanto algumas organizações absorvem com prontidão modelos e práticas decorrentes da mudança de paradigma, outras enfrentam resistências.

3 Planejamento empresarial e planejamento de RH

> **Objetivos:**
> ❏ enfatizar a relevância da integração entre o planejamento estratégico empresarial e o planejamento de recursos humanos;
> ❏ apresentar uma arquitetura do planejamento estratégico de RH;
> ❏ destacar a articulação entre políticas, programas e projetos de RH.

Afinal, o que é planejamento estratégico de recursos humanos (PERH)?

Este capítulo tem uma história: ele nasceu de um susto.

No decorrer de um momento crítico de uma reunião, na qual se buscavam soluções para um problema de cunho estratégico, um profissional com notório conhecimento técnico em sua área de atuação questionou: "Por que despender tanto tempo debatendo a questão humana se na atualidade dispomos de tecnologias avançadíssimas?". A pergunta repentina e inesperada teve o impacto de uma bomba em alguns interlocutores.

Este capítulo busca, então, oferecer uma resposta a essa questão.

Segundo Lawler (1996), há três fontes de vantagens competitivas: a arquitetura organizacional, a tecnologia e as pessoas. A arquitetura e a tecnologia são produtos da ação humana. Dito de outro modo, a arquitetura organizacional é modelada por pessoas, as quais são responsáveis pelo desenvolvimento e utilização da tecnologia. Em última instância, pessoas se constituem no elemento-chave para a transformação da visão organizacional em realidade.

Isso, porém, não ocorrerá por acaso. O planejamento das contribuições das pessoas ao negócio é uma condição necessária na medida em que a concretização do sonho organizacional, denominado "visão", requer a definição de estratégias executadas por pessoas.

Sabe-se, porém, que planejar é difícil, porque é uma tentativa de controlar o incontrolável: o futuro. E porque, além disso, a questão do planejamento no mundo atual difere daquela que predominava no passado. O futuro não é mais percebido como uma simples projeção do passado.

É indispensável acompanhar se as decisões tomadas no presente gerarão os frutos almejados, sobretudo se há responsabilidade pelos resultados de uma equipe. Pois quem transforma sonhos organizacionais em realidades são as pessoas.

Pressupondo que as pessoas são únicas e imprevisíveis, a gestão do elemento humano é uma condição *sine qua non* à concretização da visão organizacional. Em face dessa realidade, outras questões se impõem de imediato: de quantos profissionais a organização necessitará para concretizar sua visão? Quais são os perfis necessários?

Porém, não basta definir a quantidade e a qualidade do profissional. Tal como a moeda, que possui duas faces, o planejamento de pessoas caminha de braços dados com a gestão do desempenho, um processo modelado para verificar as contribuições das pessoas ao negócio.

Mas como avaliar se as contribuições das pessoas agregam ou não valor ao negócio? É necessário definir *a priori* as contribuições dos indivíduos e das equipes a serem verificadas *a posteriori*. Esse é o papel da função planejamento. Atuar como uma bússola na gestão do elemento humano na organização contemporânea, objetivando o alcance dos resultados esperados.

Este capítulo aborda inicialmente aspectos conceituais, indispensáveis à compreensão do papel do planejamento estratégico empresarial (PE), alicerce do planejamento de recursos humanos (PRH). Em primeiro lugar, será abordada a análise da evolução dos conceitos vinculados ao PE. Em seguida, serão apresentados os componentes da arquitetura do PRH.

Para início de conversa, convém lembrar que o principal objetivo de qualquer empreendimento é sua eficácia. Ninguém age por agir. Ao realizar um trabalho, seja ele qual for, busca-se o alcance de um resultado.

Há muito, Fayol (1989) preconizou o planejamento como ferramenta administrativa imprescindível à consecução dos objetivos almejados. Segundo esse teórico, a principal manifestação da previsão é o programa de ação. Ele defendia ser necessário o delineamento de uma linha de conduta, ou seja, a definição de etapas e meios para garantir os resultados previstos pelo programa. Para tanto, Fayol advogava a relevância do levantamento da situação da empresa como base para a tomada de decisão.

O sustentáculo dessa concepção de planejamento é a ideia de o futuro ser uma projeção do passado. Ela defende que a análise do ocorrido permite a projeção do futuro com certa segurança ao pressupor a possibilidade de controle dos fatos capazes de impedir o desempenho previsto. Em suma, essa concepção de planejamento se caracteriza pela autonomia relativa da organização em relação a seu ambiente. Sua preocupação reside em resultados imediatos.

Essa forma de pensar persistiu até os anos 1950. A partir de então, as organizações começaram a enfrentar desafios inesperados. O ambiente se tornou gradativamente turbulento. As mudanças econômicas, políticas e sociais aceleradas exigiram mais esforço da liderança gerencial para o atendimento das necessidades dos clientes, das exigências dos sindicatos e dos anseios dos acionistas. Variáveis ambientais inesperadas demandaram um novo modo de estruturar o trabalho, novos objetivos e uma nova dinâmica organizacional.

A continuidade das mudanças organizacionais trouxe à tona novas concepções de planejamento. O contexto corporativo nos anos 1960 tornou mais difícil prever e controlar as mudanças em curso, pressupondo a estabilidade como hipótese. Nessa época emergiu na administração o paradigma dos sistemas abertos, desenvolvido a partir dos estudos do biólogo alemão Von Bertalanffy.

A partir de então, a organização passa a ser concebida como um sistema aberto, cujas relações com o ambiente são vitais. Ela é percebida como receptora de insumos ambientais, processados para serem exportados de volta para o ambiente. A visão do planejamento sofreu alterações significativas. A organização incorporou possibilidades de mudanças futuras em seus planos de ação. Sua atuação passou a ser proativa.

A análise ambiental se constituiu na questão central do processo de planejamento. Em contraponto à concepção anterior, as mudanças ambientais velozes e constantes não mais aceitaram a previsão do futuro a partir da simples extrapolação do passado. Assim, tornou-se imprescindível a incorporação de novos elementos:

❑ identificação dos principais interesses externos voltados para a organização;
❑ expectativas dos interesses internos dominantes;
❑ informações sobre o desempenho passado, atual e projetado;
❑ avaliações de oportunidades e ameaças do ambiente, bem como das forças e fraquezas da organização.

O planejamento, adjetivado – planejamento estratégico –, tem como base de sustentação a análise detalhada da ambiência organizacional, externa e interna.

Resumindo, a dinâmica desse processo, nessa perspectiva, delineia estratégias visando fornecer à organização subsídios para o enfrentamento efetivo das mudanças do ambiente organizacional. A figura 8 esquematiza essa dinâmica.

Há dois propósitos para a apresentação do processo por meio desse modelo. Um deles é chamar a atenção para o avanço metodológico do planejamento; o outro é destacar a ênfase que o planejamento estratégico atribuía, até os anos 1980, às "propostas racionais de análise antecipatória" (Motta, 1991). Esse é um dos desafios desse processo na atual conjuntura, considerando que o conteúdo do planejamento sofre mudanças, cada vez mais constantes e aceleradas, em face da turbulência do contexto de negócios.

Admitindo que algumas dimensões do planejamento estratégico se mostraram ineficazes, sobretudo no que concerne às suas propostas racionais de análise antecipatória, o problema estratégico começou a ser encarado como algo mais complexo. Essa constatação, que instigou um número expressivo de estudiosos do tema, defende a necessidade de ajustes de objetivos para o atendimento das demandas de mudanças ambientais, modificando a visão anterior do planejamento estratégico como instrumento racional-normativo e antecedente.

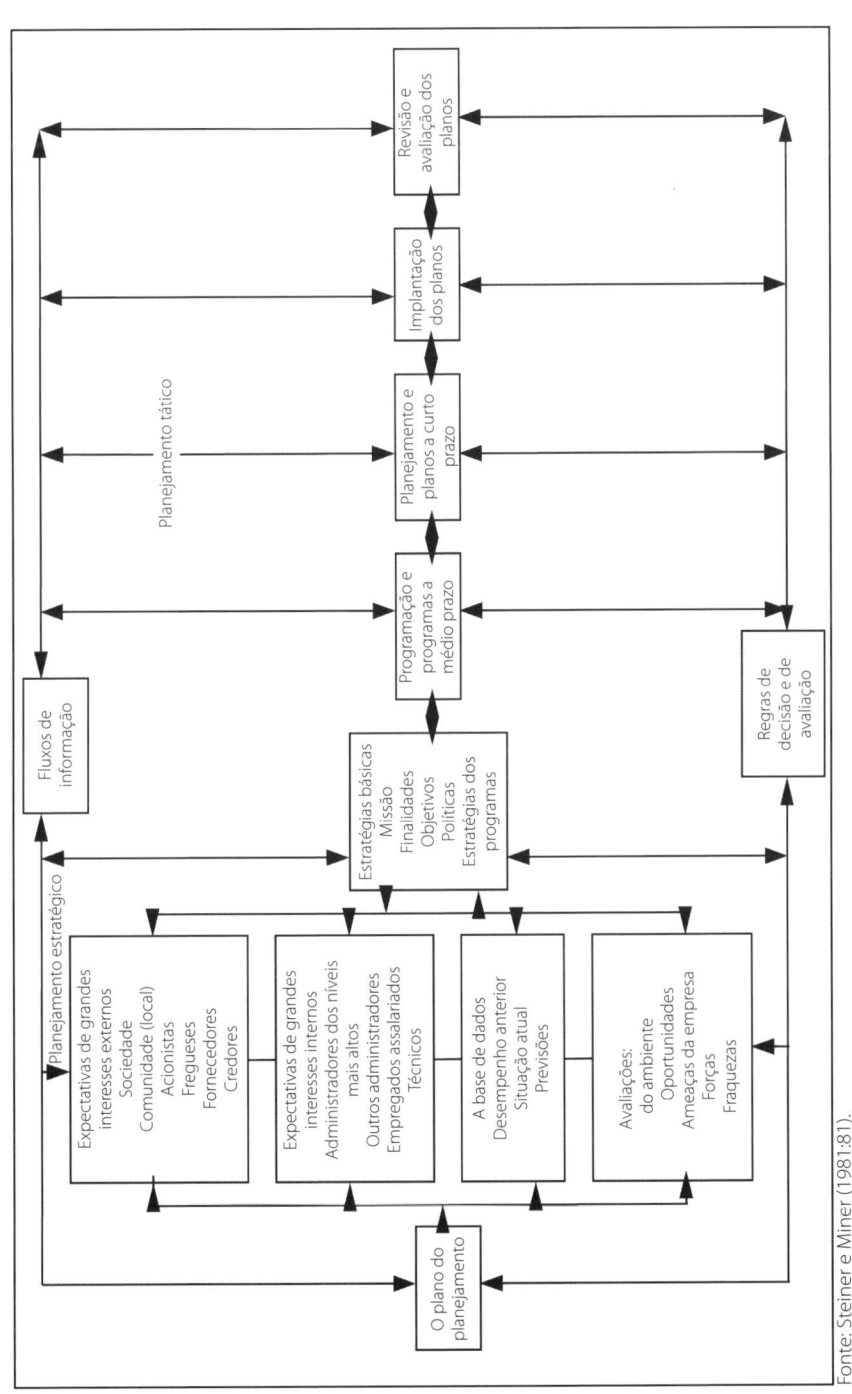

Figura 8. Processo de planejamento segundo Steiner e Miner

Planejamento estratégico

Planejamento tático

O plano do planejamento

Expectativas de grandes interesses externos
Sociedade
Comunidade (local)
Acionistas
Fregueses
Fornecedores
Credores

Expectativas de grandes interesses internos
Administradores dos níveis mais altos
Outros administradores
Empregados assalariados
Técnicos

A base de dados
Desempenho anterior
Situação atual
Previsões

Avaliações:
do ambiente
Oportunidades
Ameaças da empresa
Forças
Fraquezas

Estratégias básicas
Missão
Finalidades
Objetivos
Políticas
Estratégias dos programas

Programação e programas a médio prazo

Planejamento e planos a curto prazo

Implantação dos planos

Revisão e avaliação dos planos

Fluxos de informação

Regras de decisão e de avaliação

Fonte: Steiner e Miner (1981:81).

Essa suposição reforça a contingencialidade do planejamento. Em outras palavras, robustece uma postura organizacional, comumente denominada Estratégica, que, além de indicar com clareza um caminho futuro, seja suficientemente flexível para ser alterada de acordo com as novas condições ambientais.

A postura estratégica é, basicamente, uma cultura que busca desenvolver uma atitude de aceitação da mudança e de fomento da capacidade de resolver problemas. Nesse sentido, o pensamento estratégico contagia as áreas funcionais. Essa expansão contribui para a redução da visão segmentada e setorial na criação do futuro organizacional.

A análise dessa nova forma de pensar o processo de planejamento permite concluir que a conquista da visão estratégica na gestão é fruto de uma longa trajetória. Seu início residiu na busca de respostas às mudanças organizacionais por meio de técnicas de planejamento, baseadas em análise de tendências e nas consequentes propostas racionais capazes de fazer frente às tendências.

Entretanto, a metodologia constituída por "propostas racionais de análise antecipatória" mostrou-se ineficaz. Gradativamente, novos conceitos foram incorporados, culminando na adoção da postura estratégica. Mas, na prática postura estratégica significa:

- tomar decisões prevendo os impactos sobre o resultado no longo prazo e não apenas sobre o resultado imediato;
- buscar o contínuo aperfeiçoamento da posição competitiva da organização;
- reconhecer que descontinuidades são mais importantes do que tendências.

Objetivando assegurar que a liderança gerencial assuma essa postura, a função RH foi obrigada a exercer um novo papel, vital à criação e à disseminação da cultura da postura estratégica (Souza, 1979). Para tanto, esse autor sugere que a área de RH participe do processo de formulação de estratégias organizacionais.

O processo de formulação de estratégias (processo de planejamento), se bem concebido, deve ser dinâmico, orgânico e interativo, consubstanciando-se basicamente na troca de informações e negociações que permitem a tomada de decisões estratégicas sobre os negócios de uma empresa.

A área de Recursos Humanos pode identificar melhor a necessidade de desenvolvimento dos dirigentes e dos recursos humanos das organizações a fim de que esse desenvolvimento gerencial possa ser mais bem acoplado aos rumos estratégicos da organização.

Nos casos de reestruturação global da empresa, a área de Recursos Humanos pode coordenar o planejamento de carreiras, de forma a torná-las mais compatíveis com os rumos estratégicos da organização [Souza, 1979:73].

Afinal, planejamento de carreira desvinculado de orientações estratégicas é um instrumento de gestão inútil. A organização investe na progressão da carreira dos seus colaboradores com o intuito de obter vantagens competitivas.

Em função disso, cada vez mais, e particularmente nas empresas competitivas, a área de RH abandona o papel meramente tático-operacional para se transformar em uma área estratégica. Em inúmeras organizações é inclusive diretamente subordinada ao principal executivo da empresa.

Sua participação no delineamento dos rumos da organização se acentua, considerando que seus objetivos derivam dos objetivos e metas organizacionais. Por essa razão, executivos da área de RH devem dispor de conhecimentos que ultrapassem as tecnologias de gerenciamento do elemento humano. O atual contexto empresarial requer desses profissionais uma ampla visão do negócio. Na prática, isso implica entender a missão organizacional, olhar "para fora" e no longo prazo e, ainda, avaliar o impacto de suas decisões.

Uma consequência desse posicionamento é o fomento à criação de culturas marcadas pela aceitação da mudança e à busca de respostas efetivas para o enfrentamento das transformações a que estão sujeitas as organizações na atualidade.

Nesse sentido, a ação integrada dos processos que compõem a função RH, bem como desses com as demais unidades de negócio, consiste na pedra angular da gestão estratégica de pessoas. A ausência dessa integração produz uma tomada de decisão desvinculada dos objetivos da organização e, portanto, reiterando, ineficaz. Daí a crença de que o planejamento de recursos humanos (PRH) deve estar integrado ao planejamento estratégico (PE) da organização. A ligação entre eles favorece soluções eficazes para as denominadas questões críticas, tais como:

- exigências e restrições oriundas da ambiência externa na obtenção de pessoal;
- implicações nas práticas gerenciais decorrentes da fusão ou aquisição de novos empreendimentos;
- implicações das estratégias empresariais no perfil dos empregados;
- decisões de curto prazo para o atendimento das necessidades de longo prazo.

Enfim, entre outras, essas são questões cujas respostas dependem do alinhamento do planejamento de recursos humanos ao planejamento estratégico organizacional.

Quadro 6. Alinhamento do PE ao PRH

	Planejamento estratégico Perspectiva em longo prazo	Planejamento tático Perspectiva em médio prazo	Planejamento operacional Perspectiva em curto prazo
Processo de planejamento empresarial (PE)	- Filosofia da empresa. - Exame do meio ambiente. - Pontos fortes e restrições. - Objetivos e metas. - Estratégias.	- Programas planejados. - Recursos necessários. - Estratégias organizacionais. - Planos para entrar em novos negócios, aquisições, desativações.	- Orçamentos. - Unidade, metas, desempenho individuais e das unidades. - Avaliação e acompanhamento de programas. - Supervisão e controle de resultados.
	Análise de questões	Exigências de previsões	Plano de ação
Processo de planejamento dos recursos humanos (PRH)	- Necessidades empresariais. - Fatores externos. - Análise do suprimento interno. - Implicações gerenciais.	- Mix de pessoal (qualitativo e qualitativo). - Projeto da organização e do trabalho. - Recursos projetados/ disponíveis.	- Autorização para colocação de pessoal. - Recrutamento, promoções e transferências. - Mudanças organizacionais. - Treinamento e desenvolvimento. - Compensação e benefícios. - Relações trabalhistas.

Fonte: Walker (1980:80).

Habitualmente, o conceito planejamento estratégico é associado à perspectivas em longo prazo. No entanto, não é a dimensão temporal que distingue o plano estratégico do tático e do operacional. O que caracteriza o planejamento estratégico, prioritariamente, são outros fatores: análise de variáveis baseada em conceitos de mercado produtor, capacidades e ações que garantam a consecução dos objetivos organizacionais.

A separação dos diferentes níveis, sugerida no quadro 6 ilustra como:

- o planejamento estratégico é mais amplo e abrangente do que o tático, considerando que envolve a empresa como um todo. Ele não se restringe, à semelhança do planejamento tático, a cada unidade administrativa, aos seus recursos e objetivos específicos, além de também diferir do planejamento operacional, projetado para ações imediatas e, portanto, envolvendo tarefas ou atividades isoladas e, ainda, preocupando-se com o alcance de metas específicas;
- o planejamento estratégico flui para o planejamento operacional.

> Como, porém, criar elos entre o PE e o PRH, de modo que a área de RH contribua de modo efetivo para a execução das estratégias organizacionais?

Projetar os aspectos de recursos humanos no planejamento estratégico organizacional é uma necessidade inconteste, e mais: um desafio complexo, sobretudo em face de a cultura das organizações brasileiras ter atribuído durante décadas à área de RH um papel secundário no jogo de poder das organizações. De modo geral, a tomada de decisão em âmbito estratégico exclui a área de RH. Além de não ser convocada, ela se restringe à resolução de problemas isolados, tais como aspectos operacionais relacionados à obtenção, à administração de cargos e salários, à legislação trabalhista, ao treinamento e desenvolvimento, entre outros. Em síntese, decisões isoladas e segmentadas praticamente não contribuem para a criação de condições capazes de propiciar sinergia organizacional, cooperação potencializadora em que vários indivíduos e equipes atinjam um resultado maior do que a soma dos resultados individuais.

Essa integração é imprescindível. A cada momento surgem novos problemas decorrentes de mudanças de naturezas distintas. Por exemplo, mudanças na área trabalhista e alterações de perfis de competências exigem da administração de recursos humanos o emprego não somente de técnicas tradicionais, mas, antes, a adoção de uma nova configuração para responder aos desafios inéditos, atuando no seu âmbito interno, mas também sendo um agente facilitador da consecução dos objetivos da organização.

O atual contexto de negócios, marcado por mudanças aceleradas, exige que as empresas apresentem respostas rápidas e efetivas. Daí a importância da disseminação da estratégia empresarial junto a todas as áreas, objetivando:

❑ favorecer a tomada de decisão relacionada a prioridades;
❑ avaliar o desgaste correspondente a cada uma das iniciativas e os resultados obtidos ponderados em função das expectativas organizacionais.

A integração do PRH ao PE da organização, ao estimular os executivos das diversas unidades a pensar nos problemas de forma sistêmica, contribui para a adoção de atitudes condizentes com a magnitude da missão organizacional.

Nessa perspectiva, o planejamento de recursos humanos, denominado planejamento estratégico de RH (PERH), provoca uma revolução cultural, substituindo valores tradicionais por pensamento criativo e participativo.

Em linhas gerais, o PERH, integrado e estrategicamente orientado, permite:

❑ o fornecimento de subsídios à tomada de decisão, inclusive pela alta direção;
❑ a identificação dos elementos ausentes, porém necessários às contribuições efetivas das pessoas ao negócio;
❑ o esforço comum da liderança gerencial, objetivando o alcance dos resultados organizacionais desejados;
❑ a melhoria contínua de resultados econômicos.

Mas, na prática, como conceber a arquitetura do PERH? Antes do detalhamento desse tema, convém destacar as questões críticas vinculadas a um dos insumos-chave da arquitetura do planejamento estratégico.

> **Recordando....**
>
> 1. *O planejamento estratégico* define a identidade da corporação, realiza a auditoria de posição, traça os objetivos corporativos e suas estratégias.
>
> 2. Cada unidade delineia seus *planos de ação*, define seus indicadores para a mensuração de resultados apoiada nas *estratégias corporativas*, cujo ponto de partida reside na identidade organizacional: missão, visão e valores.
>
>   - *Valores* são a base da administração da empresa. Eles expressam as crenças básicas que funcionarão como padrões orientadores da ação organizacional. Eles precedem a definição da missão, do negócio e da visão de futuro da organização.
>   - *Missão* é a razão de ser da organização, a necessidade da sociedade que a empresa se propõe a atender. Portanto, ela deve orientar, unificar e motivar seus membros.
>   - *Visão* é a imagem que a organização tem de si projetada no espaço e no tempo.
>   - *Negócio* é o espaço que a organização pretende ocupar em relação às demandas ambientais.[2]
>   - *Diagnóstico organizacional*, também, denominado auditoria de posição ou, ainda, análise *SWOT*,[3] é o processo por meio do qual são mapeadas as forças, as fraquezas, as ameaças e as oportunidades.
>   - *Objetivos organizacionais* consistem no alvo ou na situação futura que se pretende alcançar por meio das estratégias.
>   - *Estratégias* podem ser entendidas como um conjunto de decisões sobre a distribuição dos recursos e as tarefas críticas a serem desempenhadas para a consecução dos objetivos.

O esquema (figura 9), a seguir, adaptado de Kotler, explicita uma metodologia de planejamento estratégico.

---

[2] Pagnoncelli et al. (2001) defin*em o negócio em função de três variáveis: cliente, produto e tecnologia.*
[3] A sigla SWOT é um acrônimo formado pelas letras iniciais em inglês de forças (*strengths*), fraquezas (*weaknesses*), oportunidades (*opportunities*) e ameaças (*threats*). As forças são as características da empresa, tangíveis ou não, que permitem a obtenção de vantagem em relação à concorrência. As *fraquezas* referem-se às características da empresa que devem ser minimizadas para evitar a influência negativa no desenvolvimento ou na estratégia. Ameaças são condições externas que representam obstáculos à ação estratégica, podendo ser evitadas, se conhecidas. As *oportunidades* são forças ambientais favoráveis que, se conhecidas e aproveitadas, podem auxiliar a efetiva ação organizacional.

FIGURA 9. Lógica e dinâmica do planejamento estratégico

```
Definição de          Análise de
visão, negócio  →     ambiente
e missão              externo
                      (oportunidades
                      e ameaças)      →  Formulação → Formulação → Formulação → Implemen- → Feedback
                      Análise             de            de            de          tação       e controle
                      SWOT                objetivos     estratégias   programas
                      Análise de
                      ambiente
                      interno (forças e
                      fraquezas)
```

Fonte: adaptado de Kotler (2000:50).

Assim, uma vez definidos a visão, o negócio, assim como a missão, realiza-se a análise SWOT, conforme ilustrado na figura 10.

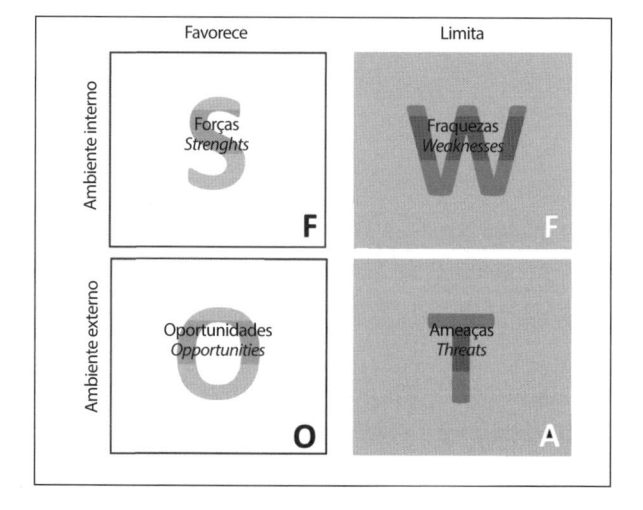

FIGURA 10. Análise SWOT

	Favorece	Limita
Ambiente interno	Forças *Strenghts* **S** **F**	Fraquezas *Weaknesses* **W** **F**
Ambiente externo	Oportunidades *Opportunities* **O**	Ameaças *Threats* **T** **A**

O passo a seguir é a definição dos objetivos organizacionais, cuja consecução requer o delineamento de estratégias.

O processo descrito, porém, será ineficiente se o planejado não for adequadamente controlado. Assim, por sua vez, o processo de controle busca assegurar que os resultados obtidos se ajustem, tanto quanto possível, aos objetivos estabelecidos. Portanto, esse processo se desenvolve por meio de comparações entre a expectativa de resultados e os resultados apresentados. Tais comparações se viabilizam por meio de indicadores – quantitativos e qualitativos.

Agora, sim, é possível seguir adiante, abordando a arquitetura do planejamento de RH.

A arquitetura do planejamento estratégico de RH (PERH)

O PERH pode ser definido como o desdobramento do planejamento estratégico na perspectiva do elemento humano. Portanto, a modelagem de sua arquitetura tem o propósito de realizar a previsão da necessidade de profissionais, no âmbito quantitativo, especificando o número de empregados para cada categoria de trabalho, e no âmbito qualitativo, identificando as competências necessárias em face das mudanças da empresa, do mercado, da tecnologia e da concorrência para garantir, por meio dos empregados, a consecução dos objetivos organizacionais.

O produto desse processo é o delineamento de políticas de obtenção, desenvolvimento e retenção de RH, apoiado nos quatro insumos principais, a saber:

- planejamento do negócio;
- plano dos executivos;
- ambiente externo;
- ambiente organizacional interno.

O planejamento do negócio

Ratificando, os objetivos e estratégias de RH estão intimamente relacionados aos planos estratégicos da empresa. Por exemplo: a estratégia empresarial projeta, para os próximos cinco anos, a necessidade de determinada *expertise* que inexiste no mercado e também na organização.

Em decorrência, a área de RH deverá elaborar políticas de obtenção e de desenvolvimento capazes de assegurar uma tomada de decisão que atenda às demandas do negócio. A título de exemplo, apresentamos a seguir três questões:

❑ Contratar profissionais com potencial para o desenvolvimento da *expertise* demandada?
❑ Desenvolver um programa que viabilize a aquisição da *expertise* não existente?
❑ Ou, ainda, que alternativas são passíveis de gerar soluções eficazes para essa organização específica em um determinado momento?

O plano dos executivos

Após a definição dos objetivos corporativos, cada unidade de negócio, ou seja, cada área da empresa (por exemplo, marketing, finanças, logística, RH e comercial), deverá determinar seus objetivos específicos, além de definir sua equipe, em termos quantitativos e qualitativos, para garantir o alcance dos resultados previstos.

Na perspectiva da gestão estratégica de pessoas, essa decisão deverá ser construída em parceria com a área de RH, que, por sua vez, buscará atender às necessidades de cada unidade da empresa numa perspectiva sistêmica e não por meio de ações isoladas. Por exemplo, a necessidade de um profissional em determinada área da empresa não necessariamente levará a unidade de recrutamento e seleção ao mercado. Ela poderá observar a possibilidade de realocação de um indivíduo de uma área que se encontra reduzindo seu quadro de pessoal atual em função de reestruturação organizacional, resultando em redução de custos e em motivação para o trabalho.

Ambiente externo

As mudanças ocorridas nos âmbitos econômico, tecnológico, sociocultural, legal e de mercado específico requerem monitoramento em face dos seus impactos nas políticas e programas de RH. Logo, o conhecimento do contexto é indispensável ao processo de criação de estratégias de recursos humanos, considerando que forças externas podem afetar, direta e indiretamente, as políticas e os procedimentos de gestão de RH.

Para demonstrar a necessidade de a área de RH efetuar o monitoramento contínuo do ambiente externo, vamos recorrer a um exemplo. Imagine que o mercado de trabalho está extremamente aquecido, ou seja, há mais oferta de vagas pelas empresas do que candidatos disponíveis com os perfis desejados. Nesse caso, a seleção de candidatos tende a ser mais flexível, e as ofertas salariais tendem a ser mais estimulantes para atrair profissionais.

Ambiente organizacional interno

A análise do ambiente organizacional interno busca informações de naturezas distintas. Uma delas diz respeito à análise do quantitativo de empregados, bem como às competências relacionadas às posições ocupadas, seus desempenhos e potenciais. Outra se refere ao mapeamento do clima organizacional, qualidade de vida no trabalho, absenteísmo, rotatividade, entre outros.

Assim, a análise do ambiente organizacional interno, ao revelar as forças e fraquezas que influenciam a gestão de RH, gera insumos para a elaboração dos objetivos e estratégias de RH, que, por sua vez, nortearão os programas, os projetos e as ações de recursos humanos capazes de contribuir para o negócio.

Nesse sentido, o caso a seguir permite o aprofundamento do olhar na dinâmica dessa análise, ao ilustrar como se dá, por exemplo, a tomada de decisão no âmbito da gestão de pessoas.

Caso: Empresa WX

A fábrica de bonecas WX implantou um programa de modernização administrativa e está reestruturando duas áreas. Em consequência, 80 funções de assistentes de produção, hoje ocupadas por empregados com mais de 20 anos de empresa, serão extintas no prazo de 12 meses. Simultaneamente, a empresa criará 23 funções de líder de equipes. O quadro de costureira será desativado, pois os serviços de corte e costura serão terceirizados. É oportuno comentar que o tempo médio de casa das empregadas se situa em torno de 15 anos

Quais planos de ação relacionados à gestão de pessoas deverão ser desenvolvidos para responder com eficiência e eficácia à estratégia da modernização administrativa? Imagine dois cenários.

Cenário 1

Inexiste a cultura do planejamento de RH integrado ao negócio. Provavelmente, de imediato, 80 assistentes de produção e as ocupantes do cargo de costureiras serão demitidas. Após 12 meses, deverão ser contratados 23 profissionais do mercado, para a ocupação do cargo recém-criado de líder de equipe.

Continua

> **Cenário 2**
>
> A integração dos planejamentos de RH e empresarial é uma prática notória. Em função disso, serão desenvolvidos vários programas e projetos visando atender de modo efetivo às demandas do negócio. É conveniente comentar que, entre outros fatos relevantes, observa-se um clima organizacional favorável ao crescimento funcional dos colaboradores que apresentam os desempenhos e competências demandados pelos novos cargos, além, é claro, de focar a excelência de resultados com o menor custo possível.
> Vejamos como isso se desenvolve na prática. Ao tomar ciência das necessidades organizacionais de recursos humanos – redução de quadro de assistentes de produção e costureiras no prazo de 12 meses e criação de 23 postos de trabalho –, a área de RH, em conjunto com o dirigente da unidade que está sendo modernizada, desenvolverá, por exemplo, os seguintes projetos:
>
> 1. recrutamento interno entre os passíveis de demissão em face da modernização:
>   - seleção dos candidatos apresentados;
>   - treinamento, como etapa do processo seletivo, para os novos cargos;
>   - recolocação dos candidatos internos não selecionados em outras empresas do ramo;
>   - projeto de demissão voluntária para aqueles passíveis de demissão em face da modernização;
> 2. recrutamento externo, no caso de as novas vagas não serem totalmente preenchidas pelos empregados recrutados internamente;
> 3. estímulo e ajuda jurídica à formação de cooperativas de costureiras;
> 4. incentivo à aposentadoria.

Necessidades organizacionais de recursos humanos

Como se pode observar, o dimensionamento e o atendimento das necessidades de recursos humanos de uma organização devem ser concebidos de forma dinâmica e interativa. Assim, a área de RH deve buscar informações e realizar negociações para tomar decisões estratégicas que atendam efetivamente às demandas do negócio.

A unidade de treinamento não poderá ter um sistema próprio de levantamento de necessidades de treinamento, ignorando decisões estratégicas para recursos humanos. A eficácia de suas decisões dependerá de sua integração com os demais componentes da área de recursos humanos, por exemplo, a elaboração de planos de desenvolvimento apoiados nos subsídios da avaliação de desempenho.

O processo de planejamento de RH nasce das necessidades da organização e é explicitado por meio de políticas que se desdobram em projetos, que, por sua vez, se materializam em ações.

Elaboração de políticas, programas e projetos de RH

Políticas, programas e projetos são instrumentos que a gestão utiliza para garantir a transformação de objetivos em realidade. Projetos não existem isoladamente. Eles fazem parte de uma cadeia de objetivos hierarquizados, consubstanciados em programas e políticas.

Mas, exatamente, qual é a utilidade de um projeto? Segundo Armani (2009), sua utilidade reside no fato de os projetos colocarem em prática as políticas e os programas na forma de unidades de intervenção concreta. Os projetos, segundo esse autor, são a melhor forma para organizar ações, uma vez que elas "capturam" a realidade complexa em pequenas partes, tornando-as mais compreensíveis, planejáveis e manejáveis. Os projetos são orientados por prazos e orçamentos.

Então, o que é um projeto? Projeto é uma descrição escrita e detalhada de um empreendimento a ser realizado.

Nas organizações, e também na gestão de pessoas em especial, os projetos têm um ciclo de vida. Eles nascem, crescem e, quando seus resultados são alcançados, morrem ou se transformam em outros projetos. A dimensão temporal é imanente à noção de projeto.

Portanto, o nascimento de um projeto decorre da necessidade de intervenção na realidade. Assim, um projeto é delineado objetivando atender a um objetivo específico, conforme ilustrado a seguir.

Em primeiro lugar, é necessário observar a relação entre políticas, programas e projetos, conforme o esquema na figura 11.

Como se observa, a estrutura, organizada em três níveis, esquematiza como ações gerenciais cotidianas se relacionam com objetivos estratégicos. No caso, como as ações de gestão de pessoas concretizam políticas empresariais.

Vale destacar que a política de RH das organizações se encontra no nível dos objetivos e eixos estratégicos de ação. O nível intermediário traduz, em linhas de ações temáticas, os programas, ou, no jargão da área de RH, os macroprocessos (obtenção, desenvolvimento e retenção). Finalmente, os projetos surgem no nível das ações concretas, ou seja, das práticas efetivas na gestão das pessoas.

Figura 11. Articulação entre política, programa e projeto

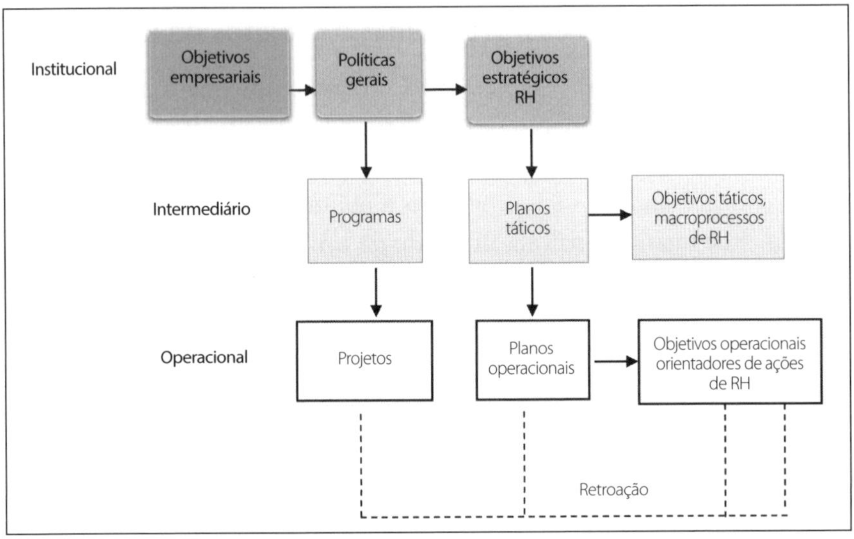

Nível				
Institucional	Objetivos empresariais →	Políticas gerais →	Objetivos estratégicos RH	
Intermediário		Programas ↓	Planos táticos →	Objetivos táticos, macroprocessos de RH
Operacional		Projetos ↓	Planos operacionais →	Objetivos operacionais orientadores de ações de RH
			Retroação	

Fonte: adaptado de Armani (2009).

Em segundo lugar, buscamos dar vida ao esquema assinalado por meio da apresentação de um projeto real, desenvolvido por uma empresa do setor sucroalcooleiro, denominado "Cana Limpa". Trata-se do caso construído a partir dos insumos obtidos na pesquisa de campo realizada para o desenvolvimento da tese de doutorado de Maria Zélia de Almeida Souza (2011), uma das autoras desta obra.

A empresa XPTO, que atua no setor sucroalcooleiro brasileiro, marcado nas últimas décadas por acirrada concorrência, transformou a área de RH em uma diretoria diretamente subordinada ao CEO da corporação. O desafio da área é garantir que a gestão de pessoas viabilize o aumento da produtividade, da qualidade e da rentabilidade da empresa para que ela possa fazer frente a seus competidores. Nesse sentido, foram desenvolvidas políticas de obtenção, desenvolvimento e retenção, visando garantir o alcance dos objetivos corporativos.

A título de ilustração, foi selecionada uma política de RH para ilustrar como ocorre a relação entre projetos, programas e políticas de recursos humanos.

A política selecionada foi a de capacitação de trabalhadores que atuam no corte manual de cana-de-açúcar. Para ampliar a compreensão do exemplo, inicialmente serão apresentadas as condições de trabalho no canavial, bastante precárias em função do tipo de atividade desenvolvida nessa etapa do corte. Antes de ser cortada, a cana é queimada, para facilitar o corte e evitar a presença de animais peçonhentos. Essa prática, porém, além não ser ecologicamente correta, contribui para o aumento da temperatura no canavial, local de atuação do cortador.

Além de ser submetido a temperaturas muito elevadas, o cortador de cana desenvolve um trabalho árduo e penoso, que demanda muito esforço físico. O trabalho de corte manual é composto pelo seguinte conjunto de atividades:

- limpeza da cana, com eliminação do pendão, que não tem valor para as unidades produtoras, porque praticamente não contém sacarose;
- transporte da cana até a linha central do eito, pois o canavial é dividido em talhões, que são áreas de terreno, por sua vez formadas por linhas (ruas de canas). Essas linhas agrupadas formam os eitos;
- arrumação da cana para posterior carregamento mecânico.

Apesar das condições adversas, há um ritmo de produção de corte a ser observado, necessário ao abastecimento da matéria-prima para o processo de produção de açúcar e álcool. Os sistemas de gerenciamento da força de trabalho no canavial devem garantir que sejam atendidas as metas de produção do corte manual de cana. Portanto, o papel da gestão de RH nas usinas é desenvolver um conjunto de diretrizes gerais (políticas) que visam dotar a empresa de um quadro de cortadores capaz de desempenhar suas tarefas com eficiência e eficácia, garantindo assim o aumento da produtividade do trabalho. Por sua vez, a transformação de diretrizes em ações cotidianas impõe a necessidade do delineamento de programas apoiados em mecanismos definidos para facilitar a supervisão e o controle dos cortadores de cana. Em síntese, seus propósitos são a preservação da qualidade da matéria-prima, o aumento da produtividade do trabalho e o disciplinamento dos trabalhadores.

Portanto, em última instância, cada mecanismo concebido pela área de RH se viabiliza por meio de programas direcionados ao aumento da produtividade no corte manual da cana-de-açúcar, entre eles os programas de treinamento.

Assim, os programas de treinamento visam desenvolver destreza no manejo do instrumento básico de trabalho do cortador, denominado podão, além da introjeção dos códigos técnicos e disciplinares da empresa, criando no trabalhador atitudes em prol da produtividade com qualidade no corte manual da cana-de-açúcar.

Por meio dos programas de treinamento, as empresas procuram garantir a redução de perdas e dos acidentes de trabalho e veicular os valores e normas necessários ao aumento da produtividade. Esses programas são peças fundamentais para estimular a motivação e o envolvimento do cortador para o aumento da produtividade.

Os propósitos dos programas têm um cunho normativo. Seus objetivos, além do desenvolvimento da habilidade manual específica que atenda às exigências do trabalho, são diminuir os índices de absenteísmo e favorecer o cumprimento das metas de produção.

O desenvolvimento das habilidades manuais se realiza por meio do treinamento prático no canavial. O cortador de cana é adestrado para executar o corte segundo padrões rigidamente determinados, como toco baixo e ponteira bem retirada. Tais exigências resultam em padronização da operação de corte e aumento do esforço do trabalhador. A operação de corte padronizada garante uma cana com menor perda.

O absenteísmo é outro aspecto crítico abordado nos programas de treinamento, já que é um dos principais fatores que influenciam negativamente o rendimento da mão de obra. Para estimular a redução do número de faltas, as empresas associam a ausência ao trabalho à redução de salários, direitos e outros ganhos, como perda de remuneração extra, oriunda do Programa de Participação nos Resultados (PPR). Os programas de treinamento enfatizam que o pagamento do repouso semanal remunerado é condicionado à ausência de faltas ao trabalho no decorrer da semana, assim como o recebimento da cesta básica.

Os programas de treinamento para os cortadores de cana abordam, ainda, como esses trabalhadores podem usufruir dos benefícios sociais, desde que evidenciem atitudes consideradas adequadas por parte das chefias e dos colegas de trabalho, que incluem o bom comportamento diante dos chefes e colegas de turma. Os cortadores são incentivados a evitar comportamentos inadequados de conteúdo moral, como uso de bebidas alcoólicas, indisciplina e envolvimento em brigas. O foco de inúmeras ações reside no desenvolvimento de atitudes que favoreçam a redução de custos operacionais e o aumento do ritmo de trabalho necessário ao abastecimento do processo industrial.

Todas as ações relativas ao gerenciamento da força de trabalho no canavial, apoiadas nos projetos delineados pela área de RH, buscam o aumento da produtividade individual do cortador de cana. Especificamente na empresa XPTO, as ações de treinamento no canavial visam à capacitação do cortador para a correta realização do trabalho.

Nesse sentido, foi desenvolvido o Projeto Cana Limpa. Especificamente, ele visa preparar os rurícolas para efetuar o corte da forma correta e produtiva. O projeto é desenvolvido por meio de uma parte teórica e outra prática.

Na primeira parte do projeto, são tratadas questões relativas à ausência de acidentes de trabalho e à preservação do meio ambiente. São transmitidas instruções sobre o uso dos equipamentos de proteção individual (EPI), uso da touca "árabe", óculos de segurança, bainha, sapatos, caneleira e do uniforme em geral.

A segunda parte é mais conceitual. Nessa etapa são trabalhados os conceitos de impurezas e perdas. Busca-se a redução das impurezas, pois as canas, quando não devidamente cortadas, armazenam impurezas minerais (terra e areia) e vegetais (folhas e pontas) que geram perdas.

A figura 12 esquematiza a articulação que se buscou ilustrar por meio do caso da empresa XPTO.

O capítulo 4 prossegue enfatizando a lógica da gestão de pessoas como uma cadeia de processos que integra um sistema maior, qual seja, a própria organização.

Figura 12. Exemplo de uma articulação entre política, programa e projetos

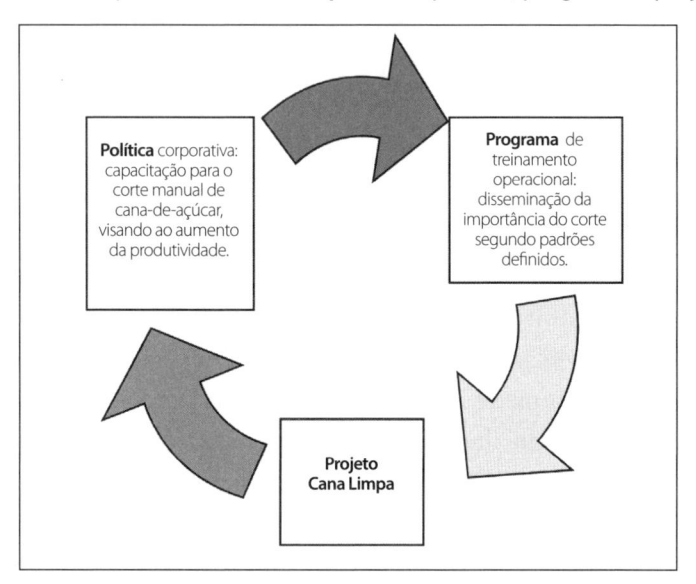

Política corporativa: capacitação para o corte manual de cana-de-açúcar, visando ao aumento da produtividade.

Programa de treinamento operacional: disseminação da importância do corte segundo padrões definidos.

Projeto Cana Limpa

Fonte: adaptado de Souza (2011).

4 Gestão de pessoas: uma cadeia de processos

Objetivos:
- identificar a lógica que fundamenta a gestão de RH como um sistema integrado;
- salientar a trajetória da migração da gestão focada no cargo para a gestão por competência;
- destacar o papel da liderança gerencial enquanto gestor de processos e pessoas.

A gestão de RH como um sistema integrado

A concepção da organização como um sistema aberto e integrado é recente. Por décadas a empresa foi concebida como uma máquina. Morgan (1996) nos ajuda a compreender a diferença ente essas concepções valendo-se de duas metáforas.

A primeira associa as organizações a uma máquina:

> As organizações planejadas e operadas como se fossem máquinas são comumente chamadas de burocracias. Mas a maioria das organizações são, até certo ponto, burocratizadas devido à maneira mecanicista de pensamento que delineou os mais fundamentais conceitos de tudo aquilo que sejam organizações. Por exemplo, quando se fala de organização, habitualmente se pensa num estado de relações ordenadas entre partes claramente definidas que possuem alguma ordem determinada. Embora a imagem possa não ser explícita, fala-

se de um conjunto de relações mecânicas. Fala-se de organizações como se fossem máquinas, e, consequentemente, existe uma tendência a esperar que operem como máquinas: de maneira rotinizada, eficiente, confiável e previsível [Morgan, 1996:24].

A segunda associa a imagem da organização ao funcionamento do cérebro, em que todos os integrantes da organização, independentemente da posição hierárquica, contribuem para os resultados da corporação.

O modelo empresarial, representado pela metáfora da máquina, se pautava em metas racionais e em processos com a definição de responsabilidades, mensuração, documentação e manutenção de registros. A representação da organização era efetuada por meio da estrutura funcional que facilitava o trabalho dentro de cada departamento. As pessoas compartilhavam o mesmo conhecimento técnico relacionado ao trabalho, além de viabilizar custos mais baixos. Os trabalhadores tinham o mesmo tipo de tarefa em conjunto, e a carga de trabalho poderia ser balanceada caso a demanda aumentasse ou caísse.

Essa abordagem fomentou a criação de "feudos", na medida em que a competência de cada área representava uma parte específica da tarefa organizacional.

Sob pressão, as áreas buscavam a consecução dos seus objetivos específicos e táticos, promovendo barreiras e se isolando dos demais. Os gestores eram especialistas de uma área e não generalistas interessados na condução da operação como um todo.

A lógica predominante se pautava na ideia de que o processo era uma grande unidade de análise composta por um número significativo de operações independentes. Processos e operações eram separados. Portanto, segundo essa perspectiva, um processo seria o somatório simples de operações. Pensar essa questão é de extrema relevância. Ela estimulou a ideia equivocada de que a melhoria das operações conduziria, necessariamente, à melhoria global do processo. Assim, durante décadas, a organização do trabalho se pautou na análise e solução de problemas das operações, ou seja, na racionalização do trabalho das pessoas e na melhoria das máquinas. No início, não havia grande preocupação com a qualidade do produto.

A mudança de enfoque começou a ocorrer apenas com a ascensão do modelo de produção japonês, representado fundamentalmente pelo Sistema Toyota de Produção (STP), também denominado "produção enxuta" ou *lean manufacturing*. O referido sistema se distingue profundamente do modelo de produção em massa ao conceber a empresa como um cérebro.

Essa lógica, consagrada por meio do modelo *lean*, atua no nível da melhoria de processos, a partir da utilização das novas ferramentas de gestão. Trata-se de uma abordagem de baixo para cima (*bottom-up*), em que o envolvimento dos colaboradores é determinante para o sucesso de projetos, pois são eles que melhor conhecem os processos. Além do empoderamento, ou *empowerment*, a busca de melhoria contínua é uma das premissas do novo modelo, além dos círculos de controle de qualidade e da produção *just-in-time* (JIT), entre outras. O novo modelo, como destacam Pain et al. (2009), se consolida cada vez mais, ampliando a capacidade de resultados econômicos e financeiros das organizações.

Entretanto, no caso específico da gestão de processos, conforme destacam os referidos autores, a demora na migração do paradigma funcional para o processual tem explicações associadas ao uso inadequado da reengenharia. Os conceitos básicos do novo paradigma foram difundidos em larga escala no âmbito da reengenharia, que não trouxe em si técnicas para a melhoria de processos. Sugeriram-se mudanças radicais a serem adotadas, independentemente dos processos vigentes. A maioria das iniciativas foi desastrosa. Por associação, isso contribuiu para gerar uma resistência ao discurso de processos.

No entanto, nas empresas que realizaram de forma fundamentada a estratégia de reengenharia de processos, ou seja, que não objetivaram apenas a redução de custos, mas antes fizeram sua articulação com uma estratégia mais ampla, as transformações foram bem-sucedidas. Destacamos algumas, a título de ilustração:

❏ o trabalho passa a ser concebido segundo o modelo da multifuncionalidade;
❏ os trabalhadores ganham mais autonomia no desempenho de suas atribuições;

❏ os gestores deixam de controlar pessoas e passam a funcionar como mentores e facilitadores dos processos;
❏ as estruturas organizacionais se tornam menos verticalizadas.

A contribuição significativa da reengenharia foi alertar as empresas para a necessidade de revisão de seus processos pela ótica do conceito de cadeia de valor, conceito esse entendido como uma série de atividades relacionadas e desenvolvidas pela empresa para satisfazer as necessidades dos clientes, desde as relações com os fornecedores e com os ciclos de produção e venda até a fase da distribuição para o consumidor final. Portanto, cada elo dessa cadeia de atividades se inter-relaciona com os demais.

Nesse sentido, a empresa, caracterizada como uma função de produção, é percebida como a entidade que transforma insumos em produtos para atender às demandas de clientes, conforme a figura 13.

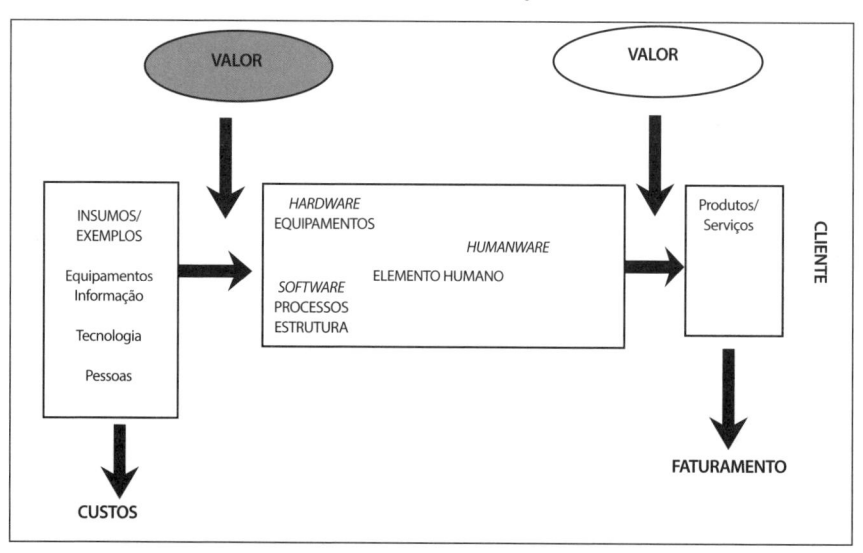

FIGURA 13. Empresa: um sistema que transforma insumos em produtos e serviços

Na maioria das organizações, tais abordagens, apesar de amplamente divulgadas, ainda não são contempladas quando se pratica a gestão de pessoas. O pensamento de Kaplan e Norton (1997), estudiosos do tema vantagem competitiva, traz à tona essa questão. O elemento humano não pode ser concebido como um mero *input*, mas, antes, um fator de agregação de valor. Em outras palavras, os autores consideram as pessoas elementos-chave do modelo de gestão baseado em valor (RBV), como assinalado no capítulo 2.

Eles enfatizam que as oportunidades para a criação de valor estão migrando da gestão de ativos tangíveis para a gestão de estratégias baseadas no conhecimento, que, por sua vez, exploram os ativos intangíveis da organização – relacionamento com clientes, produtos e serviços inovadores, tecnologia de informação e banco de dados, além de capacidades, habilidades e motivação dos empregados.

Sem dúvida, uma das mudanças mais radicais no pensamento gerencial, desde a última década do século XX, foi a transformação do papel dos empregados.

Para Kaplan e Norton, nada exemplifica melhor a passagem revolucionária do pensamento da era industrial para o pensamento da era da informação do que a nova filosofia gerencial que defende a tese de que pessoas contribuem para agregar valor à empresa.

Reafirmando, os conceitos vantagem competitiva e geração de valor estão intimamente relacionados, pois o sucesso das empresas depende diretamente do investimento e do gerenciamento de seus ativos intelectuais, razão pela qual se observa a utilização crescente do *balanced scorecard* (BSC) como um instrumento de gestão destinado à integração das medidas derivadas da estratégia. Em suma, ele traduz a estratégia em objetivos, medidas e metas específicas, fundamentais para a monitoração da estratégia. Kaplan e Norton destacam que a sustentação de níveis crescentes de desempenho, além do olhar sob a perspectiva financeira, precisa, sobretudo, investir na melhoria dos processos internos e no relacionamento com os clientes, pois quem atua próximo ao cliente deve se sentir comprometido com o negócio. De fato, o "combustível" para a sustentação desse sentimento é a satisfação: "funcionários satisfeitos são uma precondição para o aumento da produtividade, da capacidade de resposta, da qualidade e melhoria do serviço aos clientes" (Kaplan e Norton, 1997:131).

Exposta por meio desse pensamento, a lógica de gerenciamento das empresas aderentes às demandas do atual mundo dos negócios revela que o pagamento pelo trabalho não representa apenas custo, mas, antes, um investimento. Por exemplo, quando as empresas estabelecem sistemas de remuneração variável, essa é a lógica que permeia o sistema de remuneração, estabelecendo ganhos extras e bonificações apenas para quem apresenta desempenho acima dos níveis esperados.

Desse modo observa-se que a base das novas abordagens gerenciais se apoia na concepção de que o indivíduo é o elemento-chave no processo de geração de valor.

O elemento humano, portanto, deixa de ser percebido como força de trabalho e passa a ser concebido como capital humano, ou seja, um elemento capaz de criar e inovar e que, por meio do seu trabalho, pode adicionar valor à empresa.

A gestão de recursos humanos, nesse cenário, assume um papel especial. Sua missão é garantir o alinhamento das ações do elemento humano aos objetivos empresariais, fundamentalmente por meio de políticas que favoreçam o engajamento do corpo funcional. Os processos que compõem a área passam a ser concebidos nessa perspectiva, ou seja, sob a lógica da cadeia de valor. Para tanto, os conceitos *insumos*, *cliente*, *produtos* passam a ser incluídos no jargão dos profissionais de RH.

É notório que o papel da área de RH se modifica e se amplia. Ela é demandada a atuar como uma área prestadora de serviços e de consultoria interna, atendendo com prontidão e qualidade às necessidades gerenciais das demais áreas da organização.

Assim, o novo contexto requer que a gestão de recursos humanos seja concebida como um sistema social aberto e integrado com os demais sistemas organizacionais.

Da perspectiva do cargo ao foco da competência

A busca da sustentação da vantagem competitiva em um ambiente marcado por mudanças imprevisíveis, aceleradas e incontroláveis requer soluções inovadoras, oferta de produtos e serviços com qualidade, agilidade em suas entregas e custos competitivos. Reforçando, o modelo de gestão de pessoas apoiado no conceito *cargo* não mais atende de modo efetivo às demandas de empresas competitivas.

Considerando que a lógica do cargo advém da concepção da empresa baseada no modelo mecânico, ela privilegia a racionalidade absoluta, o conhecimento perfeito de relações entre meios e fins. E, ainda, ela se caracteriza pela crença no modo *one best way* de realizar tarefas, na configuração estável de tarefas, em que os indivíduos se adaptam ao trabalho. Logo, esse modelo ao negar espaço para a criatividade se mostra acanhado para os desafios do atual mundo dos negócios, sedento de criação, proatividade, dinamismo, visão sistêmica, entre outras demandas.

O novo contexto impõe uma forma de gerenciamento humano diferente.

Zariffian (2001), pesquisador que chamou a atenção para um novo modo de gerenciar pessoas nas organizações, assinalou três noções que transformaram radicalmente os princípios de gestão do trabalho. São elas:

❏ a noção de *incidente* refere-se ao que ocorre de modo imprevisto e que perturba o sistema de produção, ultrapassando sua capacidade rotineira de assegurar sua autorregulação. A competência não está contida nas definições *a priori* da tarefa. As pessoas precisam mobilizar recursos continuamente para resolver novas situações;
❏ a noção de *comunicação* implica a necessidade de as pessoas compreenderem o outro e a si mesmas para propiciar o compartilhamento de objetivos e normas organizacionais;
❏ a noção de *serviços* significa que todos precisam compreender que em todas as atividades há um cliente (interno ou externo) que deve ser plenamente atendido.

Segundo esse mesmo autor, a gestão do trabalho não mais poderia desprezar a capacidade do elemento humano de fazer frente às situações em que o imprevisto se apresenta de forma cotidiana e rotineira. Assim, a concepção é de que o trabalho não se restringe ao cumprimento de um conjunto de tarefas prescritas e descritas; antes, é o prolongamento direto da capacidade do indivíduo de mobilizar seu saber e sua habilidade em uma situação específica, mutável e complexa. Nesse sentido, a gestão da força de trabalho não mais se pauta pelo conceito de cargo, e o conceito competência, aos poucos, assume seu lugar.

Competência ainda é um conceito em construção. Entretanto apesar das divergências teóricas que ocorrem em relação a este constructo o seu significado contemporâneo compreende o conjunto de conhecimentos, habilidades e atitudes.

Cada vez mais amadurece a ideia de que esses três elementos configuram os saberes diversos que devem ser mobilizados pelos indivíduos na busca de melhores resultados. O saber é o conhecimento, o conjunto de informações que possuímos sobre algo. A habilidade é o saber fazer, a capacidade de mobilizar o conhecimento para gerar resultados concretos. A atitude é o saber ser, o conjunto de crenças, valores e princípios que norteiam nosso comportamento.

Entretanto, para ser aplicado de forma pragmática, o conceito competência necessita estar associado ao conceito resultado. No jargão da literatura de gestão de pessoas, competência é o insumo básico para a geração de resultados.

Nesse sentido, o papel da liderança gerencial é fundamental para a transformação de competências em resultados. Cabe à liderança gerencial orquestrar e criar condições para o adequado uso das competências de cada membro da sua equipe. Daí o foco da próxima seção ser o estudo das competências gerenciais.

A liderança gerencial: gestor de negócio, processos e pessoas

No conjunto de transformações organizacionais decorrentes das mudanças no ambiente de negócios, cresce a importância da liderança na gestão do elemento humano, objetivando a execução das estratégias do negócio.

Todos reconhecem que a atividade gerencial é complexa ao demandar a capacidade de conviver com paradoxos inerentes ao ato de administrar. Ela orquestra as contribuições humanas ao negócio e, além disso, enfrenta o desafio da criação de condições para o uso adequado das competências de cada membro da equipe.

O quadro teórico concebido por Quinn e colaboradores (2003), decorrente de estudos realizados por meio da análise da evolução do pensamento administrativo, favorece a compreensão das competências inerentes ao trabalho gerencial.

Os autores apontam que as competências gerenciais envolvem o desempenho de oito papéis complementares, às vezes conflitantes, mostrados na figura 14, a saber: produtor, diretor, coordenador, monitor, facilitador, mentor, negociador e inovador.

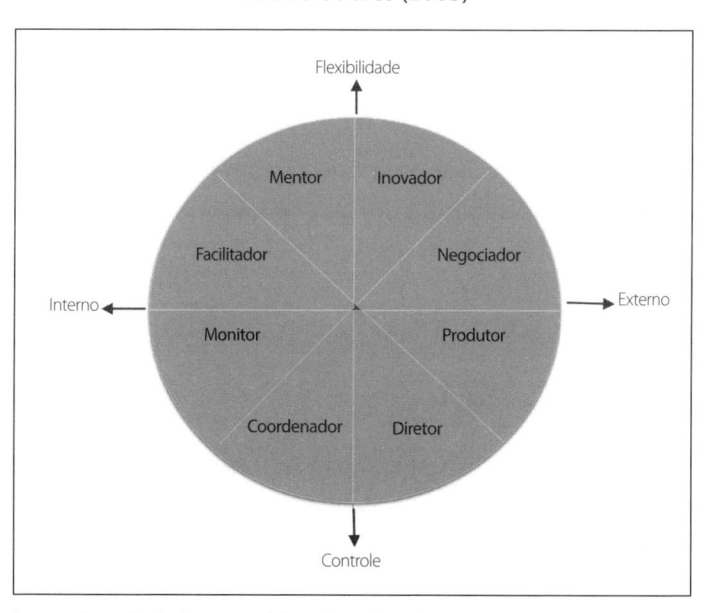

FIGURA 14. Papéis do gestor, segundo Quinn e colaboradores (2003)

Fonte: adaptado de Quinn e colaboradores (2003).

Para melhor entendimento dos oito papéis, os autores abordaram quatro perspectivas: flexibilidade, controle, foco externo e foco interno.

Segundo Quinn e colaboradores, os primeiros papéis concebidos de forma sistemática foram os de produtor e de diretor, resultantes da lógica pautada na maximização do lucro. A função de gestor era ser um produtor pragmático e diretor decidido. Os princípios norteadores da ação gerencial se apoiavam no modelo de metas racionais e na busca da eficiência por meio do controle e da aplicação de políticas e procedimentos rígidos. Taylor foi o principal arauto dessa lógica.

Em torno dos anos 1930, estudos realizados pelos pesquisadores em Hawthorne revelaram que o aumento da produtividade não decorria da redução da fadiga humana, mas sim da percepção das pessoas ao se sentirem valorizadas e prestigiadas em face de suas contribuições. A pesquisa, ao evidenciar a influência dos relacionamentos interpessoais e dos processos informais para a melhoria do desempenho do indivíduo, destacou a relevância dos papéis de facilitador e mentor.

A ciência da gestão avança incorporando valores, sem, contudo, abandonar os já cultuados. Em outras palavras, os papéis gerenciais derivam de um conjunto de valores que ora são complementares, ora são contrastantes.

Tomando como exemplo os papéis comentados até aqui, o gestor exerce simultaneamente os papéis de produtor, diretor, facilitador e mentor. Enquanto os primeiros (produtor e diretor) apresentam uma orientação para tarefas bem definidas e metas racionais, os segundos (facilitador e mentor) enfatizam os relacionamentos. O mesmo ocorre com os papéis a seguir – monitor e coordenador, comparados com os de negociador e inovador.

Os papéis de monitor e de coordenador, segundo Quinn e colaboradores, decorrem da influência do pensamento administrativo centrado em processos internos. Trata-se de um modelo complementar ao de metas racionais. Portanto, sua ênfase recai sobre a definição de responsabilidades, mensuração, documentação e manutenção de registros. A busca é o aumento da eficiência por meio de controles e da aplicação de políticas e procedimentos. O modelo burocrático de Max Weber retrata essa lógica empresarial.

Finalmente, os papéis de negociador e inovador são valorizados em face da lógica dos sistemas abertos. Assim, eles enfatizam a importância da compreensão da influência do ambiente externo na dinâmica da organização. A turbulência, em escala cada vez mais crescente no mundo dos negócios, impõe uma busca de espaços para a criatividade e a transformação como formas de vencer a concorrência acirrada. Os papéis de inovador e negociador ganham relevância.

Como demonstra a figura 14, os papéis que fazem fronteira se complementam, ao passo que contrastam com aqueles que se opõem. O quadro 7 contribui para essa visualização.

Quadro 7. Caracterização dos papéis gerenciais, segundo Quinn e colaboradorees (2003)

Papéis	Orientação/ Foco	Características	Resultado da atuação
Produtor	Tarefas	Desembaraço Agressividade Confiança Obstinação Capacidade de estabelecer parâmetros elevados	Motivação dos membros da equipe na busca do aumento da produção e do alcance de metas.
Diretor	Metas/ objetivos	Ritmo acelerado Avocação de responsabilidade	Decisões rápidas e exposição clara de suas expectativas.
Coordenador	Sustentação à estrutura e ao fluxo do sistema	Apoio Organização de esforços	Resolução de dificuldades de ordem tecnológica, logística e doméstica.
Monitor	Procedimentos	Minúcia Atenção aos acontecimentos	Controles excelentes baseados em análises cuidadosas.
Facilitador	Solução de problemas em grupo	Facilitação de acordos entre partes em conflito	Coesão e trabalho em equipe. Administração de conflitos interpessoais
Mentor	Indivíduos e grupos	Empatia, orientação cuidadosa, receptividade comunicação intensa	Aprimoramento de competências e oportunidade de desenvolvimento.
Negociador	Representação de interesse	Astúcia Capacidade de persuasão e de influência	Construção de acordos de modo compartilhado.
Inovador	Ambiente externo	Criatividade Tolerância à incerteza Imprevistos Assunção de riscos	Facilitação do processo de adaptação e de mudança.

Fonte: Adaptado de Quinn e colaboradores (2003).

Os oito papéis apontados por Quinn e colaboradores enfatizam as competências gerenciais necessárias ao desempenho da liderança gerencial. Segundo os autores, eles se desdobram em 24 competências, ou seja, o exercício efetivo de cada papel gerencial requer três competências.

As competências vinculadas ao papel de *produtor* encontram-se descritas no quadro 8.

QUADRO 8. Competências gerenciais relativas ao papel de produtor

Papel	Competências
Produtor	Produtividade do trabalho. Fomento à criação de um ambiente de trabalho produtivo. Gerenciamento do tempo e do estresse.

Fonte: adaptado de Quinn e colaboradores (2003).

Cabe comentar cada uma das competências vinculadas ao exercício do papel de produtor.

A competência produtividade do trabalho expressa a capacidade da liderança gerencial de trabalhar focada no alcance e na superação das metas, com base na definição racional dessas metas. Os autores ilustram essa competência com o exemplo de Carly Fiorina, presidente da HP, destacando algumas características associadas ao papel de produtor:

> No verão de 2000, Fiorina lograra êxito em diversas frentes. Na HP, as despesas operacionais estavam em queda, o crescimento e a participação de mercado ascendiam, e o desenvolvimento de novos negócios e produtos avançava a passos largos. O preço das ações subira mais de 25% [Quinn et al, 2003:241].

Os autores, ainda, utilizam a Fiorina para exemplificar a competência fomento à criação de um ambiente de trabalho produtivo. Essa competência está associada à capacidade da liderança gerencial de atuar como um exemplo e, ainda, estimular seus subordinados a adotarem a mesma postura visando ao alcance e à superação de metas.

Em meados de agosto, aproximadamente um mês depois de assumir as rédeas da HP, Fiorina convocou um encontro fora da empresa com os diretores das suas quatro unidades de negócio, na qual os convidou a adotar um novo foco em áreas estratégicas cruciais e reestruturar a organização, de modo a trazer os clientes para o centro de suas atenções, em lugar dos produtos. Os diretores das divisões sugeriram que a tarefa demoraria três meses para ser levada a cabo. Fiorina respondeu que a HP não dispunha de tanto tempo, e desafiou-os a executá-la durante aquela reunião, no decorrer de três dias seguintes. O encontro terminou com um esboço de reorganização da empresa [Quinn et al., 2003:241].

A competência administração do tempo e do estresse, por sua vez, alerta para o espaço significativo que a questão do estresse vem ocupando, por exemplo, em congressos e na mídia especializada. Funcionários estressados são fortes candidatos a doenças. Esse ponto é tão relevante que um número significativo de empresas desenvolve programas de qualidade de vida, como será abordado mais adiante. Além de afetar a saúde física, o estresse prejudica a capacidade produtiva dos indivíduos e gera custos provocados pela alta rotatividade (*turnover*), pela baixa qualidade e por acidentes de trabalho, entre outros condicionantes. Assim, um gestor precisa ser capaz de contrabalançar as demandas de trabalho e o estresse provocado por elas. Um caminho parece ser a capacidade de administrar o tempo, estabelecendo graus de importância e de urgência.

Prosseguindo, o quadro 9 evidencia as competências do papel de *diretor*.

QUADRO 9. Competências gerenciais relativas ao papel de diretor

Papel	Competências
Diretor	Desenvolvimento e comunicação da visão. Estabelecimento de metas e objetivos. Planejamento e organização.

Fonte: adaptado de Quinn e colaboradores (2003).

As competências selecionadas pelos autores para esse papel foram desenvolvimento e comunicação da visão, estabelecimento de metas e objetivos e, ainda, planejamento e organização. Elas buscam respostas para estas questões: qual a razão de ser da organização? O que queremos que ela realize? Qual a melhor maneira de realizar o que queremos?

A liderança gerencial deve ser capaz de desenvolver e comunicar uma visão. Como dizem os referidos autores, a visão é, para o líder, o que a missão e os valores são para a organização – declarações poderosas de propósito e de paixão. Logo, a liderança gerencial precisa ser capaz de transmitir à sua equipe informações que sejam capazes de manter a satisfação de trabalhar na empresa e, portanto, influenciar sua produtividade. A ilustração fornecida pelos autores é a célebre frase de Martin Luther King, Jr.: "Eu tenho um sonho".

Comunicada a visão, o próximo passo será a formulação de metas e objetivos. Como destacado no capítulo 3, uma vez estabelecidos os objetivos corporativos, cada unidade deve definir seus objetivos específicos. Esse processo, denominado desdobramento de metas, é fundamental para o alinhamento do desempenho humano ao organizacional. Assim, ter a capacidade de estabelecer metas cujo conteúdo agregue valor ao negócio e, além disso, cujo texto seja mensurável e específico, e mais, que elas sejam exequíveis e respeitem a singularidade do agente da ação, é um desafio gerencial de alta relevância no atual contexto corporativo.

A capacidade de analisar fatos e dados e gerar planos de ação úteis à solução de problemas, bem como de alocar recursos para que as metas sejam alcançadas, é uma competência do papel de diretor denominada planejamento e organização. Quanto mais turbulento o ambiente de negócios, maior a demanda organizacional por essa competência.

O quadro 10 aponta as competências associadas ao papel de coordenador.

Quadro 10. Competências atribuídas ao papel de coordenador

Papel	Competências
Coordenador	Gerenciamento de projetos. Planejamento do trabalho. Gerenciamento multifuncional.

Fonte: adaptado de Quinn e colaboradores (2003).

Na prática, as competências do papel de coordenador podem ser observadas no gerenciamento de projetos, no planejamento do trabalho e no gerenciamento multifuncional.

Especificamente, a capacidade da liderança gerencial denominada gerenciamento de projetos compreende a harmonização de esforços entre dois ou mais empregados, grupos ou unidades de trabalho. Sua atribuição é garantir que o trabalho flua de modo a permitir que as atividades transcorram segundo o previsto, com o mínimo de atritos entre os indivíduos.

Essa competência se torna mais complexa em face da mudança que a natureza do trabalho vem sofrendo, sobretudo a partir dos anos 1990. Cada vez mais a gestão por projetos se faz presente no mundo das organizações.

A utilização, pelas corporações, da expressão *ad hoc* para designar equipes de trabalho constituídas por profissionais de saberes diversos, oriundas de áreas organizacionais diferentes e trabalhando num mesmo projeto, comprova essa tendência. Essas equipes são temporárias e, portanto, construídas para a consecução de um propósito ou para a resolução de um problema imediato.

Confirmando, o trabalho mudou. O planejamento do trabalho também sofreu alterações em sua lógica. Quando o trabalho era concebido segundo uma modelagem clássica, a estruturação dos cargos evidenciava uma divisão rígida de tarefas em busca de ganhos de eficiência. Mas a gestão passou por um processo de humanização, resultante dos estudos de Hawthorne.

O planejamento do trabalho se alterou. A relevância da ampliação, da rotação e do enriquecimento de tarefas se acentuou, objetivando capturar a subjetividade do trabalhador. Então, a abordagem passou a se concentrar nas características subjetivas do cargo, ou seja, na percepção do cargo segundo o trabalhador. Sentindo-se bem a respeito do trabalho que realiza, o trabalhador não precisará de uma supervisão rígida, antes tenderá ao autogerenciamento. Ainda, a liderança gerencial no exercício do papel de coordenador tem como desafio o fomento ao trabalho em equipe e à busca de objetivos compartilhados, ou seja, o gerenciamento multifuncional.

Por sua vez, a liderança gerencial no papel de monitor foca a atenção em questões de controles internos, tais como gestão de processos essenciais. Sua função diz respeito a manter o fluxo de trabalho com o mínimo de entropia.

QUADRO 11. Competências atribuídas ao papel de monitor

Papel	Competências
Monitor	Administração de informações por meio do pensamento crítico. Administração da sobrecarga de informações. Administração dos processos essenciais.

Fonte: adaptado de Quinn e colaboradores (2003).

As competências relacionadas ao papel de *monitor* são administração de informações por meio do pensamento crítico, administração da sobrecarga de informações e administração dos processos essenciais.

A competência administração de informações por meio do pensamento crítico expressa a capacidade da liderança gerencial de estabelecer elos entre as evidências e as causas dos problemas, objetivando sua solução efetiva.

A competência administração da sobrecarga de informações expressa a capacidade da liderança gerencial de lidar com a enxurrada de dados, tratando-os com eficiência, objetivando transformá-los em informações úteis à tomada de decisão.

A competência administração dos processos essenciais, por sua vez, expressa a capacidade da liderança gerencial de "fazer acontecer", evitando e eliminando perdas de consistência, gargalos e pontos de retenção, por exemplo.

No papel de *facilitador*, a liderança fomenta o esforço coletivo, favorecendo a coesão, mantendo elevado o moral da equipe e administrando conflitos interpessoais.

QUADRO 12. Competências atribuídas ao papel de facilitador

Papel	Competências
Facilitador	Capacidade de construção de equipes. Tomada de decisão de modo participativo. Administração de conflitos.

Fonte: adaptado de Quinn e colaboradores (2003).

As competências relacionadas ao papel de facilitador referem-se à capacidade de construção de equipes, tomada de decisão de modo participativo e administração de conflitos.

A construção de equipes expressa a capacidade da liderança gerencial de transformar grupos em equipes. A equipe apresenta características distintas, algumas das quais merecem destaque:

- comprometimento dos seus membros com os propósitos comuns;
- papéis e responsabilidades nítidos e interdependentes, capazes de viabilizar o compartilhamento de conhecimentos e a troca de experiências entre os membros;
- comunicação aberta e autêntica;
- senso de prestação mútua de contas.

Reforçando, a liderança gerencial é a figura-chave na construção das bases necessárias à concretização e à transformação de grupos em equipes. A tomada de decisão de modo participativo é uma competência que expressa a capacidade da liderança gerencial de envolver os integrantes da sua equipe no processo decisório. A competência administração de conflitos explicita a capacidade da liderança de explorar de forma construtiva os atritos interpessoais e entre equipes.

Por sua vez, o papel de *mentor* é produto do pensamento administrativo da escola de relações humanas. Seu foco reside na sustentação de relacionamentos que favoreçam a adequada atuação da equipe. Os dois eixos que definem esse papel, assim como o de facilitador, apontam para o foco interno e para a flexibilidade.

QUADRO 13. Competências atribuídas ao papel de mentor

Papel	Competências
Mentor	Compreensão de si mesmo e dos outros. Comunicação eficaz. Desenvolvimento dos membros da equipe.

Fonte: adaptado de Quinn e colaboradores (2003).

O papel de mentor se apresenta como o mais adequado quando, por exemplo, a situação enfrentada demanda um processo decisório participativo e ninguém dispõe de informações suficientes sobre a situação e o comando. Embora utilizada com frequência, a tomada de decisão autoritária pode gerar resistências e frustrações.

As competências relacionadas ao papel de mentor são compreensão de si mesmo e dos outros, comunicação eficaz e desenvolvimento dos membros da equipe.

A competência compreensão de si mesmo e dos outros reflete a capacidade da liderança gerencial de ter consciência de suas virtudes e de seus valores. A identificação das habilidades de cada membro da equipe e a avaliação de sua contribuição para a organização é fundamental. Logo, considerando que as pessoas reagem de formas distintas, essa competência é indispensável ao exercício da liderança eficaz. A comunicação eficaz é uma competência que expressa a capacidade da liderança gerencial de saber quando e como compartilhar informações.

Finalizando, a competência desenvolvimento dos membros da equipe expressa a capacidade da liderança gerencial de criar oportunidades para a aquisição de novos conhecimentos e o desenvolvimento de habilidades dos subordinados. A delegação e as avaliações de desempenho, por exemplo, são excelentes instrumentos gerenciais para a consecução do propósito de desenvolvimento contínuo.

A liderança gerencial no papel de *negociador* tem como escopo a apresentação e a capacidade de convencimento dos demais a respeito de novas ideias.

QUADRO 14. Competências atribuídas ao papel de negociador

Papel	Competências
Negociador	Construção e manutenção de uma base de poder. Negociação de acordos e compromissos. Apresentação de ideias.

Fonte: adaptado de Quinn e colaboradores (2003).

Quinn e colaboradores (2003) destacam que o exercício desse papel requer as seguintes competências: construção e manutenção de uma base de poder, negociação de acordos e compromissos e apresentação de ideias. A construção e manutenção de uma base de poder expressa a capacidade da liderança de criar bases visando à obtenção de apoios às mudanças. A negociação de acordos e compromissos é a capacidade da liderança de criar um ambiente propício à realização de acordos negociados entre as partes. A apresentação de ideias expressa a capacidade da liderança gerencial de conquistar adeptos às ideias novas.

Finalizando os comentários a respeito dos oito papéis gerenciais na concepção de Quinn e colaboradores (2003), destacamos o papel de inovador da liderança gerencial, cujo foco reside na capacidade de adaptação e resposta às demandas do ambiente externo.

Quadro 15. Capacidades atribuídas ao papel de inovador

Papel	Competências
Inovador	Convivência com a mudança. Pensamento criativo. Gestão da mudança.

Fonte: adaptado de Quinn e colaboradores (2003).

São estas as competências relacionadas ao papel de *inovador*: convivência com a mudança, pensamento criativo e gestão da mudança. A competência convivência com a mudança expressa a capacidade da liderança de conviver com mudanças imprevisíveis e de eliminar a resistência a elas. A competência pensamento criativo, por sua vez, expressa a capacidade da liderança de estimular e gerar soluções originais no enfrentamento de desafios. A competência gestão da mudança expressa a capacidade da liderança de perceber a mudança como uma oportunidade e criar mecanismos para aproveitá-la.

Concluindo, convém salientar ser inócua a realização de juízos de valor sobre esse ou aquele papel. Eles constituem o escopo da ação gerencial e, sem dúvida, há um quadro de valores que emoldura cada papel, o que contribui para a geração de tensões e complementaridades.

Por exemplo, o produtor e o diretor são produtos de um pensamento focado na eficiência e em metas racionais, voltadas para as questões "intramuros". Contudo, o negociador e o inovador são produtos de um olhar sobre o ambiente externo em busca de informações para adequar o contexto interno. Assim, a liderança gerencial busca a transformação de ameaças em oportunidades, produzindo vantagens competitivas.

O pensamento relativo a cada um dos papéis e seus desdobramentos em competências impõe uma reflexão crítica sobre uma questão fundamental na atualidade: Como realizar a gestão não apenas de processos, mas também de pessoas?

Afinal, liderança gerencial, como uma moeda, tem duas faces: a técnica e a social. As organizações mais competitivas estão demandando de suas lideranças gerenciais o desempenho efetivo das duas dimensões.

5
O processo obtenção

Objetivos:
❑ assinalar as tendências do processo obtenção decorrentes das pressões competitivas e dos avanços da tecnologia da comunicação e informação;
❑ identificar os critérios para recrutar e selecionar pessoas que agregam valor, bem como suas vantagens e limitações.

Recrutamento e seleção: ideias-chave

O curso da evolução do processo obtenção no decorrer dos séculos XX e XXI se entrelaça com a história do trabalho. Suas variações atenderam às exigências econômicas. Por opção, este capítulo abordará o papel desse processo no ambiente global e multicultural, com a finalidade de assegurar vantagens competitivas.

Nem sempre, porém, essa foi a finalidade desse processo. No passado, as organizações percebiam o elemento humano como uma peça de uma engrenagem. A organização deveria funcionar como uma máquina, segundo a metáfora de Morgan (1996), por se tratar de uma abordagem mecanicista. O perfil da vaga ("orifício redondo") e o perfil do indivíduo ("peça redonda") eram estáveis. Logo, essa abordagem defendia que as organizações deveriam ser gerenciadas com a precisão idêntica à utilizada na criação de uma peça para um equipamento. A organização deveria funcionar como uma máquina, segundo a metáfora de Morgan (1996).

Os desafios da competitividade, no entanto, tornaram inválida essa suposição. A velocidade da transformação do mundo do trabalho não mais privilegia critérios definidos *a priori* e, ainda mais, imutáveis. Assim, a função com uma característica permanente inexiste, bem como o perfil do indivíduo não mais se mantém o mesmo "para sempre". A necessidade de atendimento das demandas impostas pelas constantes mudanças do cenário de transformações impede esse comodismo. O tempo e o esforço das organizações se deslocaram em busca da excelência a partir da adaptação mútua entre o indivíduo e a função.

A lógica da gestão flexível acentuou a relevância do processo obtenção. Por quê? A resposta a essa indagação requer a compreensão de alguns conceitos considerados os alicerces da viabilização da dinâmica do referido processo.

A gestão de pessoas numa perspectiva estratégica se constitui em uma cadeia de processos alicerçada em torno do construto competência. Pressupondo sua definição clássica, o principal desafio desse processo é a identificação de quem mais se aproxima do perfil da vaga.

A eficácia desse processo, portanto, se explicita na obtenção de pessoas que agreguem valor ao negócio. Assim, um número crescente de organizações adota o processo obtenção por competência, apoiado na lógica da gestão flexível. Isso significa que a função RH deve manter a atenção nos aspectos críticos para assegurar ganhos de eficácia por meio desse processo.

O primeiro aspecto a ser considerado é a busca de respostas para as seguintes questões:

❏ Quais perfis de competências funcionais são capazes de dar a sustentação necessária às competências organizacionais, objetivando a execução das estratégias definidas para a concretização da visão, em um momento específico?
❏ Qual candidato tem o domínio específico, ou seja, o conhecimento sobre algo necessário ao negócio (saber)?
❏ Qual candidato sabe mobilizar o conhecimento, ou seja, possui a habilidade para gerar os resultados desejados pela organização (saber fazer)?

- Qual candidato explicita os valores e os princípios alinhados aos da organização, ou seja, evidencia atitudes valorizadas pela organização (saber ser)?

O segundo, refere-se à contratação das pessoas certas, isto é, com perfis de competência alinhados às demandas do negócio.

Detalhando, o processo obtenção é composto por um conjunto integrado de duas etapas distintas, complementares e indissociáveis (figura15).

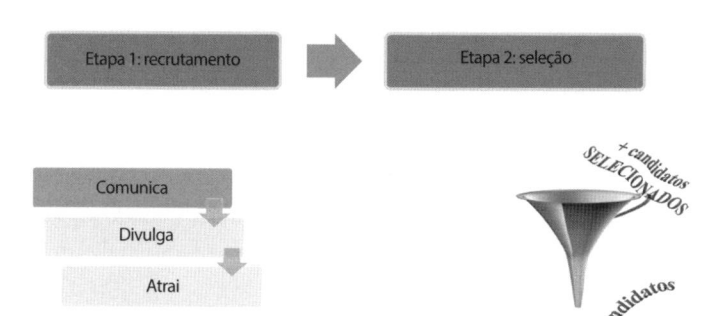

FIGURA 15. Etapas do processo obtenção

O propósito da etapa recrutamento é atrair candidatos potencialmente qualificados objetivando abastecer o processo seletivo instituído para o provimento de uma determinada posição no espaço organizacional.

> Recrutamento é um sistema de informações que visa atrair candidatos potencialmente qualificados, dos quais serão selecionados futuros funcionários da organização. Trata-se de um trabalho de pesquisa junto às fontes capazes de fornecer à organização um número suficiente de pessoas [Ribeiro, 2005:52].

Em seguida, a etapa seleção submete a amostra de candidatos obtida na etapa recrutamento a dupla comparação:

- dos perfis dos candidatos com os perfis definidos pela organização;
- dos perfis dos candidatos entre si.

Seleção de recursos é a escolha da pessoa certa para o cargo certo, ou seja, a escolha, entre os candidatos recrutados, dos mais adequados aos cargos existentes, com o objetivo de manter ou aumentar tanto a produtividade quanto os resultados [Ribeiro, 2005:52].

O recrutamento de pessoas

Se a etapa recrutamento consiste em um sistema de informações destinadas à atração de candidatos potencialmente qualificados para abastecer o processo seletivo a partir de pesquisas junto a fontes distintas, o passo inicial é a definição do perfil desejado do candidato para o preenchimento da vaga ou oportunidade disponível.

Nesse sentido, surge uma preocupação: onde encontrar os candidatos condizentes com a demanda do negócio? As principais fontes para recrutar candidatos residem na própria organização (mercado interno) e fora dela (mercado externo).

O mercado de trabalho e o mercado de RH

As organizações escolhem os profissionais que desejam. Entretanto, na atualidade, as pessoas também escolhem as organizações nas quais pretendem trabalhar e aplicar seus esforços oferecendo suas competências. Em função disso, há dois conceitos fundamentais a serem abordados.

Trata-se do mercado de trabalho (MT) e do mercado de recursos humanos (MRH). Mercado de trabalho (MT) consiste no conjunto de empregos ou, ainda, vagas disponíveis nas organizações (empregadores) que competem com as demais oferecendo, por exemplo, remuneração, benefícios e possibilidades de encarreiramento. Por sua vez, mercado de RH (MRH) refere-se ao contingente de indivíduos (profissionais, empregados ou candidatos a empregos) dispostos a trabalhar ou que estão trabalhando, mas que buscam oportunidades melhores em outras organizações. Eles oferecem suas competências às organizações e competem com outros candidatos.

Há ainda uma questão relevante a ser destacada nessa etapa: os impactos da relação entre ambos os mercados nas práticas de RH (quadro 16).

Quadro 16. Relação entre MT e MRH

Situação 1: quando MT é maior do que MRH	Situação 2: quando MT é menor do que MRH
Aumento de investimentos no recrutamento para atrair candidatos.	Redução de investimentos em recrutamento.
Critérios de seleção mais flexíveis.	Critérios rígidos de seleção.
Aumento de investimentos em treinamento para aperfeiçoamento do perfil dos candidatos aprovados.	Investimentos reduzidos em treinamento.
Ofertas salariais mais atraentes.	Ofertas salariais reduzidas considerando o aumento da competição entre candidatos.
Aumento de investimentos em benefícios sociais.	Reduzidos investimentos em benefícios sociais.
Priorização do recrutamento interno buscando a retenção dos funcionários atuais e o desenvolvimento da carreira	Ênfase no recrutamento externo visando à substituição dos funcionários atuais por candidatos com melhor qualificação

Vale a pena assinalar que podemos categorizar o recrutamento em interno e externo. Enquanto o recrutamento interno atrai candidatos no âmbito da organização, o externo abastece o processo seletivo com candidatos não pertencentes à organização.

Vantagens e desvantagens do recrutamento interno

De modo geral, a decisão do recrutamento interno se vincula às suas principais vantagens, sobretudo nos âmbitos financeiro, social e motivacional. Especificamente, ele propicia:

- rapidez;
- custo reduzido;
- aproveitamento do potencial e estímulo ao desenvolvimento da "prata da casa";
- incentivo à retenção dos profissionais com alto potencial e que agregam valor;

- criação de condições caracterizadas pela estabilidade e reduzida mudança ambiental;
- esforços reduzidos para a socialização organizacional de novos membros nos novos locais de trabalho, no caso da aprovação de empregados;
- recrutamento em nível elevado de qualidade, pois os candidatos são pessoas "da casa" e, portanto, as escolhas propiciam riscos menores em vários sentidos.

Em contraposição, o recrutamento interno apresenta limitações, entre as quais se destacam:

- prejuízos provocados por ruídos na comunicação com o empregado reprovado no processo;
- aumento da competitividade entre áreas em função da cooptação de candidatos sem o consenso das partes envolvidas;
- bloqueio às novas ideias, experiências e expectativas ("sangue novo");
- reforço da "conserva cultural";
- fortalecimento da rotina vigente;
- ausência da absorção de *know-how* de concorrentes.

É importante ressaltar que, se a decisão recair sobre o recrutamento interno, as características culturais da organização definirão as etapas necessárias à sua concretização. Entretanto, observa-se que um número expressivo de organizações pratica o que mostra a figura 16.

Apesar das vantagens associadas ao recrutamento interno, sobretudo relativas às despesas financeiras, ele requer uma atuação integrada, em particular com o planejamento estratégico de recursos humanos e com os demais processos de gestão de pessoas; caso contrário, os prejuízos podem anular as vantagens. Seguem-se alguns exemplos:

- transferências geralmente demandam a existência de vagas em outras áreas;
- promoções exigem informações relativas à disponibilidade orçamentária;
- programas de desenvolvimento de pessoal e planos de carreira podem requerer insumos dos planos estratégico, dos executivos e de negócio.

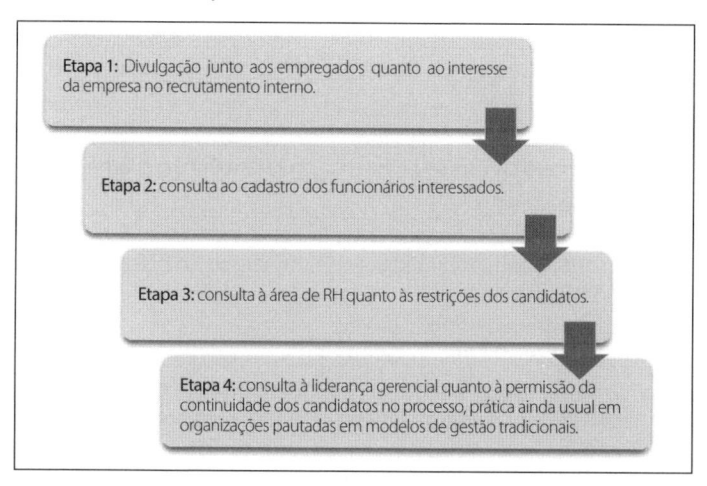

FIGURA 16. Etapas relevantes do recrutamento interno

Etapa 1: Divulgação junto aos empregados quanto ao interesse da empresa no recrutamento interno.

Etapa 2: consulta ao cadastro dos funcionários interessados.

Etapa 3: consulta à área de RH quanto às restrições dos candidatos.

Etapa 4: consulta à liderança gerencial quanto à permissão da continuidade dos candidatos no processo, prática ainda usual em organizações pautadas em modelos de gestão tradicionais.

Vantagens e desvantagens do recrutamento externo

Nem sempre o recrutamento interno é a opção mais adequada. Quando se necessita, por exemplo, "oxigenar" a empresa ou obter uma *expertise* em curto espaço de tempo, o recrutamento externo é a solução mais apropriada. Entretanto, essa opção tende à elevação de custos e a um tempo mais longo para o preenchimento da posição. Essas são algumas desvantagens dessa modalidade de recrutamento.

Porém, é inócuo comentar suas vantagens e limitações em sentido amplo. Nesse sentido, é conveniente destacar seus prós e contras por tipos de fontes de recrutamento externo.

QUADRO 17. Principais fontes externas de atração de candidatos

Fontes	Prós	Contras
Cartazes	Retorno rápido de candidatos.	Divulgação junto a locais incapazes de atrair os candidatos desejados.
Recomendação	Confiança na indicação do candidato.	Criação de constrangimento no caso de haver rejeição por causa de indicação inadequada.

Continua

Fontes	Prós	Contras
Associações profissionais	Divulgação junto a um número expressivo de candidatos.	Indicações inadequadas em função de corporativismo.
Anúncios	Atração de um expressivo número de candidatos.	Possibilidade de atrair um expressivo número de candidatos inadequados.
Headhunters	Tempo reduzido para a contratação de profissionais qualificados, sobretudo executivos. Cautela na análise dos perfis dos candidatos.	Na maioria dos casos, aceitação para colaborar no processo seletivo apenas de cargos em níveis executivos.
Internet	Facilidade da obtenção de currículos enviados aos sites específicos. Pluralidade de qualquer tipo de emprego, em qualquer lugar, para qualquer tipo de profissional.	Resistência por parte das empresas e, inclusive, *headhunters*, por ser considerado um processo mecânico. Perda de talentos graças à ausência de intimidade com a internet por parte de profissionais de meia-idade. Medo do envio de currículo para sites em face de descrença no sigilo.

Fonte: adaptado de Gil (2001); Limongi (2007) e Silva (2009).

Há duas fontes mencionadas que merecem destaque.

A primeira refere-se aos tradicionais anúncios impressos na mídia de grande circulação. Ilustrando, anúncios veiculados em jornais ainda são meios de recrutamento utilizados. Eles atingem um público de proporções ilimitadas, contudo não são seletivos. Por causa da ausência de observância dos candidatos aos requisitos da vaga, é comum o recebimento de currículos "distantes" das qualificações desejadas, seja por anúncios abertos, quando explicitam o nome da empresa, o endereço e o nome da pessoa para o contato, ou fechados, quando apenas informam o endereço para encaminhamento do currículo, ou, ainda, mistos, nos quais fornecem o nome da empresa e o endereço para o encaminhamento dos currículos.

Mas, é imprescindível salientar que os avanços tecnológicos impuseram novas práticas ao novo ambiente corporativo (Silva, 2009). Nessa perspectiva, é notória a utilização das novas modalidades eletrônicas de recrutamento de pessoas.

Atualmente, o mercado oferece sistemas de automação totalmente baseados na internet, flexíveis o bastante para permitir que sejam moldados às diferentes necessidades corporativas [...] é possível automatizar desde o recrutamento até a rescisão contratual ou a aposentadoria [Silva, 2009:139].

A figura 17 ilustra a página inicial do sistema de recrutamento e seleção, apoiada na ferramenta Myjobworld, disponibilizada na internet e integrada ao sistema de recrutamento e seleção da intranet (Silva, 2009:206).

FIGURA 17. Exemplo de uma página de recrutamento on-line

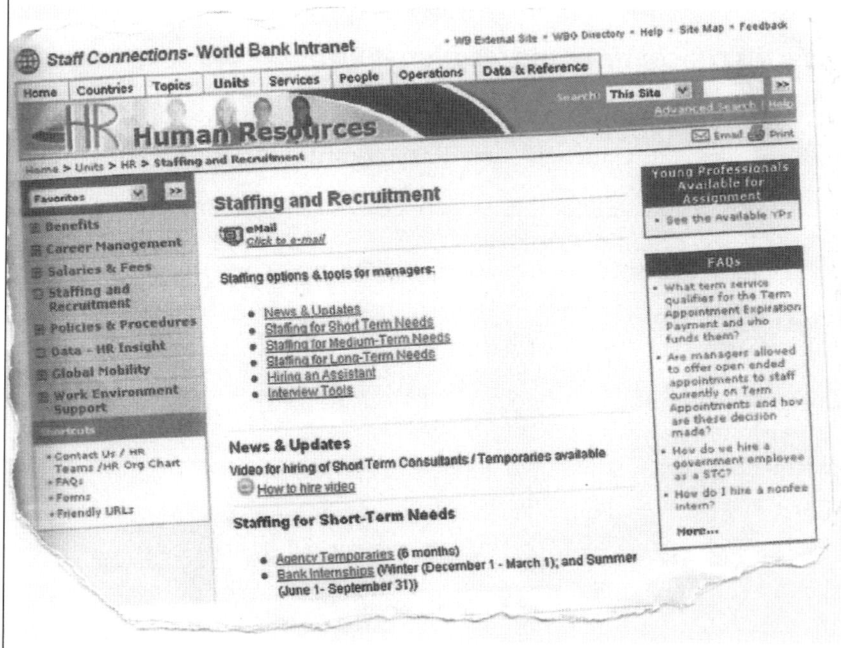

Fonte: Silva (2009:207).

Os modernos aplicativos de recrutamento *on-line* (*e-recruitment*) reduzem de modo expressivo o tempo e os gastos dessa etapa. A automação amplia o universo de candidatos potenciais, inclusive se expandindo para outros países. Em função disso, acirra a competição entre os candidatos. Outra consequência imediata dessa realidade é a exigência da melhoria contínua dos critérios de obtenção.

Os anúncios na mídia eletrônica de grande circulação, decorrentes da evolução da área de recursos humanos eletrônicos, ou, ainda, *e*-RH, ilustram uma nova modalidade do provimento de vagas constituída por ferramentas que utilizam tecnologias baseadas na web. Silva comenta que:

> Os funcionários verificam oportunidades de trabalho nos escritórios dos países, com acesso às qualificações exigidas para os postos, e podem candidatar-se à ocupação pela internet [Silva, 2009:165].

Aspectos críticos da etapa recrutamento

Segundo Ribeiro (2005), a qualidade de um recrutamento pode ser observada por meio das evidências descritas a seguir:

Amostra de candidatos ampla de modo a permitir a identificação de perfis que potencialmente podem agregar valor.	Empenho e foco para atrair candidatos com as qualificações exigidas.
Tempo de permanência do candidato aprovado na empresa.	Relação custo do recrutamento *versus* agregação de valor do(s) candidato(s) aprovado(s).

A seleção de pessoas

Após a definição da amostra de candidatos, ela é submetida à próxima etapa – seleção de pessoas, que consiste na comparação e escolha de quem mais se ajusta ao perfil da posição a ser preenchida (vaga). De um lado, há os requisitos da vaga; do outro, os perfis dos candidatos.

Nos modelos tradicionais, norteados pela lógica mecanicista, a referência para a seleção era o desenho do perfil baseado na descrição do cargo. Como era de se esperar, ele era desdobrado em atividades, tarefas e responsabilidades. Na atualidade, os alicerces do processo seletivo se baseiam nas competências organizacionais e na definição de indicadores comportamentais das competências funcionais, pois eles se fundamentam na lógica de gestão flexível. A organização seleciona quem tem o perfil de competência potencialmente mais alinhado às demandas do negócio.

FIGURA 18. Seleção de pessoas como comparação

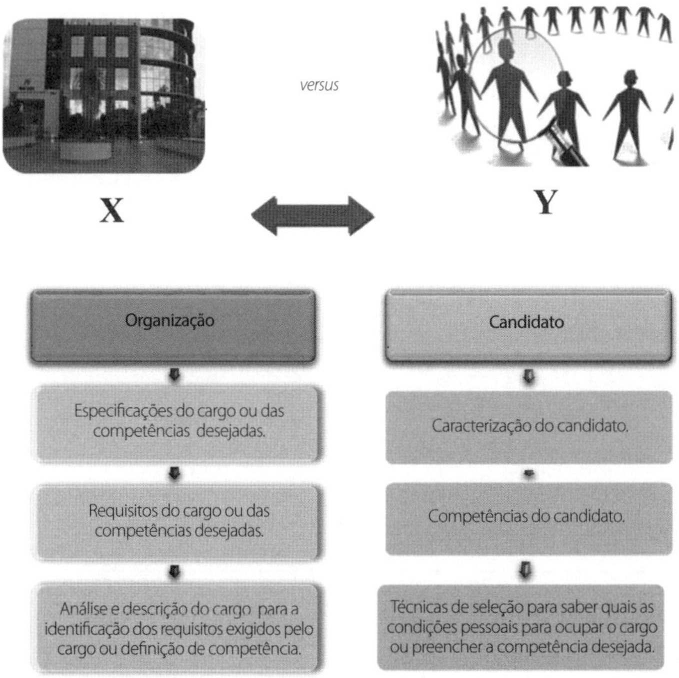

Responsabilidades no processo seletivo

Outro aspecto que merece atenção é que a área de RH não pode impor à liderança gerencial a aceitação dos candidatos aprovados no processo. Ela deve atuar como consultora interna. A decisão da aceitação ou não caberá à liderança gerencial, apoiada pela área de RH. O quadro 18 sugere uma possibilidade para a realização do processo seletivo.

QUADRO 18. Seleção: um exemplo de responsabilidade compartilhada

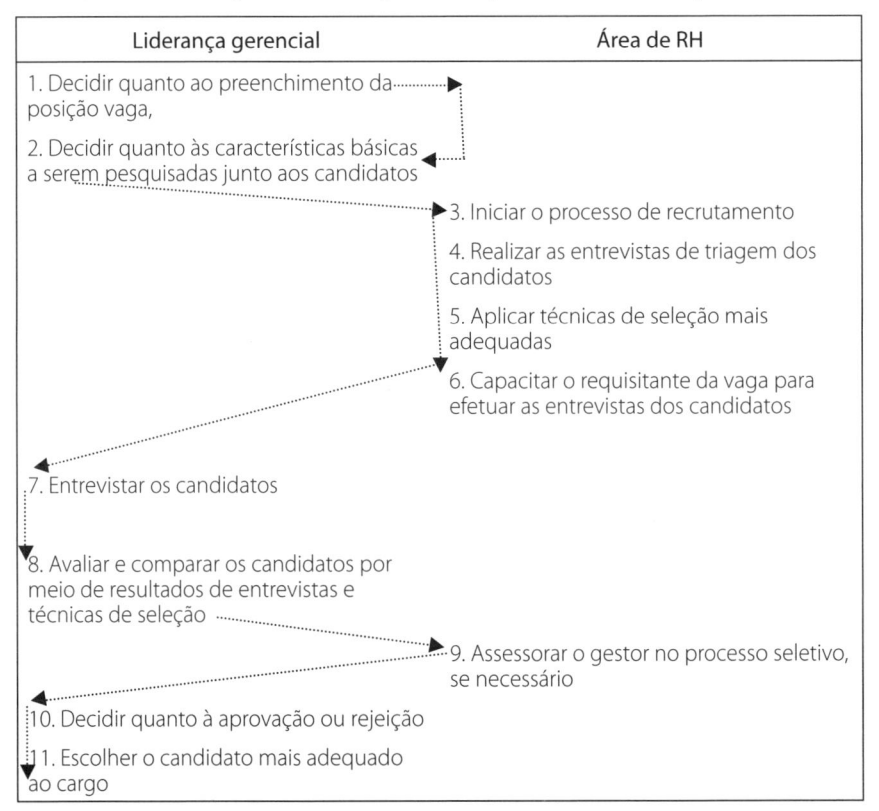

Liderança gerencial	Área de RH
1. Decidir quanto ao preenchimento da posição vaga,	
2. Decidir quanto às características básicas a serem pesquisadas junto aos candidatos	
	3. Iniciar o processo de recrutamento
	4. Realizar as entrevistas de triagem dos candidatos
	5. Aplicar técnicas de seleção mais adequadas
	6. Capacitar o requisitante da vaga para efetuar as entrevistas dos candidatos
7. Entrevistar os candidatos	
8. Avaliar e comparar os candidatos por meio de resultados de entrevistas e técnicas de seleção	
	9. Assessorar o gestor no processo seletivo, se necessário
10. Decidir quanto à aprovação ou rejeição	
11. Escolher o candidato mais adequado ao cargo	

Métodos de seleção

Você deve ter observado que ora o foco é o cargo, ora as competências. Afinal, nem todas as organizações se encontram no mesmo momento do processo de transição do modelo de cargos para o de competências. Um fato, porém, é inquestionável: a evolução do processo seletivo deslocou o foco do cargo para as competências, à semelhança dos demais processos de gestão de pessoas.

Nesse sentido, cada vez mais, a seleção dos candidatos investe no aperfeiçoamento dos métodos para a escolha daqueles cujo perfil de competência autoriza sua admissão. Assim, alguns métodos seletivos se destacam, conforme mostra o quadro 19.

Quadro 19. Exemplos de métodos de seleção

Método	Aspectos relevantes
Análise de currículos	Útil para iniciar a obtenção de informações sobre o candidato, apesar de não proporcionar uma visão geral a respeito dele.
Testes escritos	Adequados para o preenchimento de cargos cujos perfis demandam conhecimentos específicos ou habilidades capazes de serem verificadas por meio dessa modalidade de avaliação. De modo geral, trata-se de habilidades para lidar com coisas e ideias. Tais testes são profundamente superficiais para verificar habilidade de lidar com pessoas.
Testes práticos	Indicados para avaliação das habilidades específicas, sobretudo aquelas relativas aos cargos de natureza operacional.
Testes psicológicos	Úteis na identificação de aptidões e traços de personalidade. Por essa razão sua aplicação é autorizada apenas aos psicólogos; caso contrário a organização e o profissional correm o risco de sofrer uma sanção. Ainda, a maioria dos testes com essa finalidade foi criada em outros países. Portanto, deve-se manter cautela na sua utilização, considerando que a maioria dos testes não foi adaptada à realidade da população brasileira. Em outras palavras, nem todos os testes foram submetidos à verificação de sua validade e fidedignidade. Assim, seus resultados são inócuos.
Entrevista	Útil no que diz respeito à obtenção de informações em nível de profundidade graças ao contato direto com o candidato e à sua flexibilidade.
Dinâmica de grupo	Adequada à avaliação do posicionamento do candidato em situações reais, sobretudo no tocante às suas características de personalidade e habilidades interpessoais.
Ferramentas eletrônicas de seleção	A automação desse processo trouxe várias contribuições, entre outras a diminuição do tempo despendido na escolha do candidato. Porém, convém não esquecer que respostas decorrentes da aplicação dessas ferramentas são padronizadas. Logo, profundamente questionáveis quando se trata de verificar aspectos do candidato relacionados à aptidão e à personalidade.

Entrevista de seleção

A entrevista é a técnica mais utilizada em face de suas múltiplas finalidades, tais como a triagem dos candidatos, avaliação técnica de conhecimentos, aconselhamento profissional e desligamento. Contudo, nesta seção o foco reside na entrevista de seleção.

Trata-se do instrumento auxiliar mais adequado para a escolha do candidato. Se conduzida adequadamente, ela traz à tona fatos relevantes a respeito dos candidatos, até então não revelados pelos demais instrumentos, sobretudo se estes forem padronizados.

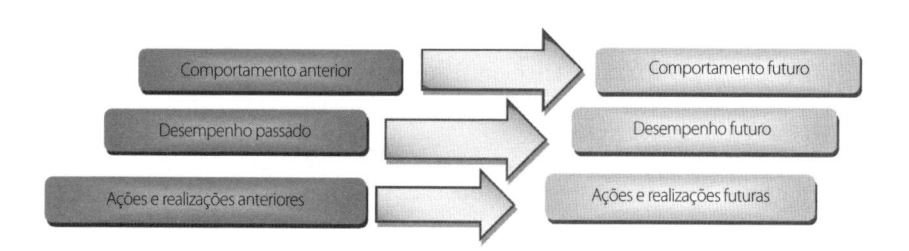

FIGURA 19. Entrevista de seleção

Comportamento anterior	→	Comportamento futuro
Desempenho passado	→	Desempenho futuro
Ações e realizações anteriores	→	Ações e realizações futuras

Essa técnica de seleção consiste em um processo de comunicação entre, no mínimo, duas pessoas. De um lado, o candidato (entrevistado), interessado em ser escolhido para o preenchimento da posição em aberto. Do outro, o responsável pela tomada de decisão (entrevistador).

Seu caráter é subjetivo e, portanto, passível de vieses decorrentes de ruídos, demandando o preparo do entrevistador, por exemplo, elaborando um roteiro, como o proposto no quadro 20. Ele reduz suas limitações, aumenta o grau de confiança e validade das informações obtidas.

Na maioria das organizações a entrevista é a etapa decisiva para a contratação do profissional que elas imaginam ter o potencial necessário para o alcance dos seus resultados desejados.

Quadro 20. Etapas da entrevista

Planejamento	Condução	Avaliação
☐ Elaboração de um roteiro básico, destacando os requisitos relevantes ao exercício do cargo. ☐ Inclusão de perguntas-chave para verificar a "bagagem pessoal", a compatibilidade da bagagem e as realizações do candidato, capazes de evidenciar a maturidade, a estabilidade e os interesses do candidato. ☐ Elaboração de perguntas abertas sobre o passado do candidato e suas expectativas de futuro. ☐ Identificação dos interesses profissionais e *hobbies* do candidato.	☐ Criar um ambiente adequado. ☐ Apresentar a visão da empresa, do negócio e do tipo de ambiente. ☐ Identificar tudo que for importante objetivando correlacionar as qualificações do candidato com as exigências do cargo. ☐ Efetuar perguntas que permitam ao candidato expressar sua visão de mundo, suas expectativas e os interesses, entre outras informações. ☐ Fornecer respostas específicas ☐ Esclarecer pontos obscuros. ☐ Respeitar o silêncio do candidato. ☐ Ouvir com atenção. ☐ Avaliar e ouvir sem preconceitos. ☐ Controlar a entrevista mantendo o foco nos temas fundamentais. ☐ Encerrar a entrevista informando quando será divulgado o resultado.	☐ Após a entrevista, destacar, por meio de um relatório sucinto, os pontos fortes e fracos do candidato, bem como suas percepções a respeito do comportamento do candidato. ☐ Em seguida, elaborar um parecer preliminar sobre o candidato.

Fonte: Vídeo Siamar, intitulado "Mais do que simples intuição" (1998).

Ferramentas eletrônicas de seleção

O processo obtenção foi um dos mais afetados pelos avanços tecnológicos, conforme destacado no quadro 19. Os avanços tecnológicos cada vez mais propiciam o aperfeiçoamento das ferramentas eletrônicas de seleção.

Cada vez mais, o processo seletivo se viabiliza por meio da utilização de ferramentas eletrônicas em face de suas vantagens, tais como o compartilhamento de informações armazenadas em arquivos.

Atualmente, há vários aplicativos disponíveis no mercado, como ilustra o quadro 21.

QUADRO 21. Exemplos de finalidades de aplicativos para seleção de pessoas

Ferramentas	Aspectos relevantes
Captura de currículos	Envio de currículos para *sites* corporativos ou consultorias de RH, passíveis de serem consultados por meio de sistemas de busca ou de forma tradicional.
Agente de recrutamento eletrônico/*softwares* de avaliação de currículos	Busca currículos qualificados em *sites* corporativos ou em consultorias de RH.
Avaliação de qualificações	Filtro de candidatos em virtude de características específicas.
Entrevista estruturada *online*	Realização de entrevista padronizada, por meio de sistemas informatizados.
Teste de conhecimentos e habilidades	Possibilidade de avaliação dos conhecimentos e das habilidades específicas dos candidatos para lidar com coisas e ideias. Reiterando, a apreensão de habilidades para lidar com pessoas em maior nível de profundidade requer a utilização de outras técnicas, como entrevistas presenciais e dinâmicas.
Inventário para avaliar o ajustamento à cultura da organização	Avaliação de preferências, valores, crenças e expectativas sobre o ambiente de trabalho desejado pelos candidatos. As respostas são automaticamente comparadas a um perfil construído matematicamente para refletir o enquadramento ao ambiente de trabalho da organização.
Teste de aptidão e de personalidade	Avaliação de tendências comportamentais dos candidatos. Os cuidados devem ser similares aos descritos para a utilização dos testes de conhecimentos e habilidades. Porém, nesse caso, essa prática deve ser necessariamente utilizada por profissionais graduados em psicologia, por determinação dos conselhos federal e regionais de psicologia.
Testes de integridade	Identificação de tendência quanto ao envolvimento do candidato em atividades e comportamentos inadequados, tais como o uso de drogas e comportamento patológico. Convém dizer que se trata de instrumentos bastante questionados, especialmente se utilizados por profissionais com escassa experiência na utilização desse instrumento.
Simulação	Avaliação do desempenho dos candidatos a partir de suas respostas e situações similares às que serão vivenciadas no dia a dia do trabalho.
Investigação social	Avaliação do candidato por meio de informações de terceiras fontes, tais como referências, antecedentes criminais.

Fonte: adaptado de Silva (2009).

O quadro 21 demonstrou que a tecnologia da informação e comunicação permitiu a proliferação de aplicativos com propósitos distintos. As novidades nessa área de atuação surgem a cada instante, destacando-se entrevistas *online*, simulações e jogos *online*, sistemas de simulação de *software* e de programação, ferramentas de análise de voz, dicção e gramática por telefone e avaliação do rastro social *online*.

A tomada de decisão

O recrutamento e a seleção são elementos relacionados à produtividade e à competitividade da organização contemporânea. Logo, é necessária a análise dos insumos passíveis de permitir a identificação de fatos que resultam na rejeição de candidatos.

Figura 20. Exemplos de motivos de rejeição

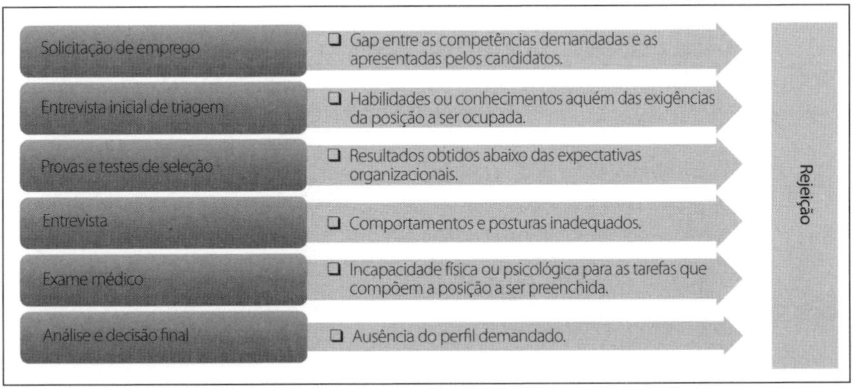

Etapa	Motivo	
Solicitação de emprego	❏ Gap entre as competências demandadas e as apresentadas pelos candidatos.	Rejeição
Entrevista inicial de triagem	❏ Habilidades ou conhecimentos aquém das exigências da posição a ser ocupada.	
Provas e testes de seleção	❏ Resultados obtidos abaixo das expectativas organizacionais.	
Entrevista	❏ Comportamentos e posturas inadequados.	
Exame médico	❏ Incapacidade física ou psicológica para as tarefas que compõem a posição a ser preenchida.	
Análise e decisão final	❏ Ausência do perfil demandado.	

Avaliação do processo obtenção

Erros no processo seletivo podem dificultar, e até mesmo impedir, o alcance de resultados previstos. Portanto, recomendações como as que se seguem devem ser foco da atenção dos envolvidos na escolha dos candidatos a serem admitidos (Gil, 2011):

❏ as realizações dos candidatos devem ser mais valorizadas do que suas credenciais;

- preconceitos ou vieses estimulam disfunções perceptuais;
- candidatos fortes ameaçam gerentes fracos;
- candidatos superqualificados podem se sentir desmotivados no trabalho.

A importância da decisão de escolha do candidato potencialmente mais capaz de agregar valor à execução das estratégias empresariais recomenda a utilização de medidas para verificação da eficácia do recrutamento e da seleção.

A análise das decisões, apoiada em indicadores como os que se seguem, gera insumos que certamente propiciarão a melhoria do processo obtenção.

Quadro 22. Exemplos usuais de indicadores da eficácia do processo obtenção

Indicadores gerais	Indicadores de avaliação do recrutador	Indicadores de avaliação do processo de recrutamento
% de solicitações de requisição de pessoal atendidas.	Número de entrevistas realizadas.	Número de candidatos apresentados.
% de solicitações atendidas no tempo previsto.	% de entrevistados com o perfil desejado, conforme a percepção dos entrevistadores.	Número de candidatos qualificados apresentados.
Custo médio por admissão.	% de candidatos recomendados/admitidos.	Custo médio por candidato.
% de vagas preenchidas cujos funcionários recém-contratados demonstram satisfação com suas atribuições.	% de candidatos recomendados/admitidos cujo desempenho é satisfatório.	Custo médio por admissão.
	Custo médio por entrevista.	% de candidatos admitidos com desempenho satisfatório.

Resumindo, o perfil de competência do candidato deve atender às demandas do negócio no momento da admissão. Nesse sentido, em face do contexto atual de mudanças, os perfis demandados sofrem alterações em intervalos de tempo cada vez menores.

A partir desse fato, uma preocupação contemporânea da liderança gerencial deve ser manter os perfis de competência alinhados às demandas organizacionais. Esse é o foco do capítulo 6, "O processo desenvolvimento".

6 O processo desenvolvimento

> **Objetivos:**
> - identificar condições propícias à construção de ambientes de aprendizagem que favoreçam vantagens competitivas;
> - apontar investimentos dirigidos à redução ou à eliminação de gaps de competências;
> - delinear estratégias de treinamento e desenvolvimento (T&D) destinadas à melhoria do desempenho do indivíduo, da equipe e da organização;
> - destacar aspectos críticos relativos à definição e à operacionalização das decisões de T&D;
> - discriminar vantagens e limitações de meios objetivando a viabilização de decisões de T&D.

Educação: o alicerce do desenvolvimento

Cada vez mais as organizações disputam entre si a obtenção de profissionais potencialmente capazes de gerar contribuições que agreguem valor. Afinal, pessoas são os principais diferenciais competitivos. Entretanto, essa condição isolada não é suficiente para o enfrentamento dos desafios impostos pelas exigências do novo contexto de negócio.

Em função disso, entre demais alternativas, as organizações são obrigadas a investir na qualificação e no aperfeiçoamento contínuo de sua força de trabalho. No mundo do trabalho condicionado pela competição global, conhecimento é um recurso crítico.

Nessa perspectiva, o capital intelectual, expressão construída sob inspiração econômica, atesta a relevância do conhecimento na organização contemporânea. A concepção de seu caráter estratégico é praticamente unânime. Ele se transformou em uma poderosa fonte de vantagem competitiva, pois, à diferença dos materiais ativos, ele tende a aumentar com o uso.

Essa realidade, ao ampliar a consciência de que o aprendizado continuado agrega valor, aumentou os investimentos direcionados à educação, ao treinamento, à retenção e à valorização dos empregados em relação aos anos anteriores. Prova disso é o expressivo aumento de publicações, debates e eventos centrados em temas relacionados à educação e à aprendizagem.

Esse movimento revela, com nitidez, a mudança perceptual das organizações brasileiras quanto à relevância do papel da função RH, pois, apesar de a afirmação a seguir ser um lugar-comum, é conveniente ratificar: o diferencial de uma organização reside no seu capital humano.

No entanto, também, a consciência de mudanças no pensamento estratégico e no exercício da liderança, decorrentes das imposições da economia global, exige o abandono dos velhos modos de pensar e das regras obsoletas de gestão. Por essa razão a confiança nas abordagens tradicionais de gestão se esvai, por não serem elas capazes de responder às questões organizacionais cruciais: como transformar estratégias em ações efetivas? Como alinhar contribuições humanas às demandas do negócio? Como transformar organizações comuns em organizações de alto desempenho?

Essas indagações conduzem a outra questão mais ampla e profunda: é possível impulsionar e sustentar mudanças desejadas sem indivíduos com conhecimentos atualizados, tecnicamente habilitados e motivados para o enfrentamento dos atuais desafios organizacionais?

A resposta é negativa. A organização é o que as pessoas são. O desempenho organizacional resulta do desempenho das pessoas e equipes.

Contudo, é oportuno comentar que nem sempre a organização foi percebida como um ambiente de aprendizagem. Por décadas, a finalidade desse processo era adequar o indivíduo às exigências comportamentais do cargo. Somente a partir do final do século XX as organizações optaram pelo desenvolvimento contínuo das pessoas. O quadro a seguir resume as mudanças relevantes do processo desenvolvimento do início do século XX até o presente momento.

QUADRO 23. Evolução do processo desenvolvimento

Período	Influência	Objetivos do treinamento
Início do século XX.	Escola clássica da administração (taylorismo).	❏ Obtenção de ganhos de produtividade cuja ênfase residia nos aspectos mecânicos do trabalho.
Meados do século XX.	Escola de relações humanas (aspectos psicossociais).	❏ Ênfase na influência de aspectos interpessoais, tais como necessidades, aspirações e motivações individuais que influenciam o desempenho.
		❏ Integração do indivíduo à organização.
		❏ Preparação de chefes e supervisores.
		❏ Desenvolvimento de lideranças.
Desde o final do século XX.	Administração de RH (enfoque sistêmico).	❏ Redução de *gaps* de competências visando ao alcance de resultados organizacionais.

Fontes: Souza (1996); Gil (2001).

Como demonstrado anteriormente, a partir do final do século XX as exigências relativas à qualificação do indivíduo se distinguem com nitidez das ocorridas até então, devido aos impactos da velocidade da produção do conhecimento, dos avanços tecnológicos e da elevação do nível de atendimento do cliente e do cidadão. O ambiente de negócios passou a recusar ajustes organizacionais superficiais. As constantes e rápidas mudanças demandaram novos modelos de gestão, novas práticas e, em decorrência, novos perfis de competência. Na atualidade, quem não agrega valor é descartável, excluído do mundo do trabalho.

Diante dos fatos, o papel da área de RH, no âmbito do processo desenvolvimento, reside em propor soluções capazes de assegurar os perfis de competência dos indivíduos permanentemente alinhados às demandas do mercado e do negócio. Como atender, porém, a essa demanda de modo efetivo? Afinal, um país posicionado entre as 10 maiores economias mundiais na atualidade, e com pretensões de aumento do seu produto interno bruto (PIB), não pode manter o atual nível educacional da maioria de seus cidadãos. A publicação de pesquisas na mídia de grande circulação revela que há empresas de ramos de negócio específicos com posições disponíveis que não são preenchidas devido à escassez de mão de obra qualificada.

Há várias hipóteses de solução para o enfrentamento desse problema. Entre outras, investir em educação continuada é uma alternativa com alta probabilidade de ser bem-sucedida. A criação de parcerias efetivadas por inúmeras organizações com renomadas instituições de ensino sinaliza a consciência da necessidade de investimentos na formação e qualificação da mão de obra. A construção de condições propícias à preparação do indivíduo para assumir funções com níveis crescentes de complexidade, cada vez mais, é percebida como uma opção eficaz para o enfrentamento dos desafios organizacionais vigentes e, por decorrência, para o país.

Obviamente a consecução desses propósitos requer investimentos em treinamento e desenvolvimento (T&D) vinculados às orientações estratégicas que norteiam a organização. A efetividade desse processo depende de políticas, programas, projetos e ações capazes de traduzir as demandas das estratégias. O quadro 24, adiante, ilustra como definir investimentos alinhados estrategicamente, ou seja, que priorizam o desenvolvimento das competências individuais necessárias à sustentação de competências organizacionais.

É enganoso supor que todas as organizações estão conscientes da importância do fortalecimento da relação entre processo desenvolvimento x aprendizagem organizacional. Ainda hoje, algumas desprezam o alinhamento entre estratégias, processos e pessoas.

Da área de treinamento à universidade corporativa

O início da década de 1950 assistiu à instituição de áreas formais para o adestramento do indivíduo. Posteriormente, seus objetivos se ampliaram e elas se responsabilizaram pelo treinamento do indivíduo para executar tarefas segundo o prescrito. Após várias denominações, que refletiram as transformações de suas finalidades, em torno dos anos 2000, o conceito treinamento se expandiu. As demandas ambientais externas robusteceram as áreas funcionais. De unidades organizacionais responsáveis pela operacionalização de ações de T&D, elas tiveram de assumir um papel estratégico. As universidades corporativas evidenciam essa afirmação.

O processo desenvolvimento passou a municiar a organização com "as armas necessárias" ao enfrentamento dos complexos desafios contemporâneos. Ele se tornou uma estratégia indispensável ao aprendizado organizacional, base do paradigma emergente. O quadro 24 resume o expressivo salto ocorrido desse processo a partir do final do século XX.

Quadro 24. Evidências da mudança de paradigma do treinamento para a aprendizagem organizacional

Conceito	Antigo paradigma de treinamento	Paradigma de aprendizagem do século XXI
Conteúdo	Atualizar qualificações técnicas.	Desenvolver competências aderentes às demandas do ambiente de negócios.
Frequência	Evento único.	Processo contínuo de aprendizagem.
Meta	Desenvolver estoque de qualificações do indivíduo.	Solucionar problemas empresariais reais e melhorar o desempenho no trabalho.

Fonte: adaptado de Meister (1999).

A mudança de paradigma de treinamento não ocorreu de modo repentino, e nem sequer por acaso. Ela decorreu da substituição da lógica de gestão mecanicista pela flexível. Em função disso, a área de RH foi impulsionada a atuar como um parceiro do negócio (*business partner*); logo, responsável por estimular a aprendizagem organizacional a partir de intervenções no elemento humano. Afinal, quem apreende novos conhecimentos, desenvolve novas habilidades e decide se quer ou não mudar atitudes é o indivíduo.

Treinamento e desenvolvimento: finalidades

Treinamento e desenvolvimento não são construtos sinônimos. Suas finalidades são distintas. De modo geral, o ambiente corporativo vincula o conceito treinamento às ações de curto prazo, voltadas ao desenvolvimento das competências necessárias à melhoria do desempenho do indivíduo no exercício das suas atribuições atuais. Por sua vez, um número expressivo de autores converge, concordando que *desenvolvimento* é um processo educacional aplicados sistematicamente, voltado à aquisição e ao desenvolvimento de competências, numa perspectiva de longo prazo, cujas ações se vinculam à progressão da carreira do indivíduo.

As ideias subjacentes ao sentido contemporâneo do conceito desenvolvimento evidenciam com nitidez seu inter-relacionamento com os conceitos aprendizagem e progressão de carreira. Apesar de a distinção ser tênue, esses conceitos se entrelaçam, sobretudo no que diz respeito aos desafios vinculados ao "aprender a aprender", na concepção de Peter Senge.

A abordagem dos sistemas contemporâneos de desenvolvimento de carreiras, descrita no capítulo 9, confirma esse entrelaçamento. Eles buscam o desenvolvimento das competências individuais necessárias à sustentação das competências organizacionais, sobretudo nas modalidades de carreiras não tradicionais.

Especificamente, as carreiras proteanas e sem fronteiras, não tradicionais, se assentam na metacompetência aprender a aprender, uma competência necessária à sustentação dessas modalidades de carreiras, segundo Meister.

No que diz respeito às proteanas, elas enfatizam a realização de um contrato psicológico entre empregador e empregado, não escrito, que reflete as expectativas mútuas para a relação de trabalho e assegura a estabilidade do vínculo em troca da dedicação aos objetivos organizacionais. Por sua vez, a carreira sem fronteira se refere a uma sequência de oportunidades de trabalho que extrapolam o cenário de um simples emprego.

Assim, há forte vinculação entre a aprendizagem e a gestão da carreira, pela perspectiva contemporânea. De modo geral, na prática, o processo desenvolvimento resumidamente se concretiza como se segue. Por um lado, as organizações identificam as competências necessárias ao enfrentamento dos seus desafios corporativos. Por outro, o indivíduo investiga as oportunidades oferecidas pela organização para seu desenvolvimento, analisa seus pontos fortes e fracos e, então, busca o alinhamento das suas competências pessoais com as demandas organizacionais.

Por conseguinte, é visível a responsabilidade da função RH na retenção de quem agrega valor. Ela deve tornar o processo desenvolvimento um poderoso aliado do negócio. É comum, por exemplo, um profissional da geração Y, percebido como *high potential*, permanecer na empresa apenas se perceber que suas contribuições ao negócio são valorizadas.

Nesse sentido, entre outras decisões, não raro a organização inclui profissionais com tais características em programas *trainee*, um mecanismo de desenvolvimento planejado, no longo prazo, destinado a posicionar o treinando em pontos avançados da carreira.

O aprofundamento do olhar sobre essa decisão, mais uma vez, resgata a estreita relação entre os conceitos aprendizagem, desenvolvimento e progressão de carreira. No exemplo dado acima, o propósito da inclusão do profissional no programa é sua retenção. Considerando que a empresa decidiu promover avanços planejados na carreira do jovem para acelerar seu desenvolvimento, o programa, além de propiciar a aquisição e a ampliação de conhecimentos, tem o intuito de estimular o sentimento de pertencimento, e, por decorrência, o aumento do seu comprometimento com o desempenho da organização.

Essa não é a única estratégia instituída pelas organizações para desenvolver o indivíduo que ela tem interesse em reter. O estímulo ao autodesenvolvimento é uma alternativa.

A criação de centros de carreira é uma realidade crescente. Meister acentua que eles são opções eficazes para estimular o autogerenciamento. Eles fornecem insumos (*feedbacks*) sobre os pontos fortes e fracos dos profissionais, objetivando subsidiar a formulação de objetivos e planos de carreira adequados e realistas. Trata-se, portanto, de:

> Um serviço corporativo destinado a disponibilizar informações, capacitação, instrumentos e assessoria para desenvolver a competência do autogerencia-

mento de carreira e para subsidiar o seu exercício pelos profissionais da organização. A forma de disponibilização é diversificada: algumas empresas possuem um espaço físico para o centro de carreira, centralizado ou disperso em diversas unidades, enquanto outras utilizam sua intranet para essa finalidade [Martins, 2006:87].

A título de ilustração, os resultados dos estudos publicados no *Annual Survey of Corporate University Future Directions* revelaram que 43% das universidades corporativas possuem centros de carreira, enquanto 15% planejam sua implementação, segundo Meister (1999:123 apud Costa e Balassiano, 2006:87).

Segundo esses autores, os resultados da pesquisa realizada pela Corporate Executive Board, empresa privada situada nos EUA, junto a empresas americanas de grande porte ratificaram essa tendência. Em síntese, eles evidenciaram múltiplas possibilidades de configuração de um centro de carreira, as quais podem ser agrupadas em quatro categorias, considerando as modalidades de recursos disponibilizados observadas nos centros:

- capacitação: destina-se ao desenvolvimento da metacompetência autogerenciamento de carreira. Para tanto, são implantados, por exemplo, programas que, além de priorizarem estratégias de aprendizagem vivencial, disponibilizam livros, periódicos, vídeos, entre outros recursos;
- autoavaliação: destaca-se pela utilização de ferramentas, eletrônicas ou presenciais, destinadas ao autoconhecimento;
- oportunidades: caracteriza-se pela disponibilização de recursos que objetivam a divulgação de chances de mobilidade interna, sendo decisão frequente a utilização de banco de dados e portais;
- assessoria: viabiliza-se por meio de serviços personalizados de consultoria ou aconselhamento de carreira, complementando os recursos descritos nas categorias anteriores. Programas de *coaching, mentoring* e assessoria externa incluem-se nessa categoria.

Balassiano e Costa (2006:89-91) divulgam ainda os resultados de uma pesquisa interessada no modo como sete empresas brasileiras lidam com o desafio do autogerenciamento da carreira, com base nesse modelo de educação corporativa. Eles denunciam que os resultados são desanimadores:

> Aparentemente não estão priorizando o autogerenciamento da carreira, apesar de esse ser um componente fundamental do modelo de educação corporativa. Nenhuma das empresas evidenciou possuir um serviço interno no formato e abrangência dos centros de carreira americanos. Reforça esta afirmação o fato de os recursos, quando existem, não serem disponibilizados pela universidade corporativa, mas pelo órgão de RH. Esses recursos são, basicamente, iniciativas isoladas ou associadas à avaliação de desempenho, sem compor um programa corporativo de promoção do autogerenciamento de carreira.
>
> Deve-se observar, contudo, que os indícios de comportamento proteano entre os profissionais brasileiros sugerem que o autogerenciamento de carreira seja uma questão relevante para a gestão de pessoas também no Brasil – especialmente nos casos em que a atração e a seleção sejam uma demanda organizacional.

Em suma, o processo desenvolvimento caracteriza-se como uma decisão estratégica que assegura vantagens competitivas ao definir políticas, programas, projetos e ações de treinamento e desenvolvimento capazes de compatibilizar os interesses individuais e organizacionais, como demonstra a seção a seguir.

O alinhamento de políticas, programas, projetos e ações de T&D

A lógica de gestão flexível exige que as premissas subjacentes às políticas, programas, projetos e ações de T&D destinadas ao desenvolvimento do capital humano decorram do ambiente estratégico, conforme ilustra a figura a seguir.

FIGURA 21. Fundamentos contemporâneos do processo desenvolvimento

Estratégicas	Competências organizacionais	Competências individuais	Entregas
❏ Estratégicas, definidas para favorecer o cumprimento da missão e a concretização da visão, concretizam-se por meio de processos organizacionais, que, por sua vez, são viabilizados por competências organizacionais.	❏ Competências organizacionais são sustentadas por competências individuais.	❏ Competências individuais propiciam ganhos de competitividade ao agregarem valor aos produtos e serviços pertinentes ao negócio.	❏ Competências individuais se explicitam no modo como o indivíduo age para enfrentar os problemas relativos ao trabalho e efetuar entregas.

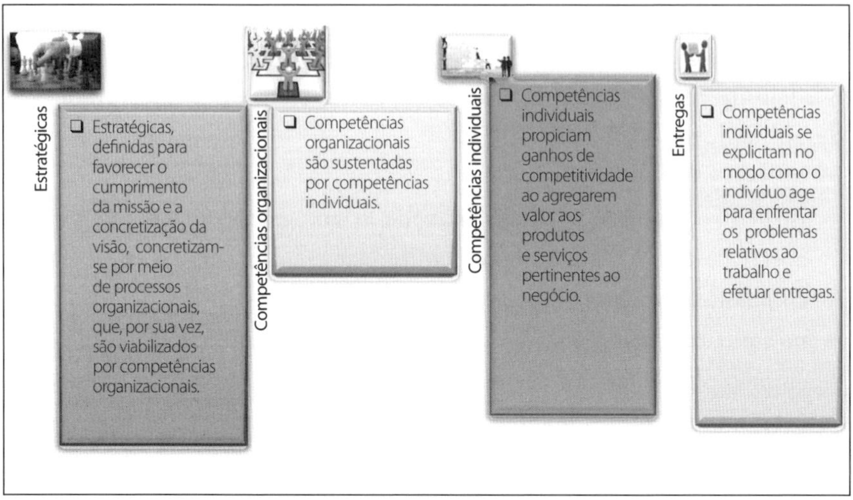

Fonte: adaptado de Charam (2009).

Como sabemos, inexiste um único caminho para se chegar a um lugar, seja qual for. Contudo, a presente publicação, sob a inspiração de quadros conceituais propostos pelos autores referenciados, propõe a trilha a seguir para operacionalizar o processo desenvolvimento. Trata-se de uma sugestão para modelagem desse processo destinado ao desenvolvimento de perfis de competência que agregam valor.

Como demonstra a figura a seguir, o processo desenvolvimento se segmenta em duas fases. A fase 1 sugere a definição de políticas de T&D alinhadas às orientações estratégicas; a fase 2 propõe a definição dos programas, projetos e ações de T&D decorrentes para viabilizar as políticas, anteriormente delineadas para criar condições favoráveis à execução das estratégias.

FIGURA 22. Fases do processo desenvolvimento

Fase 1
Definição de políticas de T&D.

Fase 2
Estruturação de programas, projetos e ações de T&D.

Na prática, como operacionalizar tais fases?

Fluxo do processo desenvolvimento

Os quadros 25 e 26 a seguir ilustram como estratégias empresariais se desdobram em políticas que, por sua vez, norteiam programas que se viabilizam por meio de projetos, concretizados a partir do desencadeamento de ações de T&D. Trata-se de uma condição necessária à obtenção de ganhos de eficácia e efetividade organizacionais.

QUADRO 25. Exemplo da tradução de uma estratégia empresarial em projetos de T&D que agregam valor

1. Estratégia: Investir na formação de líderes e sucessores do VZC no período 2015-2017.	
1.1 Política: Investir na construção de perfis de competências gerenciais alinhados à gestão do negócio, dos processos e das pessoas, no período 2015-2017.	
1.1.1 Programa: Rumo à sustentação da excelência.	
1.1.1.1 Projeto: Construindo o capital humano da VZC.	
Etapas	**Objetivos específicos**
Etapa 1 – Diagnóstico	❏ Identificar os gaps de competências gerenciais, em âmbito nacional.
Etapa 2 – Modelagem (Ver quadro 25)	❏ Definir os Programas de T&D capazes de reduzir ou eliminar os gaps gerenciais atuais.
	❏ Estruturar os programas prioritários para o triênio 2015-2017.
	❏ Definir ações de T&D necessárias à viabilização dos projetos necessários à viabilização dos programas 2015-2017.
Etapa 3 – Execução	❏ Executar as ações previstas nos projetos, segundo o cronograma acordado com os envolvidos.
Etapa 4 – Avaliação	❏ Verificar os impactos (eficácia) das ações nos projetos e no programa e, por conseguinte, na política e na estratégia empresarial.

QUADRO 26. Exemplos de Programa de T&D que agregam valor

2. 1 Programas de desenvolvimento da liderança (PDL)	
2.1.1 Projeto Desenvolvimento de Competências Gerenciais Corporativas (PCGO)	Módulo A – Gestão do negócio (GNEG) Módulo B – Gestão de processos (GPRC) Módulo C – Gestão de pessoas (GPES)
2.2 Programa de desenvolvimento técnico (PDT)	
2.2.1 Projeto Educação Formal Continuada (PEFC)	Módulo A – Administração (ADMN) Módulo B – Sociologia econômica (SOEC)
2.2.2 Projeto Educação em Tecnologia (PETC)	Módulo A – Redes sociais (RESC) Módulo B – Tecnologia da informação e comunicação (TEIA)
2.2.3 Projeto Administração de informações do capital humano (PACH)	Módulo A - Povoamento da base de dados capital humano (POBD) Módulo B – Recuperando informações (REIN) Módulo C – Gerando relatórios gerenciais (GERG) Módulo D – Analisando a tomada de decisão (ATDC)

Especificamente, o quadro 25, ao ilustrar as contribuições dos programas e projetos de T&D para o efetivo alcance dos resultados organizacionais necessários ao enfrentamento dos concorrentes no período 2015-2017, reitera a ideia de que a concretização da visão não é obra do acaso.

Em função disso, a proposição para a viabilização do processo desenvolvimento, a seguir, é uma sugestão que tem se revelado eficaz.

A etapa 1 (*diagnóstico*) é o ponto de partida, na medida em que ela se constitui nas bases de sustentação das competências organizacionais, necessárias à execução das estratégias e, em decorrência, da concretização da visão, já que se adequadamente conduzida, identifica os *gaps* de competências individuais em cuja redução, ou até mesmo eliminação, a empresa deve investir prioritariamente.

Não surpreendentemente, há várias metodologias para identificar competências organizacionais e proceder ao seu desdobramento em competências individuais. Ou seja, metodologias que asseguram uma relação custo/benefício adequada quanto aos investimentos efetuados na aquisição e no desenvolvimento de competências, como ilustra a figura a seguir.

FIGURA 23. Questões críticas do diagnóstico das necessidades de T&D

- Quais fatos condicionam necessidades de T&D no curto, médio e longo prazos?
- Quais são as necessidades de T&D do capital humano da organização no curto, médio e longo prazos?
- Quais são as decisões, sob a responsabilidade da área de RH, voltadas ao atendimento das necessidades de T&D?
- Quais são os aspectos logísticos necessários à viabilização das ações de T&D?

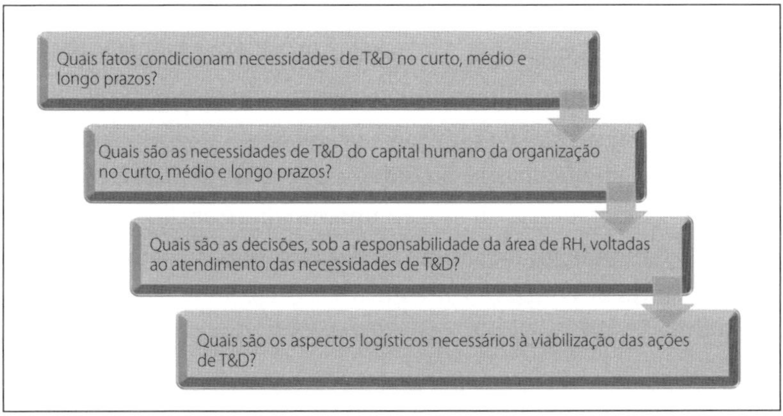

Em resumo, os insumos utilizados como fio condutor para a definição das soluções de T&D devem se apoiar em fontes válidas e fidedignas; caso contrário, os investimentos organizacionais, principalmente a alocação de recursos, além de serem inócuos, impedirão o exercício do papel estratégico da função e da área RH.

A etapa 2 (*modelagem*) refere-se aos desenhos dos programas, dos projetos e das ações de T&D, alinhados à estratégia empresarial, com os objetivos elencados no quadro 27.

QUADRO 27. Modelagem do processo desenvolvimento

Propósitos	Transmitir informações atualizadas a respeito de algo específico com o intuito de ampliar o conhecimento das pessoas (saber)
	Criar condições para o desenvolvimento de habilidades que favoreçam indivíduos e equipes a lidar com coisas, ideias e pessoas (saber fazer)
	Estimular atitudes que favoreçam a mudança de posturas desejadas na relação com clientes internos e externos (saber ser)

Especificamente, convém ressaltar que, em concordância com o Project Management Institute (PMI), o vocábulo projeto, originado do latim *projectus*, significa "esforço temporário empreendido para criar um produto, serviço ou resultado exclusivo"o (Raj et al., 2006:13) Logo, sua modelagem (desenho) requer a designação de seus responsáveis, a definição do escopo, do público-alvo, das metodologias e dos recursos pedagógicos necessários, as estimativas de investimentos financeiros e o cronograma previsto para a concretização do empreendimento, entre outras decisões.

A etapa 3 (*execução*) requer atenção a alguns pontos nevrálgicos, sobretudo no tocante à gestão das pessoas da equipe e das demais envolvidas no projeto de T&D, de outras áreas da empresa. Na essência da ação estratégica, pessoas determinam o êxito de qualquer processo produtivo.

Em função disso, convém construir nessa etapa uma matriz de responsabilidades para assegurar ganhos de eficiência e eficácia, principalmente.

QUADRO 28. Exemplo de matriz de responsabilidades

Fase	Pessoas			
	João	Maria	Pedro	Ana
Projeto	P	R	I	A
Suprimento	R	I	C	A
Fabricação	I	P	R	A
Construção e montagem	I	P	R	A
Testes	P	I	R	A
Comissionamento	P	P	R	A

R: responsável; P: participa; C: comenta; I: informa; A: aprova.
Fonte: adaptado de Raj (2006:41).

A etapa 4 (avaliação) diz respeito à verificação da relação custo/benefício dos investimentos efetuados nos programas, dos projetos e das ações de T&D. É indispensável, portanto, observar a interdependência das etapas 1 e 4. Em última instância, ela avalia, por meio de indicadores de eficiência, eficácia e efetividade, se os investimentos realizados geraram os benefícios esperados pela organização.

Em síntese, um número crescente de organizações prioriza modelos organizacionais centrados no aprendizado contínuo e na gestão do conhecimento. Um sinal visível dessa tendência é a implantação de universidades corporativas. Em sua maioria, elas buscam catalisar as atividades de treinamento, apoio ao desempenho e gestão do conhecimento (Silva, 2009:168).

Organizações que aprendem e universidade corporativa

O século XXI assistirá a uma revolução sem precedentes no campo das organizações. Graças aos impactos das megatendências, a gestão do conhecimento assumirá uma importância inusitada na sustentação de vantagens competitivas. Seu propósito será apoiar, cada vez mais, o desenvolvimento dos negócios da empresa. Entretanto, sua consecução requer gestão, ou seja, definir, captar, organizar, transmitir, utilizar e ajustar os conhecimentos (Ribeiro, 2005).

A relevância da criação de universidades corporativas visando à concretização do processo desenvolvimento é inconteste. Inúmeras organizações, públicas e privadas, efetuam um significativo volume de investimentos dirigidos a um público-alvo diversificado e numeroso:

> Foram R$ 239,3 milhões em desenvolvimento de recursos humanos, o que dá, em média, R$ 4 mil por funcionário [...]. A Petrobras teve 222 mil participações de pessoas em programas de educação continuada tanto no Brasil quanto no exterior, sendo que 77 mil foram por meio da Universidade Petrobras, que realiza cursos que exigem conhecimentos mais transversais [*O Globo*, p. 4, 24 nov. 2013. Caderno Boa Chance].

Entretanto, a materialização desse processo requer especialização no assunto, metodologias e ferramentas adequadas, além de suporte metodológico (Ribeiro, 2005). Por esse motivo, principalmente, as organizações efetuam parcerias com instituições de ensino, objetivando o alinhamento dos perfis de conhecimento da força de trabalho às demandas do negócio.

A influência dos avanços tecnológicos no processo desenvolvimento

O século XXI instiga ousadias relativas às modalidades de ensino graças aos avanços da tecnologia da informação e comunicação. Novas estratégias educacionais emergem no cotidiano acadêmico e organizacional. Novas modalidades da relação ensino/aprendizagem, inauguradas sobretudo no final do século XX expulsam gradativamente formas de ensino tradicionais.

O ensino a distância torna-se cada vez mais usual e amigável, permitindo a oferta da educação e do treinamento de modo não presencial a um número incontável de pessoas, simultaneamente, em localidades que atingem dimensões geográficas inimagináveis. Daí a gradativa substituição de salas de aula, onde docentes e alunos interagem em cursos presenciais apoiados em materiais impressos, pelo ensino a distância e pelos ambientes virtuais.

Em síntese, o cenário de transformações pressupõe processos educacionais ágeis e eficazes. Avanços na área da tecnologia de informação e comunicação tornam disponíveis novas tecnologias de *hardware* e *software*, permitindo a produção e a oferta de ferramentas modernas que favoreçam a atuação da função e da área de RH de modos até então inconcebíveis.

Campus virtual, *chats*, *e-learning*, *e-libraries e-HR portals*, entre outros artefatos tecnológicos, são vocábulos utilizados a todo instante vinculados à transmissão e utilização de conhecimentos aos usuários (Silva, 2009).

Sem dúvida, ferramentas nascidas dos avanços tecnológicos possibilitam estratégias e soluções inéditas de T&D. O ensino a distância, a videoconferência e a multimídia interativa comprovam como a inserção da tecnologia se tornou um poderoso aliado do processo educativo no mundo organizacional. Alia-se a esse fato a proliferação de novas infraestruturas educacionais corporativas que, há muito, abandonaram a condição de tendência, tornando-se um fato inquestionável. Porém, apesar desses avanços, acreditamos que o verdadeiro desafio do processo desenvolvimento é a coragem para a busca de resultados que atendam, simultaneamente, aos interesses econômicos e àqueles que asseguram a dignidade humana.

7
Gestão do desempenho humano

Objetivos:
- identificar a relevância contemporânea das contribuições humanas ao negócio;
- destacar o papel da função RH e da área de RH na gestão do desempenho humano;
- salientar o papel do planejamento do desempenho na tradução das estratégias empresariais;
- reforçar o papel do acompanhamento no atendimento de expectativas de desempenho;
- ressaltar o papel da avaliação do desempenho como fonte de informações à tomada de decisão;
- identificar os desafios da dimensão humana da efetividade organizacional.

A relevância contemporânea da gestão do desempenho

Organizações de alto desempenho, modeladas a partir de premissas que visam ao atendimento dos anseios da economia global, somente valorizam profissionais cujas contribuições propiciam, de modo contínuo e simultâneo, aumento da qualidade, redução do custo, prontidão de atendimento e inovação quanto aos produtos e serviços da organização (Lawler, 1996). Logo, a busca da sustentação de níveis crescentes de excelência não é uma escolha organizacional ou individual; é uma imposição da economia global objetivando ganhos de vantagens competitivas.

Por conseguinte, o principal desafio da organização contemporânea, no âmbito da gestão do elemento humano, é a retenção de "quem faz a diferença". Daí o empenho crescente para a identificação, a valorização e o reconhecimento de quem evidencia desempenho acima do padrão.

Pessoas são as principais fontes de vantagens competitivas. Essa afirmação se tornou um lugar-comum. Mas, e daí? Na prática, a retenção de quem agrega valor é um dos principais desafios para as organizações do século XXI interessadas na sustentação da excelência. Apesar disso, um número expressivo de organizações negligencia essa demanda ao gerir o desempenho humano.

É provável que elas não tenham percebido que o pensamento administrativo que embasou a ação gerencial no século XX, em que o padrão era a regra, não é mais capaz de enfrentar os problemas do século XXI, marcados pela diversidade.

> Em uma época de mudança de paradigma científico, a verdadeira questão não é simplesmente o enriquecimento do espírito, nem simplesmente o enriquecimento do sentimento da complexidade, mas uma radical e profunda reforma do pensamento [...] que supere todas as formas de reducionismo [Morin, 1999:9].

Na virada do século XIX para o XX, a lógica mecanicista priorizava a obtenção de ganhos de eficiência. A velha economia, sob a inspiração da lógica taylorista, utilizava a avaliação do desempenho como uma técnica cuja finalidade era verificar se as tarefas vinculadas ao cargo eram executadas conforme os padrões definidos *a priori*. O intuito era a classificação da superioridade de uns em relação a outros. Ou seja, era a identificação de quem era melhor, de quem era pior.

À época, o papel das chefias se restringia ao controle dos comportamentos dos seus subordinados para assegurar que o trabalho real fosse idêntico ao prescrito. O interesse na vinculação do trabalho a ser realizado com as demandas do negócio inexistia, no tocante ao gerenciamento do elemento humano. Não se pode esquecer que o homem era concebido como um instrumento de trabalho, uma simples mão de obra.

O cenário mundial justificava a adequação do desmembramento mecânico do trabalho em partes menores. Afinal, o aumento da produtividade era uma necessidade premente.

A literatura especializada em avaliação de desempenho, publicada aproximadamente até os anos 1970, ilustra como o mecanicismo condicionou o modo de agir organizacional.

O modelo de gestão priorizava a inclusão de fatores comportamentais nos instrumentos destinados à avaliação do desempenho humano, objetivando o fortalecimento de uma ação gerencial apoiada nos pressupostos do modo mecânico de pensar:

- controle *top-down* (de cima para baixo) ("Manda quem pode, obedece quem tem juízo!");
- burocracia ("Realize sua tarefa segundo o descrito no manual de instruções");
- hierarquia ("Você não é pago para pensar, mas para fazer o que sua chefia deliberou!").

As demandas da lógica de gestão centrada no trabalho prescrito privilegiavam a identificação de padrões para orientar o comportamento dos recursos humanos. Logo, o foco da ação gerencial residia na busca do igual. A diferença era objeto de rejeição. Assim, assiduidade, pontualidade e disciplina ilustram fatores típicos de avaliações de desempenho tradicionais. Daí não surpreender a ausência de variáveis que contrariavam tais pressupostos, como a proatividade.

Mas, pressupondo que organizações não são abstrações teóricas, antes residem no mundo real, seus desafios são concretos. Em sua maioria, eles decorrem da busca do atendimento de necessidades de mudanças impostas por pressões econômicas. Reiterando, sobretudo desde os anos 1970, a internacionalização dos mercados e os avanços tecnológicos exigiram o deslocamento do centro do poder organizacional de uma visão mecânica para outra orgânica.

A mensuração do nível de agregação de valor ao negócio passou a ser o epicentro da gestão de pessoas. Isso impulsionou avanços na gestão do desempenho humano, pois o foco exclusivo na execução de tarefas vinculadas ao cargo não era mais suficiente para assegurar produtos e serviços em níveis crescentes de excelência. O aumento da concorrência exigiu o abandono do modo tradicional de gerir o desempenho. Ele decretou que as organizações fizessem bem (eficiência) as coisas certas (eficácia). Ou seja, ele tornou o alinhamento estratégico uma condição necessária à gestão do elemento humano (Souza, 2009).

As práticas centradas na análise mecânica do trabalho e no julgamento de qualidades pessoais foram substituídas por outras caracterizadas pelo estímulo à aprendizagem contínua. Por sua vez, o desafio de efetuar entregas (produtos ou serviços) que atendessem às necessidades dos clientes, sobretudo externos, demandou a adoção de modelos e práticas capazes de mensurar as contribuições humanas ao negócio. A partir de então, o processo gestão do desempenho (GD) passou a ser uma fonte de subsídios à tomada de decisão (Souza, 2009).

O conceito avaliação de desempenho, antes restrito à busca de informações relativas à execução de tarefas apoiadas em padrões definidos *a priori*, se expandiu sob a forte influência da gestão da qualidade (Souza, et al., 2009:43-55). A avaliação se transformou em uma etapa do ciclo de desempenho, assentado na lógica do PDCA (*plan-do-check-action*), ou seja, na lógica da melhoria contínua.

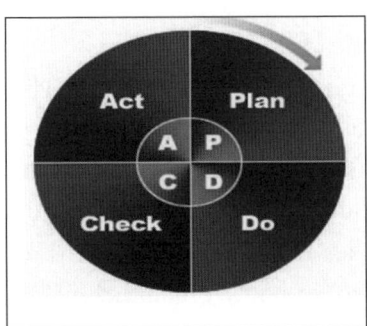

FIGURA 24. Ciclo do desempenho

Nesse sentido, ela produz insumos úteis, conforme os exemplos a seguir:

- Que ações são necessárias à redução dos *gaps* de competência de Fulano?
- Que ações são necessárias à preparação de Fulano para assumir funções com maior nível de complexidade?
- Fulano deve ser transferido para desenvolver novas competências?
- É justo Fulano receber avanços de níveis salariais?
- Fulano tem direito a recompensa financeira em face do desempenho obtido? Em caso positivo, qual deve ser o acréscimo justo?
- Fulano deve ser demitido por não ter os níveis de desempenho desejado?

A mudança paradigmática, também, influenciou o exercício do papel da liderança gerencial. A busca de ganhos de eficácia impôs ao líder gerencial a responsabilidade pelo alinhamento estratégico, uma condição necessária à transformação da visão organizacional em realidade.

Assim, a liderança gerencial foi convocada a assumir o papel de "maestro" no alinhamento do desempenho humano ao organizacional, pois, na prática, ela passou a ser responsável pela concretização das finalidades de cada uma das etapas do referido ciclo: planejamento, acompanhamento e avaliação.

Conforme descrito na figura a seguir, a etapa avaliação gera insumos para a tomada de decisão gerencial, condição necessária para a sustentação da dinâmica do ciclo de desempenho.

Contudo, isso exigiu investimentos na preparação da liderança gerencial para assegurar o adequado exercício de seu papel. Para tanto, o papel da área de RH também sofreu mudanças, ao ter que disponibilizar metodologias e ferramentas objetivando o referido preparo e a decorrente viabilização do processo GD.

As mudanças organizacionais persistiram. Desde meados dos anos 1990, as organizações testemunham nítidas transformações na lógica da gestão do desempenho impulsionadas por imposições econômicas. Contrastando com a visão da velha economia, que valorizava a execução do trabalho prescrito, a economia global valoriza a diferença, o trabalho real. Logo, o trabalhador passa a ser percebido como capital humano, como um recurso que deve agregar valor ao negócio.

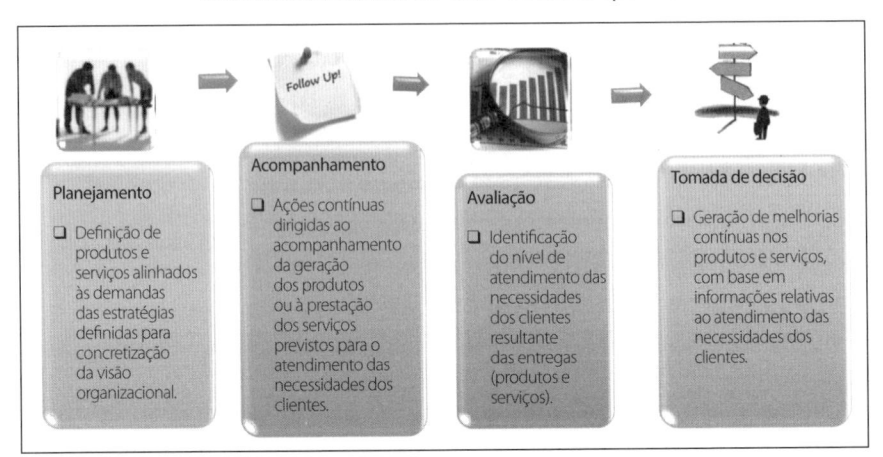

Figura 25. Dinâmica do ciclo do desempenho

Planejamento
- Definição de produtos e serviços alinhados às demandas das estratégias definidas para concretização da visão organizacional.

Acompanhamento
- Ações contínuas dirigidas ao acompanhamento da geração dos produtos ou à prestação dos serviços previstos para o atendimento das necessidades dos clientes.

Avaliação
- Identificação do nível de atendimento das necessidades dos clientes resultante das entregas (produtos e serviços).

Tomada de decisão
- Geração de melhorias contínuas nos produtos e serviços, com base em informações relativas ao atendimento das necessidades dos clientes.

O "mantra econômico" da lógica de gestão flexível, visando à obtenção de vantagens competitivas, impõe às organizações fazer bem (eficiência) o que precisa ser feito (eficácia) em níveis crescentes de desempenho (efetividade).

Diante desse contexto, desde a segunda metade do século XX, um número expressivo de organizações se empenha para viabilizar o processo de gestão das contribuições humanas ao negócio por meio do denominado ciclo de desempenho.

A dinâmica do ciclo do desempenho, sumarizada na figura 25, evidencia que seu ponto de partida é a identificação das necessidades do cliente externo.

Com base nesses insumos, a organização define as orientações estratégicas. Elas atuam como uma "bússola", na medida em que a tradução dessas necessidades propicia a definição de entregas prioritárias (etapa planejamento).

Prosseguindo, a organização desencadeia ações orientadas para a verificação do progresso do atendimento das referidas necessidades (etapa acompanhamento).

Em seguida, as entregas (produtos ou serviços) são avaliadas, de modo a verificar se atenderam ou não às demandas previstas (etapa avaliação). Por sua vez, as informações obtidas na etapa avaliação subsidiam ações contínuas de melhorias nos três níveis de desempenho – do indivíduo, da equipe e da organização –, ações estas que devem ser divulgadas, em âmbito geral, para fortalecer o significado dos impactos das contribuições dos indivíduos e das equipes no desempenho organizacional.

Em linhas gerais, o processo GD, além de assegurar o alinhamento estratégico, permite responder às questões críticas ilustradas na figura 26.

FIGURA 26. Questões críticas do processo gestão do desempenho

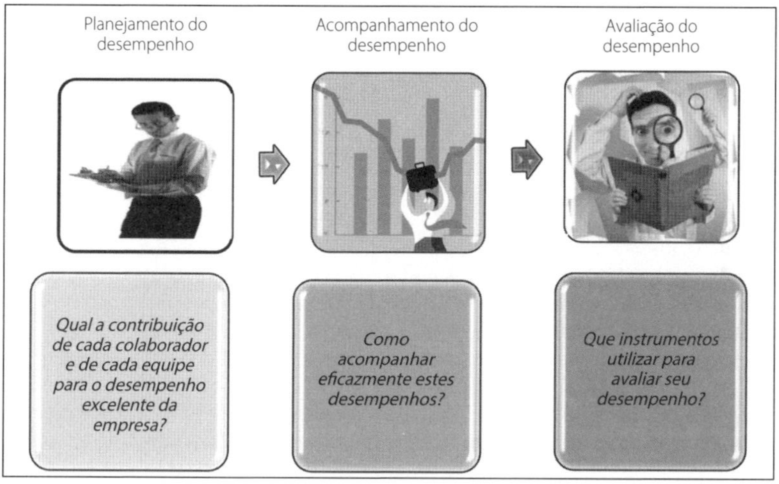

Planejamento do desempenho	Acompanhamento do desempenho	Avaliação do desempenho
Qual a contribuição de cada colaborador e de cada equipe para o desempenho excelente da empresa?	Como acompanhar eficazmente estes desempenhos?	Que instrumentos utilizar para avaliar seu desempenho?

Em última instância, gestão do desempenho é o processo organizacional que propicia a transformação da visão em realidade. Ele orienta o trabalho das pessoas na organização.

Etapa planejamento do desempenho: o ponto de partida

Essa etapa reflete o conjunto de decisões sobre ações que adicionam valor ao negócio por meio da gestão do desempenho humano. Seus produtos são metas que indicam os desafios a serem enfrentados para a organização ser o que ela quer ser (visão).

Apesar da pluralidade de significados, é possível afirmar que metas são modos de intervir na realidade para provocar mudanças desejadas. Ou são hipóteses de solução para aproveitar oportunidades, enfrentar ameaças, reforçar pontos fortes ou resolver problemas. Ou, ainda, são alternativas com alta probabilidade de êxito quanto à execução das estratégias.

Mas, como definir metas que agregam valor na prática? O caso a seguir ilustra essa questão.

A parte I do caso descreve a situação da VZC, uma empresa que enfrentava uma crise. Pressupondo que a finalidade do processo GD é a transformação do sonho de uma empresa em realidade, entende-se que a superação da crise requer soluções eficazes. A parte II descreve como Lucas auxilia Marcos a desdobrar e qualificar metas, propósitos da etapa planejamento.

> **Parte I – Mudanças organizacionais**
>
> Até 2003 a VZC foi a principal fabricante de válvulas para equipamentos utilizados na produção de petróleo em águas profundas. Mas os impactos da globalização dos mercados e das inovações tecnológicas impediram a manutenção da sua liderança nesse nicho do mercado. Desde então, ela enfrenta uma crise. O aumento de novos fabricantes globais de baixo custo e o aumento contínuo dos preços das matérias-primas, entre outros condicionantes externos, a impedem de continuar a ser a empresa líder na produção e comercialização desse produto.
> Além do preço, os clientes "fiéis" passaram a exigir qualidade, resposta rápida e inovações. Na atualidade, eles também compram esse produto de outros fornecedores. Em resposta, a fatia de mercado da VZC passou a ser 30%, à diferença dos 80% que lhe asseguraram, no passado, a posição da principal fornecedora desse produto no país.
> A gravidade da sua situação financeira motivou a busca do resgate de sua liderança no mercado. A primeira mudança foi a ampliação do seu escopo de atuação. A VZC abandonou o foco exclusivo na produção e comercialização de um único produto. Seu negócio passou a ser a fabricação de equipamentos de sondagem.
> A definição da nova missão demandou uma nova visão: ser percebida como referência em equipamentos de sondagem até dezembro de 2015.
> Mas, como transformar a visão em realidade?
> Os gestores decidiram conhecer a VZC "com seus próprios olhos", visitando cada uma das unidades de negócio. As visitas revelaram que, além das pressões externas, vários problemas internos contribuíam para o desequilíbrio financeiro da empresa. Merecem destaque ainda a ausência da cultura empresarial orientada para resultados e o reduzido controle das despesas. Diante dos fatos, a empresa priorizou a redução de despesas.
> Entretanto, a continuidade das visitas às áreas trouxe à tona problemas inesperados: ausência de uma logística adequada para a circulação da mercadoria no mercado; relacionamento inadequado com os clientes; controles administrativos rígidos; lentidão na distribuição do produto; despreparo da liderança para lidar com suas equipes; desatualização do conhecimento por parte de alguns integrantes das equipes. Enfim, a análise da realidade vigente evidenciou que problemas de natureza financeira e não financeira acarretavam a "fuga" dos clientes "fiéis", o que implica dizer que a transformação da visão em realidade depende de esforços em múltiplas direções. Assim, a VZC definiu as estratégias a seguir:
>
> ❏ redução de despesas;
> ❏ implantação de sistemas de relacionamento com os clientes;
> ❏ geração de produtos inovadores;
> ❏ construção de uma força de trabalho excelente.

Parte II – Definindo e qualificando metas que agregam valor

Lucas: Bom dia, Marcos. Desculpe-me se o incomodo. Estava passando pela sua sala... a porta estava aberta.... Notei você preocupado. Decidi entrar e saber o que se passa. Posso ajudá-lo?
Marcos: O Antunes, meu funcionário, questionou alguns aspectos relativos ao desdobramento de metas. Eu não soube responder.
Lucas: Você tem um tempo para conversarmos?
Marcos: Tenho.
Lucas: Ótimo! Antes de tudo, gostaria de chamar a atenção quanto à profunda relação entre a concretização da visão e o processo gestão do desempenho (GD).
Marcos: Não entendi...
Lucas: Vamos conversar…

A visão sistêmica pressupõe que pessoas e unidades de negócio são vinculadas. Nós, sozinhos, não somos nada. Somos elos de uma cadeia produtiva. Para obtermos os resultados empresariais desejados, devemos atuar simultaneamente como clientes e fornecedores. Daí a metáfora de o atual mundo do trabalho ser uma rede.
Marcos: A interdependência é a ideia central das abordagens contemporâneas da gestão do desempenho humano. Entendi corretamente?
Lucas: Exato! Segundo os modelos orgânicos, a dinâmica organizacional é similar ao funcionamento do corpo humano. À semelhança da saúde, que resulta do funcionamento harmônico dos sistemas circulatório, digestivo e respiratório, processos, áreas e pessoas devem interagir para garantir a "saúde organizacional". Em outras palavras, as unidades de negócio e seus colaboradores atuam de forma integrada para assegurar o alinhamento estratégico. Caso contrário, a organização reagirá como uma "pessoa doente". Com o intuito de evitar esse problema, o GD busca a interdependência entre processos, grupos e funções. Ele é o "elo" que assegura o alcance das metas organizacionais, grupais ou individuais.
Marcos: Quer dizer que se isso não ocorrer não será possível conseguir a eficácia organizacional? Em outras palavras, o desdobramento de metas permite "fazer as coisas certas"? Entendi. Mas, conforme dizem, e bem sabemos, a teoria na prática é outra.
Lucas: É verdade. Nem sempre é fácil seguir o apresentado na teoria. Tais elos, além de garantirem a eficácia organizacional, acentuam o sentido do trabalho. Quanto maior o significado do trabalho, maior o sentimento de pertencimento, maior o compromisso com os objetivos organizacionais.
Marcos: Então, você quer dizer que o desdobramento de metas envolve aspectos técnicos e comportamentais?

Continua

> *Lucas*: Sim. Em função disso, vamos iniciar a nossa conversa pela questão central do desdobramento de metas, pela perspectiva técnica. O que é uma meta? Marcos: Há tantas definições relativas ao conceito de meta na literatura especializada... Lucas: Escolha uma delas...
> *Marcos*: Vamos lá! Metas descrevem modos de intervir no ambiente visando à obtenção de mudanças desejadas.
> *Lucas*: Concordo com essa definição. Afinal, a obtenção de resultados previstos não ocorre por acaso. "Chegar ao futuro desejado" exige o planejamento do trabalho das pessoas envolvidas no processo. Daí a aceitação da ideia de que metas são hipóteses, alternativas com alta probabilidade de sucesso.
> *Marcos*: Resumindo, posso dizer que o alicerce técnico do desdobramento de metas é a relação das metas com as estratégias?
> *Lucas*: Não só pode como deve.

Definindo metas que agregam valor

O delineamento de estratégias não é suficiente para a concretização de um sonho empresarial. É preciso traduzir estratégias em metas que agreguem valor. Caso contrário, o alinhamento estratégico não ocorre. Para tanto, a tradução das estratégias em metas que agregam valor requer a observação de dois aspectos críticos: o conteúdo e o formato.

Conteúdo

O conteúdo de uma meta que agrega valor descreve decisões que favorecem a execução das estratégias definidas pela organização para a concretização da visão. Para tanto, um número expressivo de organizações, inspiradas em Kaplan e Norton, adota o *balanced scorecard* (BSC), uma ferramenta de gestão útil ao alinhamento do desempenho humano ao organizacional (alinhamento estratégico), constituída por um conjunto de decisões estratégicas, construídas a partir da análise dos ambientes externo e interno. Porém, qual a contribuição do BSC para o processo GD?

Orientadas pela concepção original de Kaplan e Norton, várias organizações delineiam estratégias segundo quatro perspectivas, visando à interligação dos segmentos organizacionais, conforme o descrito na figura 27.

FIGURA 27. Perspectivas do BSC, segundo
Kaplan e Norton

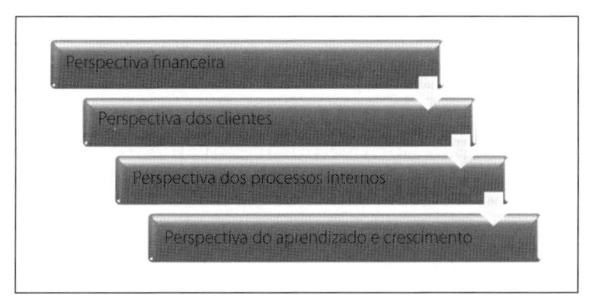

- Perspectiva financeira
- Perspectiva dos clientes
- Perspectiva dos processos internos
- Perspectiva do aprendizado e crescimento

Especificamente, qual a relação entre o BSC e a definição do conteúdo da meta? As finalidades das perspectivas do BSC são distintas ao buscar as respostas como as que seguem.

FIGURA 28. Finalidades das perspectivas do BSC

Financeira	Clientes
Como a organização deve se apresentar aos clientes/cidadãos para ter sucesso financeiro?	Como a organização deve se mostrar aos clientes/cidadãos para concretizar a visão?
Processos internos	**Aprendizado e crescimento**
Em quais processos a organização deve ter excelência para satisfazer aos clientes/cidadãos?	Quais as competências que são necessárias para a organização efetuar melhorias no seu desempenho, objetivando a concretização da sua visão de futuro?

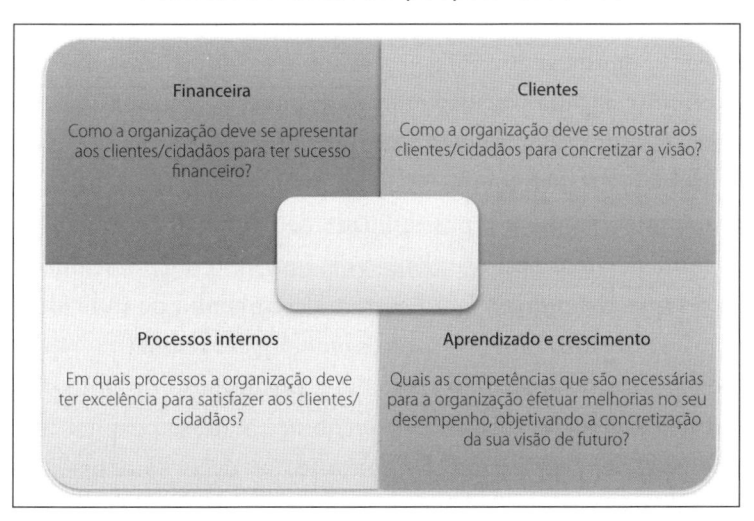

É notório que há várias formas de definir o conteúdo de metas que agregam valor. Uma opção é, antes de tudo, "olhar a realidade com os próprios olhos". Ou seja, analisar a realidade organizacional vigente para identificar as alternativas com alta probabilidade de êxito quanto à execução das estratégias. Portanto, reiterando, metas são hipóteses de solução para aproveitar oportunidades, enfrentar ameaças, reforçar pontos fortes ou resolver problemas.

A análise dos contextos externo e interno é o ponto de partida para definir as metas que favoreçam o alinhamento estratégico. A elaboração da matriz SWOT, portanto, é uma possibilidade, entre outras, para identificar variáveis que influenciam positiva ou negativamente a eficácia da organização. O fato é que, independentemente da opção para a busca desses insumos, se o conteúdo de meta não se originar das demandas da estratégia, os esforços empreendidos para seu alcance serão inócuos no que se refere à concretização da visão. Conteúdos de "metas" originadas de atribuições dos cargos, de "desejos pessoais" ou, ainda, de decisões desvinculadas de orientações estratégicas não favorecem o alinhamento do desempenho humano ao organizacional. É simplesmente um modo mecanicista de gerir interessado apenas no controle da conduta das pessoas.

Portanto, o conteúdo da meta consiste na decisão a ser tomada para favorecer a execução da(s) estratégia(s) definida(s) pela organização para a concretização da sua visão.

Resumindo, a etapa planejamento traduz as estratégias empresariais em metas que agregam valor. Logo, quanto maior a aderência entre as demandas da estratégia e o conteúdo da meta, maior a eficácia organizacional. Ou, simplesmente, maior a possibilidade de os trabalhos realizados pelas pessoas influenciarem positivamente o desempenho organizacional. É essa vinculação que assegura a relação entre o desempenho do indivíduo, o da equipe e o da organização, ou seja, a "saúde organizacional".

A negligência nesse sentido impedirá a organização de "fotografar" de modo real, na etapa avaliação, as contribuições de seu capital humano. A "fotografia" será distorcida. E, portanto, as decisões apoiadas nessas informações serão equivocadas e discutíveis. Pressupondo que as etapas planejamento e avaliação sejam faces da mesma moeda, metas que não se constituam em hipóteses de soluções para mudanças desejadas são simplesmente modos de desperdício de recursos. Elas não produzirão ganhos de eficácia. Por exemplo, ainda que o desempenho da maioria das pessoas possa ser registrado como excelente, o desempenho da organização poderá ser aquém do esperado.

Então, como agir corretamente ao planejar o desempenho?

Utilizando o caso VZC como ilustração, uma das estratégias definidas para concretizar sua visão é "investir no desenvolvimento contínuo de sua força de trabalho". Porém, os insumos do caso evidenciam que um dos obstáculos que dificultam a consecução desse propósito é a desatualização de conhecimentos de seu corpo gerencial.

Então, o que fazer (ação) para enfrentar de modo efetivo esse problema? A análise da realidade organizacional, com base nas informações disponíveis, permite supor que uma hipótese de solução pode ser implantar um programa de desenvolvimento gerencial (PDG), conforme descrito no quadro 27.

Entretanto, como verificar *a posteriori* se o programa foi implantado conforme o previsto? O que significa para a VZC implantar o programa? Quais são os parâmetros adequados para sinalizar que o programa está implantado?

Formato

Além da preocupação de a tomada de decisão se constituir em uma hipótese de solução para algo que se quer mudar, o texto da meta tem de ser específico e mensurável. Caso contrário, é impossível o posterior acompanhamento e a avaliação dos resultados previstos.

Uma meta específica evidencia com nitidez a entrega (produto ou o serviço) esperada do agente da ação. Por exemplo, no caso VZC, se a meta for alcançada, o produto a ser entregue será *um programa de desenvolvimento gerencial*.

Por sua vez, uma meta mensurável deve permitir uma avaliação objetiva e quantificável. Para tanto, além de descrever o que fazer (ação), o texto da meta deve incluir indicadores, cuja natureza pode ser prazo, custo, quantidade ou qualidade, objetivando verificar *a posteriori* se a meta foi ou não concretizada. Nesse sentido, pode-se afirmar que o texto da meta *implantar um programa de desenvolvimento gerencial (PDG)* não é mensurável.

Uma sugestão de melhoria para tornar a meta mensurável poderia ser "implantar um programa de desenvolvimento gerencial (PDG), em seis meses, centrado nos *gaps* de competências identificados na avaliação do desempenho mais recente, investindo no máximo R$ 200 mil". O texto apresenta os requisitos necessários. Além de descrever o que fazer (ação), ele indica os critérios de prazo (seis meses), qualidade (centrados nos *gaps* de competência identificados na avaliação do desempenho mais recente) e custo (R$ 200 mil) a serem adotados posteriormente para avaliação.

Indicadores permitem o acompanhamento da evolução dos resultados. Além disso, eles informam o grau de afastamento ou de aproximação do resultado desejado.

Por essa razão, a identificação e a construção de indicadores, ou medidas, ou, ainda, padrões de desempenho para a verificação das discrepâncias entre o desempenho esperado e o obtido no âmbito dos processos, das áreas, das equipes e dos indivíduos, são uma questão crítica da etapa planejamento do desempenho. Eles asseguram ou não a validade e a precisão da mensuração.

Indicadores de desempenho individual confiáveis resultam do desdobramento dos indicadores que monitoram o desempenho das unidades de negócio, que, por sua vez, se originam dos indicadores do desempenho da organização, decorrentes dos fatores críticos de sucesso.

Um planejamento do desempenho efetivo reflete a dinâmica entre as demandas do mercado e as decisões da organização para atender às suas prioridades. Isso implica dizer que quanto maior o alinhamento entre as medidas construídas para a mensuração do desempenho àquelas adotadas para a mensuração do desempenho organizacional, mais válidas serão as informações geradas.

Etapa acompanhamento: uma ação necessária

Se adequadamente executada, a etapa acompanhamento assegura a conexão entre objetivos e resultados. Para tanto, é necessária a manutenção do foco nas demandas essenciais do cliente, refletidas no plano estratégico. Em função disso, na prática, essa etapa se caracteriza pela orientação do trabalho por meio de avaliações periódicas visando à análise da evolução das ações que gerarão as entregas previstas.

Em sua maioria, tais avaliações se concretizam por meio de *feedbacks* centrados no desempenho observado, compartilhados no decorrer de reuniões mensais, bimestrais ou quadrimestrais. Em seguida, são desejáveis ações gerenciais destinadas a apoiar a superação de problemas identificados que possam prejudicar ou, ainda, impedir, o alcance de resultados previstos.

Etapa avaliação: uma fonte de informações

Muitos acreditam ser possível a realização dessa etapa apenas se forem utilizadas tecnologias complexas. No cotidiano, porém, a avaliação do desempenho humano ocorre formal ou informalmente. Se o tamanho das organizações é reduzido, com o convívio das pessoas intenso, de modo geral esse processo é informal. A observação e o compartilhamento de *feedbacks* são os "instrumentos" usuais. Contudo, em ambientes complexos, sistemas mais sofisticados substituem a informalidade. A mensuração ocorre por meio de instrumentos de avaliação (provas pessoais de performance), apoiados em indicadores (construções sociais) alinhados às estratégias.

Essa mudança de postura organizacional sugere a estreita relação entre os conceitos agregação de valor e empregabilidade. A lógica que fundamenta os dois conceitos exige a contínua comprovação do direito do indivíduo de permanecer ou não no mundo do trabalho. Por essa razão, inúmeras organizações utilizam provas pessoais de performance, denominadas instrumentos de justiça, segundo Boltanski e Chiapello (1997), ou, popularmente, instrumentos para avaliação do desempenho. Por imposição das leis do mercado, na atualidade seu propósito é a classificação do indivíduo em função do seu desempenho: Quem agrega ou não valor ao negócio? (Souza, 2008).

Meritocracia é o nome da lógica que torna justa qualquer decisão baseada no desempenho humano no mundo do trabalho neodarwinista (Boltanski e Chiapello, 1997). Em outras palavras, isso significa que as pessoas são classificadas em função de sua capacidade de transformar seu perfil de competência (conhecimentos, habilidades e atitudes) em resultados. Em função disso, apenas é valorizado quem comprova competências que favoreçam o negócio, indispensáveis ao indivíduo para fazer frente às demandas decorrentes das mudanças aceleradas no atual contexto corporativo.

O propósito da classificação do indivíduo com base no desempenho é justificar a distribuição diferenciada de bens sociais: dinheiro, *status* e poder. Logo, a relevância contemporânea dessa decisão exige o desvelamento dos fundamentos dos critérios de classificação.

Classificação com base no desempenho: uma exigência atual

Bourguignon e Chiapello (2003) denunciam que critérios de classificação são construções sociais e, portanto, invenções humanas. Desse ponto de vista, inexiste um sentido de justiça "para sempre". A valorização dos perfis de competência é histórica na medida em que o sentido de justiça que predomina em uma época pode ser percebido como injustiça em outra.

Com base nessa linha de pensamento, um critério de classificação é percebido como legítimo, justo, quando se alinha às premissas da lógica organizacional vigente (Boltanski e Chiapello 1997). Em contraposição, injustiça organizacional refere-se à inobservância de critérios legitimados pelos pressupostos que fundamentam a lógica da gestão.

Na velha economia, por exemplo, era justo (legítimo) determinar o salário pela senioridade, em face da sua coerência com a lógica taylorista. A lógica de gestão vigente, em contrapartida, instigada pelas demandas da economia global, percebe isso como uma decisão injusta. As premissas subjacentes à gestão flexível autorizam a vinculação entre desempenho e recompensa. Daí a remuneração flexível ser definida pelo nível de agregação de valor e não pelo "tempo de casa".

Na atualidade, quanto mais a aplicação de competências redundar em níveis de resultados desejados, mais o indivíduo assegura seu direito ao recebimento de bens sociais. Portanto, um número expressivo de organizações submete o indivíduo às provas pessoais de performance para verificar seu nível de contribuição ao negócio, e, em decorrência, tomar decisões relativas com base nas informações geradas pelas referidas provas. Entretanto, é oportuno salientar que a classificação de profissionais pautada exclusivamente em critérios de avaliação inspirados na lógica de gestão flexível (Souza, 2008) pode prejudicar o clima organizacional, a qualidade de vida e, sobretudo, as relações de trabalho, como abordamos no capítulo 11.

Em síntese, a etapa avaliação formaliza periodicamente o registro das contribuições humanas à execução das estratégias e evidencia a evolução do desempenho do indivíduo. Especificamente, ela identifica, analisa e avalia a discrepância entre o desempenho esperado e o obtido, bem como sinaliza seu impacto no desempenho individual, grupal e organizacional. Ou seja, seus produtos são decisões úteis à tomada de decisão, sobretudo relacionados à movimentação, à valorização e ao reconhecimento. Para tanto, são utilizados métodos e instrumentos de avaliação.

Métodos e instrumentos de avaliação

A trajetória dos métodos de avaliação está intimamente relacionada ao abandono gradativo da lógica taylorista-fordista. A maioria dos métodos tradicionais, assentados na lógica mecanicista, julga o desempenho para classificar o indivíduo. Métodos mais recentes, apoiados na lógica flexível, buscam informações úteis à gestão da carreira (Souza et al., 2009).

Métodos tradicionais

São métodos que priorizam o *ranking* dos indivíduos com base no desempenho (julgamento) em face da crença da superioridade de uns em relação a outros, como se vê nos exemplos a seguir.

Escalas gráficas de classificação

É um método usual em face da sua simplicidade. Sua estrutura consiste na relação de fatores objetivos, definidos *a priori,* graduados com base em padrões considerados ideais para a comparação entre o previsto e o obtido, objetivando a redução da subjetividade (quadro 29).

QUADRO 29. Exemplo de escala gráfica (fatores de desempenho na função)

Nome:	Data de admissão:
Cargo:	Tempo no cargo:
Data:	Avaliador:
Desempenho na função:	

Fatores de avaliação/escala	Ótimo	Bom	Regular	Fraco
Produção (volume e quantidade de trabalho)				
Qualidade (entregas conforme os critérios previstos)				
Pontualidade (cumprimento dos horários)				
Cumprimento de prazos (nível percentual das entregas efetuadas)				

Diante das necessidades requeridas para o enfrentamento dos atuais desafios organizacionais, as desvantagens desse método parecem superar as vantagens, segundo o disposto na figura 29.

FIGURA 29. Vantagens e desvantagens da escala gráfica

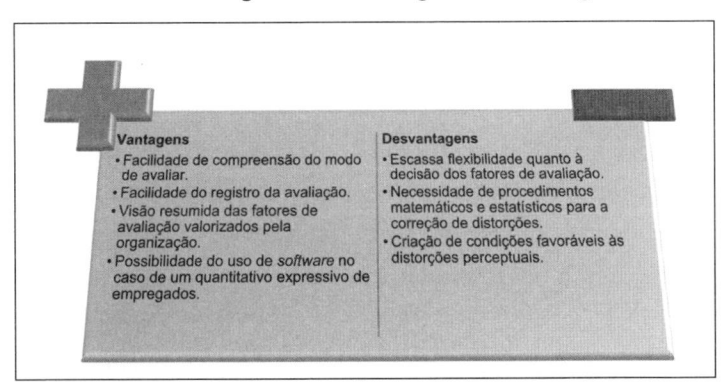

Vantagens
- Facilidade de compreensão do modo de avaliar.
- Facilidade do registro da avaliação.
- Visão resumida das fatores de avaliação valorizados pela organização.
- Possibilidade do uso de *software* no caso de um quantitativo expressivo de empregados.

Desvantagens
- Escassa flexibilidade quanto à decisão dos fatores de avaliação.
- Necessidade de procedimentos matemáticos e estatísticos para a correção de distorções.
- Criação de condições favoráveis às distorções perceptuais.

ESCOLHA FORÇADA (DISTRIBUIÇÃO FORÇADA)

Método interessado na redução das desvantagens do método das escalas gráficas, decorrentes de erros do subjetivismo, como o efeito halo, diferentes graus de rigor e "colocar panos quentes, segundo Tachizawa, Ferreira e Fortuna (2001:213).

Nesse sentido, efeito de halo refere-se à valorização ou ao menosprezo do outro em função da contaminação de conteúdos cognitivos ou psicológicos, que sempre provoca uma crítica menosprezando ou um elogio exacerbado.

Por sua vez, outra distorção perceptual frequente diz respeito aos diferentes graus de rigor por parte do avaliador. Essa postura produz o aumento ou redução do rigor capaz de prejudicar alguns e favorecer a outros.

Ainda, "colocar panos quentes" ao avaliar o desempenho de alguém é uma postura que evita o compartilhamento de *feedbacks* autênticos. Conforme se vê no quadro 30, ele impõe a escolha de duas frases descritivas, positivas, negativas ou mistas, dispostas em blocos, cujo objetivo é permitir a escolha das frases que melhor traduzam os comportamentos que mais se destacam positiva e negativamente no indivíduo.

QUADRO 30. Exemplo de escolha forçada

	+	–
Assinale um x abaixo do sinal + para indicar a frase que melhor define o desempenho do avaliado e um x abaixo do sinal – para indicar aquela que menos define seu desempenho.		
É cortês.		
É proativo.		
É criativo.		
É ágil na resolução de problemas.		
Gosta de trabalhar em equipe.		
Gosta de enfrentar desafios.		
Demonstra curiosidade para novos assuntos.		
Efetua entregas no prazo e com qualidade.		

Comparação de pares

Método que compara dois empregados de cada vez, razão pela qual sua utilização é adequada às equipes com número reduzido de integrantes.

Quadro 31. Exemplo do método de comparação de pares

Podutividade	Rocha	Assis	Silva	Rita
Rocha e Assis		x		
Rocha e Rita	x			
Silva e Rita			x	
Rocha e Silva	x			
Assis e Silva		x		
Assis e Rita		x		
Total	2	3	1	0

Fonte: Manual Fetranspor (2010:35).

Pesquisa de campo

Método que se caracteriza pela realização de entrevistas, efetuadas por gestores ou especialistas, visando à coleta de informações sobre o desempenho do avaliado.

Incidentes críticos

Trata-se da realização de registros contínuos de fatos relevantes, positivos e negativos, observados no decorrer do período que é objeto da avaliação e que afetam positiva e negativamente, de modo relevante, o desempenho do avaliado.

Comissão de avaliação

Metodologia caracterizada pela avaliação do desempenho realizada por uma comissão, cujos membros podem ser permanentes ou transitórios. Se permanentes, eles participam de todas as avaliações para assegurar a homogeneidade quanto aos critérios e ao modo de avaliar, visando à redução de erros decorrentes da subjetividade. Por outro lado, se transitórios, eles apenas participam das avaliações dos empregados direta ou indiretamente vinculados à sua unidade de negócio, visando à geração de subsídios aos demais membros da comissão.

A questão central desse método, no entanto, merece reflexão. Pressupondo que o sentido contemporâneo de desempenho reside em transformação de competências em resultados, será então possível homogeneizar percepções a respeito do desempenho de alguém, segundo o proposto por "comitês de calibragem", assim denominados por algumas organizações?

Em primeiro lugar, cabe destacar que competências se evidenciam por meio de comportamentos. Em função disso, pesquisas na área da psicologia social comprovam que a percepção é individual e intransferível, graças à influência da atuação dos filtros perceptuais. Portanto, tais evidências autorizam o questionamento da validade da "calibragem" de percepções de avaliadores distintos. Assim, comitês constituídos por integrantes que desconhecem como o avaliado trabalha no seu cotidiano não avaliam no sentido amplo do vocábulo, e antes, deveriam se denominar comitês de julgamento.

Em segundo lugar, esse fato preocupa na medida em que o uso crescente de comissões de avaliação gera subsídios à gestão da carreira. Em sua maioria, elas fundamentam decisões relativas à identificação de profissionais considerados talentos, elegíveis à ocupação de posições gerenciais ou técnicas com maior nível de complexidade. Assim, cabe repetir o questionamento: tais informações são válidas e fidedignas se a avaliação se referir a competências? Entretanto, não há problema algum se o foco do comitê residir exclusivamente em resultados mensuráveis e específicos.

Métodos mais avançados

Autoavaliação

Refere-se à análise do próprio avaliado quanto aos seus pontos fortes e fracos que afetam seu desempenho. É uma das metodologias mais confiáveis quanto à busca de informações para subsidiar o desenvolvimento. Afinal, quem melhor do que o próprio indivíduo para saber se entregou o melhor de si mesmo para o alcance de resultados? No entanto vale assinalar que o indivíduo, em algumas ocasiões, pode distorcer sua autoimagem, no âmbito das suas contribuições ao negócio. Daí a relevância do *feedback* compartilhado pelo fato de o gestor se basear em fatos.

Relatório de desempenho

Esse modo de avaliar o desempenho diz respeito à elaboração de relatos, efetuados pelo gestor imediato, que descrevem pontos fortes e fracos no desempenho humano ao contribuir para o alcance de objetivos desejados, entre outros aspectos referentes à conduta do indivíduo no trabalho.

Avaliação por objetivos

Esse método de avaliação sofreu a influência da administração por objetivos (APO). Em função disso, seu foco reside na análise da capacidade de cumprimento dos objetivos individuais alinhados aos objetivos organizacionais.

Avaliação por resultados

Método que enfatiza a comparação entre o previsto e o realizado, objetivando o alinhamento estratégico. Se adequadamente empregado, uma de suas vantagens é a obtenção de ganhos de eficácia. Resultados organizacionais previstos no plano estratégico são desdobrados em resultados previstos para as unidades de negócio, que, por sua vez, são desmembrados em contribuições individuais para o negócio. Trata-se de uma dinâmica interessada no atendimento de uma das demandas da lógica de gestão flexível: todos devem agregar valor ao negócio.

Avaliação por competências

O conceito competência é o alicerce desse método. Apesar de ser um conceito em construção, o que dificulta a uniformidade de sua compreensão e aplicação, alguns significados merecem destaque em função de sua ampla aceitação.

> Competência é um saber agir responsável e reconhecido, que implica mobilizar, integrar, transferir conhecimentos, recursos e habilidades, que agregam valor econômico à organização e valor social ao indivíduo [Fleury e Fleury, 1997:188].
>
> Competência é compreendida como o conjunto de conhecimentos, habilidades e atitudes do indivíduo [Zarifian, 2001:10].

Esse método se caracteriza pela mensuração de competências conceituais (conhecimento e domínio de conceitos e teorias), técnicas (domínio de métodos e ferramentas) e interpessoais (atitudes e valores) necessárias ao desempenho esperado, a partir da utilização de instrumentos específicos e entrevistas.

Seu foco reside, portanto, na avaliação sistemática de competências individuais de modo a verificar o alinhamento às demandas do negócio. Nesse sentido, ele mensura a evolução da competência segundo seu nível de complexidade, como demonstra o quadro 32.

Quadro 32. Exemplo de avaliação por competência

Orientação para resultados	
Nível	Escala
4	Define resultados a curto, médio e longo prazos para o negócio, influenciando os resultados empresariais como um todo.
3	Estabelece parâmetros e práticas de apuração de resultados que apoiam os processos decisórios da empresa.
2	Estabelece metas e objetivos táticos para a área sob sua responsabilidade, tomando por base os objetivos de resultados definidos para o negócio.
1	Planeja, administra e controla recursos, respondendo pela sua atualização, bem como pelo cumprimento de prazos e projetos sob sua responsabilidade.

Avaliação de competências e resultado

Método misto que avalia simultaneamente competências e resultados, objetivando valorizar o desenvolvimento das competências e suas aplicações.

QUADRO 33. Avaliação de competências e resultado

Avaliação de resultados					
	R4	C1R4	C2R4	C3R4	C4R4
	R3	C1R3	C2R3	C3R3	C4R3
	R2	C1R2	C2R2	C3R2	C4R2
	R1	C1R1	C2R1	C3R1	C4R1
		C1	C2	C3	C4
	Avaliação de competências				

Ele busca respostas para duas indagações (ver quadro 33): Fulano possui as competências necessárias à sustentação das competências organizacionais no nível de maturidade desejado? Fulano alcança os resultados previstos aplicando suas competências?

Avaliações 180 graus

Nesse método, avaliador e avaliado se avaliam mutuamente, mas, apesar da riqueza das informações que produz, ele vem sendo adotado apenas gradativamente nas organizações. Nem todas as culturas organizacionais admitem a transgressão do exercício do poder verticalizado. Daí sua utilização ser mais comum em organizações de alto desempenho, em decorrência da aceitação da troca de papéis e responsabilidades.

Avaliação 360 Graus (feedback com múltiplas fontes)

A tendência da utilização desse método é crescente por várias razões, uma das quais é a solidez da sua fundamentação teórica, conforme a seguir:

- a transformação do avaliado um elemento ativo e não em um objeto passivo na avaliação, a partir de sua inclusão no processo da avaliação, favorece o comprometimento (Vroom, 1997);
- a utilização de múltiplas fontes de avaliação viabilizadas por meio das percepções dos avaliadores (*feedbacks*), ou seja, pessoas diretamente afetadas pelas entregas do avaliado, estimula o sentimento de pertencimento (Souza, 2009).

FIGURA 30. Devolutiva de performance

Pesquisas realizadas no campo da psicologia, na linha social-cognitiva, e da organização, no âmbito da aprendizagem social, em linhas gerais, defendem o estímulo ao autoconhecimento, o envolvimento do avaliado no processo avaliativo e a ampliação da consciência do avaliado quanto aos impactos de suas posturas e de seus comportamentos em seu desempenho, no da equipe e no da organização.

Estas são as principais vantagens desse método no âmbito da organização:

- implementação de mudanças organizacionais;
- aperfeiçoamento de políticas de gestão de pessoas;
- aperfeiçoamento da gestão por competências;
- desenvolvimento do capital humano da organização, sobretudo no que diz respeito ao desenvolvimento de competências da liderança gerencial;
- delegação de desafios com níveis de complexidade crescente;
- identificação de talentos;
- melhoria das relações sociais.

Apesar de ser desejável a adoção da avaliação 360 graus em todos os níveis da organização, sua aplicação é mais comum nos níveis gerenciais. Contudo, sua transformação em um instrumento de desenvolvimento gerencial e organizacional eficaz requer considerar, em sua implantação, as etapas a seguir:

- *etapa* 1: delineamento do perfil mais adequado às demandas das estratégias definidas para a organização ser o que ela quer ser, a partir da observação daqueles que são considerados eficazes no exercício do seu papel gerencial;
- *etapa* 2: estruturação dos instrumentos para orientar os gestores no compartilhamento de *feedbacks*;
- *etapa* 3: definição dos avaliadores capazes de refletir a rede de relações do avaliado no período da avaliação, com base em regras claras e transparentes;
- *etapa* 4: implantação de um programa de treinamento para preparar avaliadores e avaliados, enfatizando as condições necessárias à construção de *feedbacks*. Tal programa dever estar focado na melhoria do desempenho e estimular mudança de atitudes e comportamentos, no âmbito dos avaliadores. Em se tratando dos avaliados, o programa deve estimular a abertura para receber *feedbacks*;
- *etapa* 5: estruturação de relatórios que incluam os resultados da análise dos *feedbacks*, discriminando, sobretudo, os dados da autoavaliação, o número de avaliados por grupo, bem como os *feedbacks* dos avaliadores;
- *etapa* 6: compartilhamento dos *feedbacks* para reforçar comportamentos desejados e desestimular os indesejáveis e, além disso, ampliar a consciência do avaliado quanto aos impactos desses comportamentos no seu desempenho, no da equipe e no da organização.
- *etapa* 7: integração dos insumos da avaliação às práticas vinculadas ao processo gestão de pessoas, principalmente no âmbito da obtenção, retenção e desenvolvimento. Afinal, a eficácia organizacional requer o funcionamento dessas práticas em sintonia fina, uma dando sustentabilidade à outra. Quando não respeitado, esse aspecto se torna um condicionante da ineficácia dessa modalidade de avaliação.

As vantagens dessa modalidade avançada de avaliação são inúmeras. Contudo, a persistência do uso da avaliação como um instrumento de classificação impede seu uso crescente.

Outro problema que dificulta o uso dos benefícios decorrentes da avaliação 360 graus é sua adoção simplesmente por ela estar "na moda".

Enfim, a incorporação das mudanças necessárias aos referidos avanços requer principalmente sensibilização e maturidade dos envolvidos, e mais, o abandono da excessiva valorização da lógica do poder verticalizado.

Barreiras e avanços

A inserção de uma visão renovada a respeito do processo gestão do desempenho é um desafio que merece reflexão, sobretudo no Brasil. Um número expressivo de organizações, privadas e públicas, não é permeável à adoção de uma cultura que valoriza a meritocracia.

Segundo Lawler (1996), o indivíduo é a mais poderosa fonte de vantagem competitiva. Para o autor, ele deve ser o centro da tomada de decisão. Contudo, um elevado número de organizações não planeja, nem acompanha e nem sequer avalia as contribuições humanas ao negócio. As evidências quanto à desvalorização de concepções avançadas são inúmeras. Paradoxalmente, elas revelam o desprezo pela adoção de mecanismos que, de fato, estimulem a motivação do indivíduo. Um número expressivo de posturas organizacionais atesta essa afirmação, denotando a presença de retrocessos, destacadamente os que se seguem:

- avaliação empregada como uma técnica, apoiada em critérios subjetivos, que reduzem o desempenho a uma questão exclusivamente individual, associado à personalidade do indivíduo ou às responsabilidades do cargo;
- foco exclusivo na identificação de discrepâncias do desempenho;
- priorização de abordagens quantitativas para a análise dos dados obtidos, em detrimento das qualitativas;
- avaliação restrita à recompensa extrínseca, associada ao poder e ao dinheiro, para estimular a motivação para o trabalho.

Afinal, a crença nos benefícios em um novo modo de pensar e agir em se tratando do gerenciamento das contribuições humanas ao alcance de resultados desejados não se constrói de imediato. É nítido o despreparo da liderança para alavancar mudanças no sentido do abandono de uma cultura burocrática e centrada em vínculos pessoais para outra que valoriza competências, resultados e o comprometimento das pessoas. O burocratismo, a ausência de abertura para desenvolver competências interpessoais e a ausência de respeito pela diferença, entre outros obstáculos, impedem avanços desse processo (Souza, 2009).

Mas também há evidências do convívio com posturas avançadas. Por exemplo, elas priorizam modalidades de avaliação caracterizadas pela geração de informações em detrimento de outras que advogam a relevância da classificação, nitidamente inspiradas na lógica mecanicista.

Abordagens contemporâneas destinadas à gestão do desempenho pressupõem que o comprometimento com o trabalho é a principal "tecnologia gerencial". Nesse sentido, elas defendem que a avaliação deve estimular:

- intervenções gerenciais apoiadas nos insumos decorrentes da etapa acompanhamento;
- o sentimento de autorrealização para possibilitar que o indivíduo faça o que sabe, o que deseja e aquilo em que acredita;
- a elevação da autoestima e de sentimentos de valorização e reconhecimento, a partir da ampliação da autonomia, a inclusão do outro no processo decisório, a intensificação do conhecimento e a vinculação de recompensas ao desempenho.

Por que a dificuldade da sustentação de processos efetivos de avaliação? Aparentemente, gerir o desempenho é simples. Na prática, porém, esse processo se revela substancialmente mais complexo do que aparenta ser à primeira vista.

A valorização da avaliação de competências pelas práticas contemporâneas ainda estimula acalorados debates, e até mesmo se observa seu repúdio por um expressivo número de pessoas e organizações. Tudo leva a crer que isso se deve ao fato de a avaliação de competências residir no campo da subjetividade. Apesar disso, o mergulho nessa análise é imprescindível à compreensão dos comportamentos, das posturas e, ainda, das motivações subjacentes ao desempenho obtido. A crença nos benefícios da lógica mecanicista no âmbito do gerenciamento do desempenho é secular. Seu esvaziamento, portanto, tem sido lento e gradativo.

Assim, a identificação de competências, a definição de seus significados e a atribuição da diferenciação dos distintos graus de maturidade têm sido desafios que, há muito, confrontam especialistas, avaliadores e avaliados. Mas por que essa dificuldade tão acentuada?

A palavra, ou seja, a expressão da comunicação comum e cotidiana é o veículo primordial das abordagens qualitativas. Assim, estas são alvo de críticas em face das distorções da influência da subjetividade na compreensão do significado da palavra.

Outro condicionante que provoca resistência à avaliação de competência é a postura ingênua de alguns no âmbito da gestão de pessoas. A frase "De gestão de pessoas todo mundo entende!" ilustra bem essa afirmação.

Assim, por essa e outras barreiras, a sustentação de um processo de gestão de desempenho efetivo, capaz de tornar as pessoas motivadas e comprometidas com resultados desejados, é um dos maiores desafios organizacionais contemporâneos. Então, considerando que lidar com a subjetividade é um desafio inseparável do tema gestão do desempenho, a seção a seguir abordará as limitações da dimensão interpessoal do referido processo.

A dimensão humana da gestão do desempenho

O ciclo do desempenho é um processo realimentado por ações funcionais e suas interfaces, que permeiam um sistema adaptável em busca do equilíbrio com os ambientes externo e interno, sob a regência da liderança gerencial. Portanto, a qualidade da dinâmica do planejamento, do acompanhamento e da avaliação depende, em última instância, das posturas gerenciais. Sem dúvida, o líder é o responsável pela criação de um clima favorável ou não à sustentação desse processo e, também, pelo comprometimento ou não dos envolvidos. Nesse sentido, a ambiência e a qualidade das relações interpessoais são fatores críticos que condicionam a sustentação de níveis crescentes de desempenhos excelentes.

Especificamente na etapa planejamento, alicerce do processo GD, é fundamental que a liderança gerencial mantenha a atenção nas questões críticas apontadas a seguir. Elas estimulam o sentimento de pertencimento, fundamental ao comprometimento de seus liderados com as contribuições desejadas pela organização:

- credibilidade no processo GD;
- integração de decisões relativas ao gerenciamento de pessoas ao planejamento estratégico;
- definição do conteúdo da meta (o que fazer?) e dos critérios de mensuração (indicadores) com base no diagnóstico da situação vigente e de modo compartilhado;
- adoção da postura da transparência, ou seja, dizer por que e para que uma meta é relevante;
- negociação de resultados, pois a imposição unilateral, uma postura gerencial herdada da lógica do controle *top-down*, dificulta o desejo do indivíduo de "entregar" à organização o que ele tem de melhor: seus conhecimentos, suas habilidades e suas posturas;
- demonstração de confiança na equipe.

Em contrapartida, outras condições, como as que se seguem, criam obstáculos, reduzindo ou até mesmo impedindo a adequada realização dessa etapa:

- ausência de clareza das metas;
- centralização decisória;
- ausência de diálogo;
- ausência de uma cultura focada no cliente;
- medo de delegar;
- dificuldade de ouvir.

A eficácia da etapa acompanhamento também depende do predomínio de posturas tradicionais ou avançadas. O diálogo – postura avançada – é a competência interpessoal que garante o sucesso dessas etapas. "Saber ouvir" é uma condição que favorece, por exemplo, o compartilhamento de *feedbacks* sobre pontos fortes e fracos objetivando a melhoria da performance.

Semelhantemente, a adoção de posturas gerenciais tradicionais na etapa avaliação também impede a organização de se beneficiar de suas vantagens:

- foco excessivo, e, às vezes, exclusivo, em recompensas financeiras;
- estímulo à competição;
- autoritarismo;
- ausência de isenção em função dos "erros" provocados pela subjetividade;
- ausência de transparência;
- dificuldade para lidar com conflitos interpessoais;
- medo da punição, do fracasso e da crítica que desqualifica;
- medo dos registros distorcidos que rotulam.

Resumindo, o êxito de um processo de gestão do desempenho não se restringe exclusivamente às metodologias e nem sequer às ferramentas utilizadas para sua concretização. Os fatos comprovam que a qualidade da interação entre os envolvidos, sobretudo entre avaliadores e avaliados, é fundamental. Por conta disso, ganhos de eficiência, eficácia e efetividade, indispensáveis à excelência, não encontram solo fértil em modelos mecanicistas.

A concretização do negócio requer a real contribuição de cada colaborador. Daí a relevância da gestão da dimensão humana, ou seja, das variáveis socioemocionais, preocupação inexistente em um número expressivo de organizações, quer privadas, quer públicas, nascida da insistência do culto às crenças e valores tradicionais. À semelhança de qualquer sistema, a dinâmica de uma organização é pautada por valores, compartilhados por todos que nela estão inseridos. No cotidiano, valores essenciais fomentam a qualidade das relações e afetam a performance das pessoas.

> Os valores essenciais são os princípios e os fundamentos norteadores da organização, dos quais depende sua própria continuidade. Aí se incluem os valores profundos, que determinam onde se situam as pessoas na organização [Collins e Porras apud Rampersad, 2004:95].

Assim, a desconstrução do modelo mental que reduz o processo GD à simples prática da avaliação de desempenho para classificar a superioridade de uns em relação a outros, e, também, provocar ganhos financeiros, pode levar mais tempo que o desejado. Isso requer mudança na cultura organizacional.

8 Gestão da remuneração

> **Objetivos:**
> - destacar a remuneração como uma forma de recompensa organizacional;
> - identificar os componentes da remuneração total;
> - caracterizar o sistema de remuneração baseada em cargos;
> - destacar o papel dos benefícios organizacionais;
> - destacar os incentivos salariais enquanto uma remuneração baseada em entrega.

A gestão da remuneração: uma forma de recompensa organizacional

A complexidade do desenvolvimento e da gestão de sistemas de remuneração é indiscutível. Eles podem ser instrumentos tanto de motivação quanto de insatisfação. Sobretudo, o desenho de sua arquitetura pode prejudicar a ambiência e, por conseguinte, a dinâmica organizacional.

Os fatos evidenciam que sistemas de remuneração bem-sucedidos residem, principalmente, na habilidade em projetar e gerir recompensas, capazes de conciliar as demandas organizacionais e individuais. Em outras palavras, sistemas efetivos requerem o alinhamento aos valores, à história, às estratégias e à arquitetura definidos para a concretização da visão organizacional. Apesar de ser uma condição óbvia, sua inobservância tem prejudicado o desempenho de um número expressivo de organizações.

Na atualidade, a remuneração explicita mais que a quantidade de valor recebida como contrapartida pelo trabalho realizado. Ela expressa, também, para quem a recebe, o quanto seu trabalho é reconhecido e valorizado pela organização. Um jargão dos profissionais da área afirma que "mais importante que o valor absoluto é o valor relativo da remuneração". Isso demonstra ser comum o sentimento de injustiça que surge nos empregados quando inexistem justificativas plausíveis para as diferenças observadas. Portanto, pressupondo que a gestão da remuneração representa uma forma de recompensa organizacional, ela precisa ser realizada de forma efetiva.

É importante ressaltar que nem todas as recompensas são financeiras. Há recompensas intrínsecas vinculadas às variáveis motivacionais da teoria dos dois fatores de Herzberg. Em síntese, essa teoria defende a influência da satisfação e do atendimento das necessidades de autoestima e da autorrealização do indivíduo. Contudo, esse tema extrapola o escopo deste capítulo, cujo foco reside nos sistemas de recompensas financeiras, ou seja, a remuneração.

Cabe assinalar, de início, a diferença entre salário e remuneração. Salário é uma parte da remuneração total, composta por parcelas, conforme o quadro 34.

QUADRO 34. Parcelas da remuneração total, sob a perspectiva contemporânea

Remuneração total	Remuneração funcional – Também denominada tradicional, é baseada no cargo e corresponde ao salário base dos empregados.
	Remuneração baseada em competências e resultados – Um dos componentes-chave nos pacotes atuais de remuneração, assentada na lógica da gestão flexível.
	Benefícios – Uma forma indireta de remuneração, cujo intuito é proporcionar melhor qualidade de vida aos empregados.

Remuneração funcional

Tradicionalmente, a gestão da remuneração se apoiou em sistemas de aplicação geral, pautados nas premissas do modelo taylorista-fordista da organização da produção e do trabalho. Em síntese, a definição do nível salarial decorre da importância do cargo para o negócio e não de seu ocupante.

Contudo, sob os impactos da reestruturação produtiva mais recente, a partir dos anos 1990, os fundamentos mecanicistas dos sistemas de remuneração foram substituídos por um novo tipo de racionalização, na qual o trabalhador passa a ser o agente do processo produtivo. O foco da remuneração se deslocou do cargo para o valor agregado, ou seja, para entregas, isto é, produtos e serviços decorrentes do trabalho do empregado.

Apesar das transformações impostas pela economia global, a maioria das empresas ainda recompensa financeiramente seus empregados pelo conjunto de tarefas que lhes são atribuídas. Os resultados da pesquisa recente desenvolvida pela Pricewaterhouse Coopers atestam essa afirmação, apontando que cerca de 80% das empresas pesquisadas utilizam o sistema baseado em cargos como prática de recompensar pessoas pelo seu trabalho.

Uma hipótese para a predominância dessa lógica de funcionamento em um expressivo número de empresas é o fato que fundamenta a remuneração funcional, qual seja: quem exerce o mesmo cargo deve receber salário idêntico. Logo, se um conjunto de atividades for comum a vários empregados, então, nada mais sensato que remunerá-los com o mesmo salário. O valor agregado não decorre das contribuições do empregado, mas sim da descrição precisa e detalhada das atividades que compõem o cargo. Em suma, essa prática se assenta na crença de que o trabalho será bem realizado se as tarefas forem bem descritas e o empregado possuir os requisitos necessários à sua execução. A realização de um trabalho bem-feito implica a reprodução eficiente do trabalho prescrito.

O passo inicial da metodologia que viabiliza o processo de construção do sistema de remuneração funcional é identificar de forma precisa o conjunto de atividades necessárias à produção de serviços e produtos. Assim, a tarefa total é sucessivamente desdobrada em subtarefas até chegar a atividades menores e, por fim, à atividade a ser executada.

Desse modo, é possível remunerar de forma justa quem executa o mesmo conjunto de tarefas e, portanto, se encontra lotado no mesmo cargo. Para tanto, a remuneração funcional, denominada plano de cargos e salários (PCS), é desenvolvida a partir das descrições e especificações dos cargos, base para os demais tipos de técnicas, quais sejam:

- avaliação de cargos – mensuração do valor relativo do cargo na empresa, objetivando verificar sua contribuição para o alcance do objetivo organizacional;
- realização da pesquisa salarial – definição do valor do cargo no mercado de trabalho, a partir da realização de avaliações internas e externa;
- elaboração da estrutura salarial – associação das informações dos processos de avaliação.

Vejamos a seguir o detalhamento de cada uma das etapas da elaboração de um PCS.

Etapa 1 – Delineamento de cargos

Essa etapa é a base do processo. Como assinalado, ela é composta pelas descrições e especificações dos cargos. Portanto, é oportuna a distinção entre cargo e função. Enquanto cargo é um conjunto de funções de mesma natureza e complexidade, função é o agregado de tarefas atribuídas a cada indivíduo na organização. Logo, uma empresa terá tantas funções quantos funcionários nela atuarem. Entretanto, o número de cargos será bem menor do que o número de funções/funcionários.

Logo, a descrição do cargo é o conjunto de tarefas que o compõem, e a especificação se relaciona aos requisitos necessários para a ocupação do cargo, por exemplo, formação acadêmica.

Convém observar, ainda, que o conceito cargo faz com que dois ou mais funcionários que executem as mesmas tarefas, ou seja, as atividades por eles realizadas são idênticas quanto ao nível de complexidade e de natureza, tenham o mesmo cargo.

Exatamente, na prática, como operacionalizar o referido processo? O quadro 35 especifica a realização dos procedimentos necessários visando à consecução desse propósito.

QUADRO 35. Operacionalização do delineamento de cargos

1.1 Levantamento e análise de funções

- O ponto de partida da análise de funções é o levantamento minucioso das tarefas que compõem cada cargo. De modo geral, os métodos mais utilizados para se efetuar o levantamento de funções são a realização de entrevistas, a aplicação de questionários e testes de verificação, além de observações no local de trabalho.

1.2 Estruturação de cargos

- Os cargos podem ser estruturados de duas formas distintas: cargo amplo (cargo enriquecido) ou cargo restrito. Quanto mais mecânica a modelagem organizacional, mais restritos tenderão a ser os cargos. O cargo amplo, por sua vez, inclui no mesmo título um maior número de atividades. Isso implica a descrição de cargos com maior diversificação de tarefas, maiores responsabilidades e desafios. O propósito é proporcionar à organização maior flexibilidade na utilização de suas pessoas, além de permitir ao empregado maiores oportunidades de realização de suas potencialidades e melhor aproveitamento de sua capacitação profissional.

1.3 Titulação de cargo

- Titular cargos, como o próprio nome indica, é dar-lhes nomes. Toda organização, mesmo não tendo desenvolvido um PCS, possui um rol de cargos que utiliza quando da admissão de empregados. Trata-se daqueles que constam dos registros funcionais e na carteira de trabalho do empregado. O nome dos cargos deve ser descritivo, isto é, deve dar uma ideia do trabalho executado, sendo, de preferência, breve e de fácil uso. Ao se titular ocupação oficialmente regulamentada, deve-se assegurar que os requisitos relativos à escolaridade tenham sido observados. Exemplos clássicos são os cargos de secretária, auxiliar de contabilidade, técnico de enfermagem.

1.4 Descrição de cargos

- Com base na compilação das atribuições constantes dos levantamentos de funções, devidamente analisadas, faz-se necessária a descrição do cargo de forma organizada e padronizada. A descrição se refere ao cargo e não ao ocupante dele. Logo, são descritas as tarefas que o ocupante realiza, ou seja, a descrição é impessoal. Descrever um cargo é dizer o que faz seu ocupante, como e por que faz determinadas atividades.

1.5 Especificação de cargo

- Especificar um cargo é explicitar os requisitos mínimos que o ocupante deve possuir para o bom desempenho de suas atribuições. Esses requisitos, portanto, definem o perfil do cargo na empresa. Por meio deles, o ocupante estará em condições de definir seu plano de trabalho e as ações que deve realizar para contribuir para a consecução dos objetivos organizacionais. Ao definir o conjunto de responsabilidades e obrigações, a organização especifica quais produtos devem ser desenvolvidos, isto é, o que deverá ser feito para que os objetivos e metas sejam atingidos. O conjunto de responsabilidades passa a ser o contrato de desempenho do ocupante do cargo, no qual ficam estabelecidos a finalidade de sua permanência na organização e o que deve realizar para fazer parte de seu quadro efetivo e produtivo. Geralmente, fazem parte da especificação de cargos o grau de escolaridade, a experiência mínima necessária, bem como a iniciativa, as responsabilidades (por supervisão, numerário, contatos e por erro técnico), entre outros fatores.

Prosseguindo, após o delineamento dos cargos, a elaboração do Plano de Cargos e Salários requer a avaliação dos cargos.

Etapa 2 – Avaliação de cargos

O propósito dessa etapa é hierarquizar os cargos, explicitando sua importância relativa para a consecução dos objetivos organizacionais. Logo, obviamente, ela apenas pode ser realizada após o término do delineamento de cargos, considerando que a avaliação se realiza com base na descrição e especificações dos cargos.

Os sistemas para se avaliar cargos podem ser categorizados em não quantitativos e quantitativos. Especificamente, os sistemas não quantitativos se referem ao método de escalonamento e ao método de graus predeterminados. Ambos consideram o cargo em seu contexto global, ou seja, não se examinam os cargos por meio de fatores de avaliação. O método de graus predeterminados representa uma sofisticação do método de escalonamento, centrado na atribuição da importância relativa dos cargos (hierarquização) por meio de uma escala de comparação, a qual estabelece especificações definidas *a priori*. Os sistemas quantitativos, por sua vez, hierarquizam os cargos por meio de fatores de avaliação, utilizando sistemas de comparação de fatores ou sistemas por pontos.

O sistema de comparação de fatores divide os salários dos cargos-chave entre os fatores, segundo seus escalonamentos em cada fator, ou seja, os cargos-chave são escalonados fator a fator. O sistema por pontos estabelece a importância relativa dos cargos por meio de uma pontuação, produto da avaliação de cada cargo segundo os fatores de avaliação de cargos da empresa. É o mais praticado pelo mercado em face das vantagens que propicia, destacando-se: mais objetividade, possibilidade de quantificação e de tratamento estatístico, fácil entendimento e adaptabilidade a diferentes tipos de organizações com objetivos, mercado e porte distintos. Por essa razão, esse é o método apresentado com maiores detalhes neste livro.

O sistema de pontos objetiva avaliar, por meio do número de pontos que o cargo recebe, sua importância relativa para a organização. Diz-se relativa porque os cargos são comparados entre si e os pontos que lhes são atribuídos são válidos apenas para a empresa específica, não representando, portanto, uma verdade absoluta.

A pontuação atribuída a cada cargo depende da combinação de fatores de avaliação previamente determinados que, por sua vez, recebem uma ponderação conforme sua influência na agregação de valor para a empresa. Resumidamente, esse processo ocorre como se segue:

- escolha dos fatores que farão parte dos critérios utilizados para avaliar os cargos. Esses fatores devem ser aqueles que melhor os caracterizam, ao mesmo tempo que os diferenciam entre si;
- divisão dos fatores em graus, de modo a permitir a avaliação. Para cada grau deve ser elaborada uma descrição a fim de facilitar a análise. Por exemplo, ver figura 31.

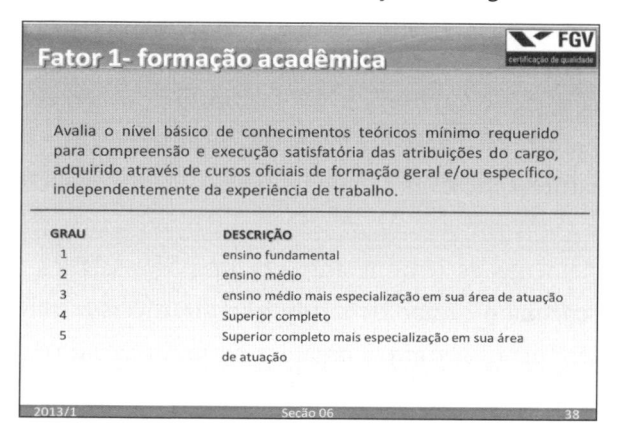

FIGURA 31. Fator 1 de avaliação de cargos

Fator 1- formação acadêmica

Avalia o nível básico de conhecimentos teóricos mínimo requerido para compreensão e execução satisfatória das atribuições do cargo, adquirido através de cursos oficiais de formação geral e/ou específico, independentemente da experiência de trabalho.

GRAU	DESCRIÇÃO
1	ensino fundamental
2	ensino médio
3	ensino médio mais especialização em sua área de atuação
4	Superior completo
5	Superior completo mais especialização em sua área de atuação

- a atribuição da pontuação a cada um dos graus resulta da ponderação atribuída a cada fator de avaliação. Se, no exemplo, ao fator de avaliação (fator 1) fosse atribuído o peso de 25%, o grau 1 seria 25. Consequentemente, o grau 5 seria 250. Os demais pontos seriam calculados por meio de uma progressão geométrica.

É de extrema importância a definição da ponderação adequada, pois podem ocorrer distorções ao final do processo de avaliação. Geralmente, são utilizadas técnicas estatísticas para apoiar a escolha da ponderação mais adequada. Nesse sentido, deve-se proceder como a seguir:

- selecionar os cargos-chave, ou seja, aqueles que são os mais representativos do rol de cargos da empresa, para serem os cargos de referência da estrutura de cargos a ser elaborada;

- avaliar os cargos-chave a partir dos fatores e graduações definidos, atribuindo a eles uma determinada pontuação. A partir da avaliação dos cargos-chave, avaliam-se, pela mesma sistemática, os demais cargos;
- construir uma estrutura hierárquica a partir da pontuação obtida pelos diferentes cargos.

A etapa seguinte – pesquisa salarial – corresponde à avaliação externa na medida em que busca parâmetros junto às empresas do mercado.

Etapa 3 – Pesquisa salarial

Os salários medianos de mercado afetam a determinação da remuneração adequada das organizações. Os salários prevalecentes no mercado derivam do embate de diversas influências, desde imposições legais até elementos de natureza ideológica, cuja influência menos explícita raramente é perceptível.

O gerenciamento da remuneração por meio dos salários correntes no mercado descortina o campo de retribuição dos diversos trabalhos na sociedade e, além disso, permite à organização se situar em relação ao mercado em que atua, estabelecendo um cenário a partir do qual as decisões sobre remuneração tenham um fundamento coerente.

O salário corrente no mercado de trabalho é apreendido por meio da pesquisa salarial cujos objetivos são o levantamento de dados sobre o mercado, sua utilização para o gerenciamento da remuneração e a verificação da posição relativa dos salários pagos pela empresa a seus empregados em face do mercado.

Ela considera os princípios estabelecidos pela metodologia de pesquisa: precisão e veracidade. Assim, a pesquisa requer uma análise criteriosa para a consolidação de seus dados, principalmente para dar uma base de consistência às ações de gestão da remuneração interna. Em função disso, ela deve ser criteriosa em definir "como" e "o que" deve ser observado. Para tanto, ela envolve as etapas planejamento, execução e relato.

Planejamento

Essa etapa, destinada a definir "o que" e "como" ocorrerá a observação, envolve três pontos, explicitados na figura 32.

FIGURA 32. Planejamento da pesquisa salarial

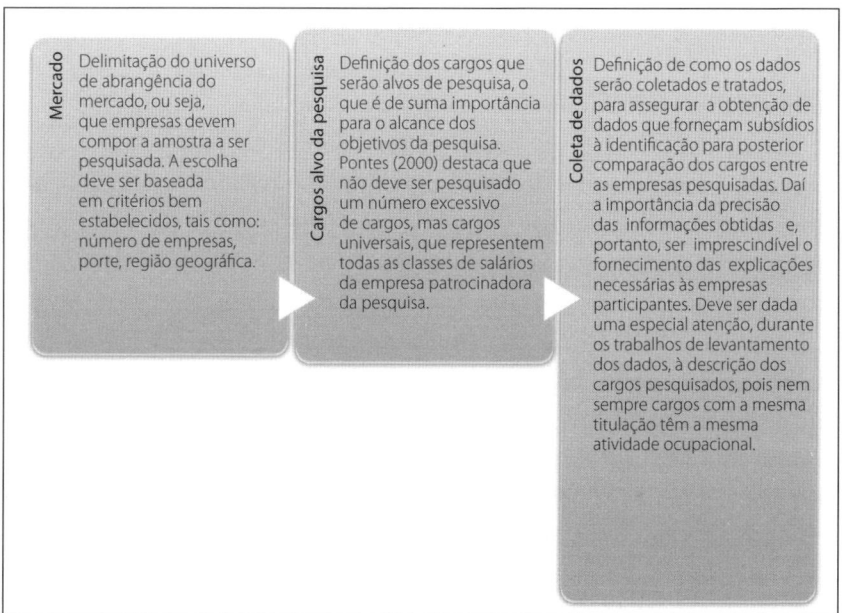

Mercado	Cargos alvo da pesquisa	Coleta de dados
Delimitação do universo de abrangência do mercado, ou seja, que empresas devem compor a amostra a ser pesquisada. A escolha deve ser baseada em critérios bem estabelecidos, tais como: número de empresas, porte, região geográfica.	Definição dos cargos que serão alvos de pesquisa, o que é de suma importância para o alcance dos objetivos da pesquisa. Pontes (2000) destaca que não deve ser pesquisado um número excessivo de cargos, mas cargos universais, que representem todas as classes de salários da empresa patrocinadora da pesquisa.	Definição de como os dados serão coletados e tratados, para assegurar a obtenção de dados que forneçam subsídios à identificação para posterior comparação dos cargos entre as empresas pesquisadas. Daí a importância da precisão das informações obtidas e, portanto, ser imprescindível o fornecimento das explicações necessárias às empresas participantes. Deve ser dada uma especial atenção, durante os trabalhos de levantamento dos dados, à descrição dos cargos pesquisados, pois nem sempre cargos com a mesma titulação têm a mesma atividade ocupacional.

É importante ter a possibilidade de comparação entre os salários pagos pela empresa patrocinadora da pesquisa e os pagos pelo mercado. Para tanto, normalmente, busca-se a obtenção de informações sobre a média dos salários pagos a cada cargo, a moda, o primeiro e o terceiro quartis, bem como a mediana, o maior e o menor salários pagos.

Execução

Após a coleta dos dados nas empresas participantes, eles devem ser tratados e analisados estatisticamente. Contudo, é fundamental a homogeneização dos dados coletados, pois é incorreto comparar a remuneração paga a um mesmo cargo em duas empresas diferentes, quando uma delas acabou de recompor seus salários, por exemplo, em virtude de acordo coletivo, e a outra ainda se pauta por uma estrutura salarial não corrigida. O mesmo ocorre quando são exigidas, de um determinado cargo, 44 horas semanais em uma empresa e 30 horas semanais em outra. Em suma, antes de se proceder à tabulação dos dados, é preciso dar homogeneidade a eles.

Relato dos dados

Comunicar, ao fim do processo, as informações salariais do mercado – salário base, remuneração por desempenho, benefícios e políticas de recursos humanos – é uma forma de agradecimento e de estímulo a futuras participações em novas pesquisas. A vantagem para a empresa participante é o recebimento gratuito de dados do mercado de remuneração, assim como de sua posição específica perante o mercado pesquisado.

Nesse sentido o estado de São Paulo criou um *site* em que se pode acompanhar a média salarial de várias profissões nos últimos seis meses em qualquer estado brasileiro. O Cadastro Geral de Empregados e Desempregados (Caged) é responsável pela atualização dos dados relativos às admissões e demissões ocorridas no país no ano corrente, a partir da cessão do Ministério do Trabalho e Emprego. O endereço eletrônico é: <www.salariometro.sp.gov.br>.

Etapa 4 – Estrutura salarial

É a última etapa de um projeto de elaboração de um sistema de remuneração tradicional na qual os dados de avaliação de cargos são conjugados com os da pesquisa salarial objetivando a definição dos salários para os cargos de uma empresa. Ela reflete a organização de uma progressão salarial em função da crescente valorização dos cargos, resultante do processo de avaliação de cargos.

Marras (2000:124) entende a estrutura salarial como

> um conjunto de diversas faixas salariais, agrupando cargos com avaliações próximas, contemplando no interior de sua estrutura valores salariais calculados e desenhados matematicamente para atender a uma política previamente desejada.

A definição do autor ressalta que o problema de estrutura de salários não reside no âmbito técnico, antes remete à questão de política empresarial. Por quê? Além do valor relativo do cargo na organização e no mercado, outros condicionantes afetam o delineamento da estrutura salarial. As políticas da empresa e do governo e sua capacidade financeira são variáveis que impõem forte influência no desenho da estrutura. Somente após a identificação desses aspectos críticos e do posicionamento da empresa diante dessas questões é que o problema se transfere para o campo técnico, no qual serão considerados dois itens: curva de referência e classe salarial.

O ponto de partida para a elaboração da estrutura salarial é a definição da curva de referência a ser adotada. Trata-se da linha resultante da equação de regressão obtida pelo ajustamento de salários com a avaliação de cargos, como observamos na figura 33.

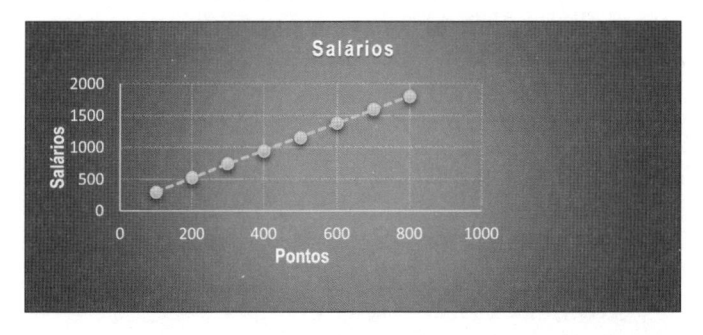

Figura 33. Curva de referência

A curva de referência constitui o reflexo da política que a empresa decide adotar em relação ao mercado. Há empresas, por exemplo, que optam por uma política de remuneração mais agressiva, ou seja, remuneram seus empregados no terceiro quartil do mercado. Outras resolvem pagar salários médios semelhantes aos encontrados no mercado.

Há empresas, entretanto, que, por limitações internas, decidem remunerar seus empregados abaixo dos salários praticados pelo mercado. O fato é que a estrutura salarial delineada será produto da política estabelecida pela organização.

Classe salarial é outro conceito-chave na estrutura salarial que, segundo Zimpeck (1992:269), deve ser entendido como se segue:

Definida a linha salarial básica [curva de referência], seria necessário dividi-la em grupos cujas avaliações, sendo próximas, poderiam ser submetidas a um salário único. Desse processo resultam as chamadas Classes, Níveis ou Grupos Salariais.

Simplificando, as classes salariais resultam do agrupamento de cargos que devem ter tratamento salarial idêntico, uma vez que possuem uma avaliação próxima. O número de classes a ser adotado será aquele que possibilitar maior facilidade de agrupamento dos diferentes cargos na curva definida.

Uma vez determinado o número de classes, procede-se aos cálculos do ponto médio da classe (salário médio da classe) e dos salários máximos e mínimos da classe. Para isso, deve-se definir previamente a amplitude da faixa salarial a partir da variação salarial desejada entre o menor e o maior salário de cada classe.

O último passo na elaboração da estrutura salarial é a definição do número de níveis em que se divide cada faixa salarial.

A figura 34 ilustra, de forma esquemática, os conceitos apresentados.

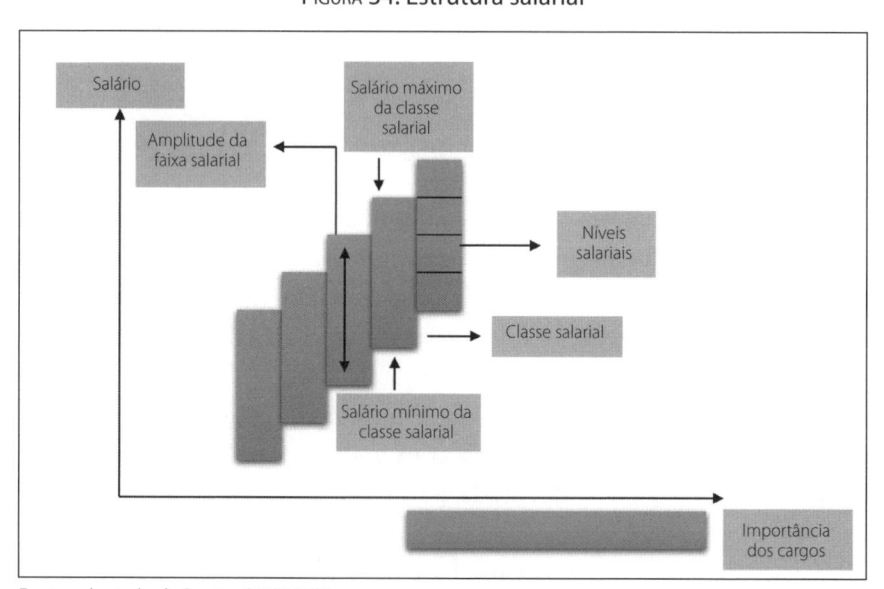

FIGURA 34. Estrutura salarial

Fonte: adaptado de Pontes (2000:273).

Enfim, a definição da estrutura salarial é a última etapa técnica do projeto de elaboração do sistema de remuneração funcional. A partir dela, a organização define sua política de recompensas financeiras. Como o próprio nome indica, esse é um processo político, não mais de natureza técnica. Portanto, a política de gerenciamento da remuneração de uma organização decorre de sua disponibilidade financeira, de suas estratégias de retenção e de atração de talentos, entre outros condicionantes.

A remuneração baseada em competências e resultados

O ambiente organizacional competitivo e complexo colocou à prova os modelos de gestão de pessoas, em especial seus mecanismos de crescimento salarial. O fato é que as mudanças incisivas no contexto corporativo demandaram uma nova forma de remuneração.

A organização contemporânea, orientada para a obtenção de altos níveis de desempenho, passa a buscar mecanismos capazes de atrair e reter profissionais que demonstrem competências capazes de enfrentar tais desafios.

As capacidades de autodireção, autocontrole, domínio tecnológico, iniciativa, direcionamento estratégico voltado para resultados, orientação para o mercado e, especialmente, visão sistêmica de seu processo de trabalho ilustram demandas de perfis de competência valorizados no atual mundo do trabalho. Assim, em atendimento às exigências da lógica de gestão flexível, a gestão salarial desloca gradativamente seu foco do cargo para a gestão baseada em competências e resultados.

Essa gestão, portanto, impõe a quebra de paradigmas, sedimentando o modelo de organização do trabalho. Em contraposição à remuneração funcional, engessada por técnicas estatísticas para estabelecer faixas de referências salariais adequadas aos cargos ou à família de cargos em função de seus relativismos externo e interno, surgem modelos mais adequados às demandas atuais. Enquanto a remuneração funcional busca o valor justo para remunerar um conjunto de atribuições descritas inerentes a um cargo, independentemente de seus resultados, a remuneração por competências e resultados, por exemplo, privilegia as entregas do indivíduo em seu processo de trabalho.

Ao longo das últimas décadas, a remuneração baseada em competências e resultados vem se consolidando como o principal mecanismo para reconhecimento do desempenho dos empregados, reduzindo-se a ênfase dada aos aumentos no salário fixo para esse fim. Contudo, isso não significa que as empresas estejam abandonando a política de promover o crescimento na remuneração fixa dos seus empregados ao longo do tempo. Na prática, a evolução salarial dos empregados, além do tempo de casa, reflete a valorização das suas competências, sua evolução na carreira e sua capacidade de gerar valor para a organização.

Segundo Souza e colaboradores (2005:99), a tendência de crescimento da remuneração baseada em competências e resultados é um fenômeno mundial. A combinação de remuneração fixa e prêmios tornou-se praticamente um mantra gerencial, se considerada a frequência com que especialistas indicam essa solução como uma forma ideal para alinhar os desafios da estratégia de remuneração às novas necessidades organizacionais.

Ainda de acordo com esses autores, os objetivos típicos que as empresas perseguem ao adotar a prática dessa forma de remuneração são:

- comprometer os empregados com a consecução de objetivos estratégicos, táticos e operacionais;
- integrar esforços das diversas áreas para a consecução dos objetivos;
- reconhecer contribuições diferenciadas para os resultados;
- aumentar a competitividade da remuneração da empresa sem gerar aumentos nos custos fixos;
- substituir custos fixos de pessoal por custos variáveis;
- reforçar valores e princípios da cultura organizacional, tais como o gerenciamento participativo, o comprometimento com os resultados, o trabalho em equipe, entre outros;
- reter ou atrair empregados com maior foco em resultados;
- alinhar os interesses dos empregados e executivos aos interesses dos acionistas.

Nesse sentido, as organizações empreendem esforços direcionados à mensuração das contribuições efetivas de seus empregados por meio de tecnologias gerenciais.

Gestão da remuneração

A resposta tem sido apoiada em modelos de remuneração focados no binômio competências e resultados. Reafirmando o apresentado em capítulos anteriores, na linguagem de RH, competência representa o insumo essencial ao alcance de resultados. Portanto, as competências expressam a dimensão prática para a realização do trabalho, que viabiliza o nível da entrega de resultados.

Segundo Zarifian (2001), a incorporação do conceito Competência, como assinalado aqui no Capítulo 4, decorre de mudanças observadas no mundo corporativo decorrentes das noções de incidente, comunicação e serviços.

Nesse sentido, a remuneração por competência e resultados focaliza as realizações, ou seja, as entregas (produtos e serviços) efetivas. Uma piada muito conhecida e reproduzida com humor na figura 35 ilustra a lógica dessa modalidade de remuneração.

Figura 35. Metáfora da lógica de remuneração baseada em competências e resultados

Fonte: Souza e colaboradores (2005:64).

A situação ilustrada, quando transportada para o mundo real do trabalho, torna clara a diferença das entregas realizadas pelas duas colaboradoras. No mundo corporativo, o importante é a agregação de valor. A entrega de Adélia necessita de melhorias. Adélia, porém, só toma consciência disso quando observa a entrega realizada por Carol. Apenas a partir desse ponto (conscientização), é possível a busca de melhorias, de desenvolvimento de competências. É possível assumir riscos, tomar iniciativas, assumir responsabilidades diante de situações concretas e efetivamente não prescritíveis.

O texto a seguir analisa os passos para o desenvolvimento e a implantação desse novo sistema de remuneração, na concepção de Souza e colaboradores (2005:100):

> O primeiro passo para o desenvolvimento e implantação de um sistema de Remuneração Variável bem-sucedido é a definição do seu objetivo. A empresa deve ter bem claro que resultados espera alcançar com cada tipo de incentivo presente no seu sistema de Remuneração Variável e como esse sistema se integra com a sua estratégia de remuneração de uma maneira geral.

Ainda, Souza e colaboradores (2005) destacam que, após definir "o que recompensar", o passo seguinte é realizar a avaliação, cuja questão crítica é a definição de indicadores de desempenho confiáveis para a mensuração dos objetivos quantitativos e qualitativos.

Prosseguindo, os esforços devem se dirigir para a definição de metas, a avaliação de resultados obtidos e o compartilhamento de *feedbacks* aos agentes de ação. Em outras palavras, integrar o sistema de recompensas ao processo de planejamento e controle da organização de modo a efetuar os ajustes necessários à melhoria do desempenho dos indivíduos, das equipes e da própria organização.

Finalmente, a última decisão é definir "como pagar". Souza e colaboradores (2005) enfatizam que a escolha da forma justa para o pagamento das recompensas depende das decisões anteriormente discutidas e, também, do marco regulatório no qual a organização se insere. Assim, os aspectos trabalhistas e tributários também devem ser considerados nesse estágio do processo. Os quadros a seguir destacam os tipos de remuneração variável usuais no mercado.

Quadro 36. Exemplos de incentivos de curto prazo

Bônus e Prêmios	❏ Este programa prevê a avaliação de resultados a curto prazo, mediante um conjunto de indicadores e metas previamente acordados. Sendo o pagamento do bônus efetuado após a apuração dos resultados. O valor pago é em dinheiro.
Participação nos Lucros ou Resultados	❏ Este tipo de programa segue a mesma lógica dos bônus ou prêmios, contudo sua prática foi consagrada no Brasil por força da Lei 10.101, que disciplina a maneira como este incentivo deve ser implementado e estabelece incentivos de redução de encargos trabalhistas para as empresas que adotarem este modelo.
Comissionamento	❏ Programa de incentivo focalizado para a força de vendas. Na sua abordagem tradicional implica no pagamento de um percentual de sobre as vendas realizadas.
Prêmio de Vendas	❏ Programa também voltado para a força de vendas. Prevê o estabelecimento de indicadores e metas para a equipe de vendas e o pagamento de um bôrus mediante o alcance ou superação dessas metas. Tem como objetivo incentivar não apenas a geração de volume receita mas a realização de outros objetivos importantes para a equipe de venda, tais como a redução da inadiplência a conquista de market share, o desenvolvimento de novos clientes e mercados, etc.

Fonte: Souza e colaboradores (2005:105-106).

Quadro 37. Exemplos de incentivos de longo prazo

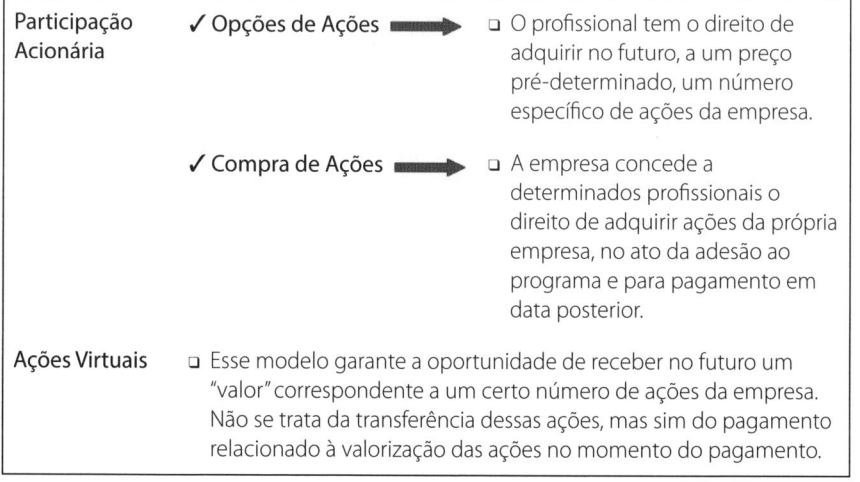

Participação Acionária	✓ Opções de Ações ➡	❏ O profissional tem o direito de adquirir no futuro, a um preço pré-determinado, um número específico de ações da empresa.
	✓ Compra de Ações ➡	❏ A empresa concede a determinados profissionais o direito de adquirir ações da própria empresa, no ato da adesão ao programa e para pagamento em data posterior.
Ações Virtuais	❏ Esse modelo garante a oportunidade de receber no futuro um "valor" correspondente a um certo número de ações da empresa. Não se trata da transferência dessas ações, mas sim do pagamento relacionado à valorização das ações no momento do pagamento.	

Continua

Bônus Diferido	❑ A avaliação dos resultados está atrelada a um período menor que o do pagamento do bônus, pois parte do bônus do executivo é diferido por um certo período. O valor pago é em dinheiro.
Bônus Longo Prazo	❑ Este programa prevê a avaliação de resultados a longo prazo e o pagamento do bônus após a apuração dos resultados. O valor pago é em dinheiro.

Fonte: Souza e colaboradores (2005:107).

As novas formas de remuneração (NFR) não representam uma "novidade". O que há de novo é abrangência e a intensidade de seu uso. O que antes se restringia às áreas comerciais agora se expande às demais unidades organizacionais. Trata-se de uma tendência bem-sucedida, inclusive em organizações públicas.

Benefícios

O terceiro componente da remuneração são os benefícios proporcionados aos empregados como uma condição de emprego. Logo, não estão associados a fatores críticos de desempenho. Daí serem concedidos a todos os funcionários, independentemente de suas contribuições para o negócio.

Os programas de benefícios começaram a representar uma parcela significativa da remuneração no Brasil a partir da II Guerra Mundial, numa tentativa do governo de minorar os problemas sociais emergentes que se tornavam mais agudos.

Naquele momento, no país, um contingente significativo de trabalhadores rurais migrava do campo para as cidades. Diante das demandas desse contexto, o governo desenvolveu, além de uma legislação social mais robusta, um tratamento tributário favorável às empresas. Em linhas gerais, o empregador que oferecesse benefícios sociais a seus empregados faria jus à dedução do custo dos benefícios ofertados como despesa empresarial regular.

Na atualidade, os programas de benefícios visam contribuir para que a empresa sustente uma posição competitiva favorável na atração e retenção de talentos. Esse não é um desafio simples; ao contrário, na medida em que os benefícios representam um dispêndio de alto valor.

De acordo com pesquisas realizadas nos Estados Unidos, na primeira metade dos anos 1990 "os benefícios correspondiam a 25% dos custos totais da folha de pagamento. Em alguns setores especializados, entretanto, os benefícios já eram responsáveis por mais de 40% dos custos de remuneração" (Flannery et al., 1997:162).

No passado não muito distante, as peças que compunham o rol dos benefícios espontaneamente ofertados pelas organizações eram escassas: assistência médico-hospitalar, seguro de vida, restaurante nas próprias instalações, transporte, creches e clubes recreativos. Sempre houve uma expressiva variação tanto no tocante ao público-alvo – os elegíveis – como nos valores dos benefícios ofertados, de modo geral associada ao porte e ao segmento de atuação das corporações. Ilustrando, as empresas, principalmente as de pequeno porte, atinham-se, apenas, à oferta dos benefícios obrigatórios por lei, como 13º salário, seguro de acidentes de trabalho, salário-família, salário-maternidade, entre outros.

Convém destacar que as organizações brasileiras comumente ofertam benefícios passíveis de serem classificados em três categorias:

- seguro;
- seguridade social ou complementação da aposentadoria;
- serviços.

Especificamente, os benefícios de seguros visam prover o empregado e sua família de condições de segurança em casos de imprevistos e de emergências, como os seguros de vida e os de assistência médico-hospitalar. Os benefícios de complementação de aposentadoria objetivam fornecer uma complementação àquela que a previdência social garante ao trabalhador. Os benefícios de serviços representam utilidades e conveniências oferecidas pela empresa aos seus empregados.

A figura 36 esquematiza a classificação mencionada.

FIGURA 36. Exemplos de benefícios

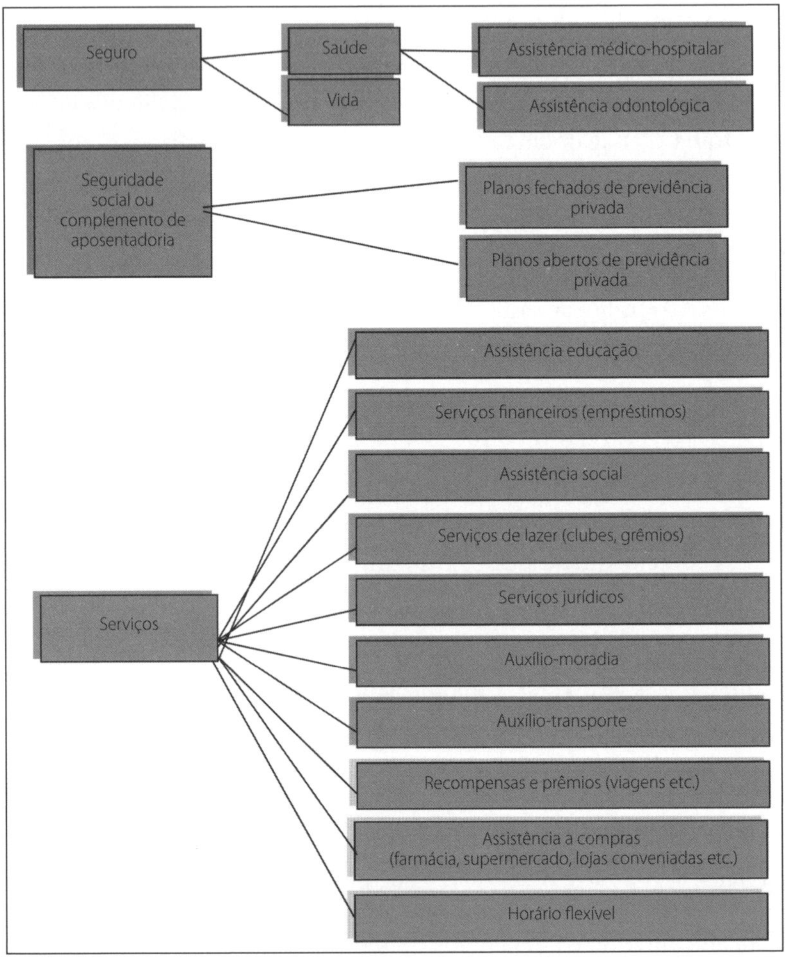

- Seguro
  - Saúde
    - Assistência médico-hospitalar
    - Assistência odontológica
  - Vida
- Seguridade social ou complemento de aposentadoria
  - Planos fechados de previdência privada
  - Planos abertos de previdência privada
- Serviços
  - Assistência educação
  - Serviços financeiros (empréstimos)
  - Assistência social
  - Serviços de lazer (clubes, grêmios)
  - Serviços jurídicos
  - Auxílio-moradia
  - Auxílio-transporte
  - Recompensas e prêmios (viagens etc.)
  - Assistência a compras (farmácia, supermercado, lojas conveniadas etc.)
  - Horário flexível

Fonte: Souza e colaboradores (2005:78).

Objetivando tornar mais contundente a análise das transformações ocorridas a partir dos anos 1990, é oportuno compartilhar os resultados de duas pesquisas realizadas em meados de 1975 e no início de 2004.

Uma pesquisa realizada em 1975, em nível nacional, envolveu 65 empresas consideradas de excelência na gestão de recursos humanos. Apenas cinco itens relacionados à política de benefícios mereceram destaque: assistência médica, assistência odontológica, alimentação, seguro de vida em grupo e plano de aposentadoria. O panorama apresentado pela pesquisa representava as práticas de gestão de benefícios da época, ou seja, bastante acanhadas diante das praticadas na atualidade.

A opção pela apresentação da pesquisa realizada pela Wisdom Gestão Organizacional em janeiro de 2004 não reside nos dados quantitativos apontados, até mesmo porque eles estão desatualizados. A motivação diz respeito à possibilidade de demonstrar a evolução dos programas de benefícios decorrentes das mudanças no ambiente de negócios. Para tanto, foram analisados dados provenientes de 115 empresas líderes de mercado em seus respectivos segmentos de atuação. Cada vez mais, novos serviços e conveniências tornam a prestação dos benefícios mais sofisticada.

Benefícios mais frequentes

Segundo pesquisa realizada junto às 115 empresas responsáveis por 11% do PIB nacional em 2004, os benefícios mais comumente praticados são os que se seguem:

- seguro – a categoria seguro, incluindo seguro saúde e de vida, continua ocupando um lugar privilegiado no rol dos benefícios oferecidos pelas empresas a seus empregados. Na maioria das empresas, a variação reside na forma de concessão e de cobertura;
- assistência médica – cobertura de serviços médicos e hospitalares. Usualmente, as empresas que concedem os planos básicos permitem a migração dos níveis executivos para planos superiores, mediante o pagamento dos custos adicionais pelos funcionários;
- assistência odontológica – cobertura de serviços odontológicos básicos existente em 67,4% das empresas pesquisadas;
- seguro de vida – compreende o seguro de vida em grupo. Entre as empresas pesquisadas, 88% concedem esse benefício;
- seguridade social – naturalmente, os empregados estão cobertos pela previdência social. O que vem ocorrendo nos últimos anos é o cresci-

mento significativo do número de empresas que oferecem planos de previdência privada a seus funcionários (78,7% das empresas participantes). Pesquisa realizada pela consultoria Towers Perrin em 222 empresas aponta o crescimento da oferta desse benefício, que hoje ocupa, segundo a pesquisa, o sexto lugar na lista de benefícios mais presentes. A Towers Perrin destaca que em 1991 apenas 38% das empresas concediam o benefício; em 1996, 52%, e atualmente esse percentual gira em torno de 70%. Observa-se que os percentuais apresentados pelas duas consultorias são muito próximos, o que reforça o argumento de crescimento da prática no mundo corporativo;

- previdência privada – entre as empresas participantes, 78,7% possuem plano de previdência privada para os funcionários.
- serviços – grupo de benefícios que mais se expandiu nas últimas décadas. Na busca por maior eficiência e competitividade, grandes companhias optam por oferecer uma gama de benefícios, como direito de usufruir de uma fazenda da empresa como espaço de lazer nas férias e nos fins de semana, crédito para empréstimos de emergência, entre outros. Alguns merecem destaque:
  - automóveis – concessão de automóvel e a cobertura de suas despesas para os níveis elegíveis – automóvel designado ou financiado com juros subsidiados. Para que o uso do veículo designado seja considerado benefício, o carro deve permanecer em poder do beneficiário nos fins de semana e nas férias;
  - estacionamento – o benefício é concedido por 100% das empresas, estando sua elegibilidade vinculada ao nível hierárquico;
  - transporte – pagamento de transporte do funcionário além da lei de vale-transporte: 58,4% das empresas pesquisadas concedem esse benefício, arcando com 93,5% do custo;
  - telefone celular – das empresas pesquisadas, 74,1% concedem esse benefício à presidência, 73,6% à diretoria, 62,5% à alta gerência, 43,9% à gerência e 12,1% à chefia, com o valor mensal mediano de R$ 125,00 para a cobertura das despesas. O aparelho concedido é de propriedade da empresa em 59,3% do universo pesquisado;

- cartão de crédito empresarial – das empresas pesquisadas, 55,2% concedem esse benefício à presidência, 49,4% à diretoria, 43,8% à alta gerência, 28,1% à gerência e 14,6% à chefia. Os beneficiários utilizam o cartão para pagamento de despesas com viagens, locomoção, hospedagem e alimentação realizadas a trabalho. As despesas com a taxa de inscrição são pagas por 52,1% das empresas e 54,9% delas arcam com a taxa de anuidade;
- auxílio-educação – do universo pesquisado, 61,8% concedem esse benefício a todos os níveis hierárquicos, com a participação da empresa em 70,3% do custo para cursos de graduação, pós-graduação, especialização, MBA e idiomas. Os critérios mais utilizados para a concessão do benefício são: a necessidade da área, o plano de carreira e o desempenho do funcionário;
- empréstimos pessoais – das empresas pesquisadas, 40,4% possuem planos de empréstimo pessoal como benefício, a maioria para casos emergenciais. As condições típicas, na média das empresas, são dois salários de empréstimo, para pagamento em 14 parcelas;
- cesta básica – do universo pesquisado, 22,5% oferecem cesta básica a seus funcionários, sendo 84,1% desse custo pagos pela empresa. A elegibilidade a esse benefício se reduz à medida que aumenta o nível hierárquico.

O crescimento da participação dos programas de benefícios na composição da remuneração total é indiscutível. No atual contexto corporativo, manter o equilíbrio entre a capacidade de atrair e reter empregados e a relação custo/benefício favorável, quando da oferta de planos de remuneração indireta, é fator-chave do sucesso organizacional. Nesse sentido, cresce a preocupação com o alinhamento dos programas de benefícios à cultura da organização.

Uma vez concedidos, de modo gratuito e habitual, os benefícios passam a integrar a remuneração do empregado, não podendo sofrer redução, salvo o disposto em convenção ou acordo coletivo. O assunto é de extrema complexidade, pois requer uma administração capaz de possibilitar o atendimento das necessidades dos empregados sem tornar proibitivo seu custo para a empresa.

A crescente importância que esse componente da remuneração vem ganhando não é gratuita. De fato, empresas que se destacam graças às suas práticas de gerenciamento de pessoas investem em programas de benefícios aos empregados, buscando atender a diversos objetivos, incluindo metas sociais, da organização e dos funcionários.

Programas de benefícios devem considerar tanto as influências do ambiente de negócios como os resultados desejados. Para tanto, eles devem ser alinhados às práticas de atração e retenção de colaboradores capazes de contribuir potencialmente para a excelência organizacional sem tornar os custos empresariais restritivos.

Contudo, isso apenas se viabiliza se o programa de benefícios for delineado sob medida para a organização. Ou seja, se sua concepção estiver em sintonia com a cultura da organização. Caso contrário, seu objetivo, que é garantir uma posição competitiva favorável por meio da satisfação dos colaboradores, não se concretizará. É essa a linha de pensamento de Flannery e colaboradores (1997:171), que, em síntese, defendem que a oferta de benefícios varia de uma cultura de trabalho para outra, conforme demonstra o quadro 38.

Como se observa, as diferenças são sutis, porém precisam ser contempladas.

A concepção do desenho dos programas de benefícios deve ser aderente aos valores e às práticas organizacionais. Por exemplo, organizações caracterizas por culturas voltadas para as funções, que valorizam lealdade à empresa e estabilidade, concedem benefícios que refletem seus valores, como longevidade e segurança. Por sua vez, benefícios ofertados por organizações orientadas para processos ou, ainda, baseadas em tempo se distinguem daquelas na medida em que a lógica que as sustentam enfatizam a flexibilidade e o dinamismo. Nessa perspectiva, os programas devem ser delineados visando ao atendimento das necessidades dos empregados, porém seus custos devem ser compartilhados entre eles e a empresa.

GESTÃO DA REMUNERAÇÃO

QUADRO 38. Cultura de trabalho e projetos de programas de benefícios

Culturas / Benefícios	Voltada para funções	Voltada para processos	Baseada no tempo	Baseada em redes
Aposentadoria	Baseada em carreira. Relacionada a tempo de serviço.	Ênfase em participação nos lucros.	Ênfase em lucros, portabilidade e curto tempo de serviço.	Pouca, se existir.
Saúde	Uniforme, com alguma flexibilidade/escolha. Baixo compartilhamento de custos.	Uniforme, com alguma flexibilidade/escolha. Compartilhamento de custos baixo/médio.	Flexível, sob medida para o indivíduo. Compartilhamento de custos médio/alto.	Flexível, sob medida para o indivíduo. Alto compartilhamento de custos.
Vida	Benefício alto, uniforme.	Médio, cobertura opcional disponível.	Nível mínimo, opções para o empregado.	Nível mínimo, opções para o empregado.
Assistência médica e vida para o aposentado	Sim.	Varia.	Não.	Não.
Invalidez de médio e curto prazos	Benefício alto, abrangente.	Benefício médio, abrangente.	Benefício mínimo, cobertura opcion0al disponível.	Benefício mínimo, cobertura opcional disponível.

Fonte: adaptado de Flannery e colaboradores (1997:171).

A Hewlett Packard (HP) ilustra a relação entre cultura organizacional e benefícios concedidos. A empresa, segundo Bonino (2003), desenvolveu um projeto, denominado Beneflex, no qual todos podem escolher os benefícios adicionais, além dos básicos, que melhor atendam às suas necessidades individuais. Trata-se de um pacote personalizado. Em função de sua cultura, na prática cada um cria seu pacote personalizado, a partir de um portfólio de benefícios, efetuando "compras" que, em sua percepção, mais atendem às suas necessidades. A operacionalização da "compra" se dá por meio de uma verba extra (proporcional ao salário), creditada em uma conta-corrente virtual, cujos créditos ("cotas") são depositados mensalmente. A cada utilização corresponde um débito na conta virtual, limitado ao saldo da conta, pois não pode haver saldo negativo.

A área de gestão de pessoas da HP do Brasil desenvolveu esse programa apoiada nas experiências de dois planos-piloto. O primeiro, destinado a um pequeno número de empregados, entre novembro de 1996 a abril de 1997, sofreu alterações visando ao atendimento de questões de ordem legal – leis trabalhista, previdenciária e fiscal. O segundo foi realizado entre maio de 1997 e outubro do mesmo ano. A implantação definitiva ocorreu em novembro de 1997. Em 2009, o programa foi suspenso, sem, entretanto, gerar qualquer perda financeira para os colaboradores.

Segundo a HP, o programa Beneflex, administrado via *web*, evidenciou quatro fatores decisivos para seu sucesso: a simplicidade do desenho, a eficácia na comunicação, a eficiência e a confiabilidade do processo administrativo e, ainda, a atenção dispensada aos aspectos fiscais e tributários. A empresa destacou algumas lições extraídas da experiência que, segundo ela, merecem ser compartilhadas:

- gerenciamento da "cota" pelos funcionários;
- a gestão de pessoas não atua como juiz, ou seja, não executa o papel de aprovar ou negar a solicitação de um pedido de benefício;
- melhoria da percepção do valor dos benefícios na medida em que os empregados são responsáveis pela escolha do pacote que melhor satisfaz às suas necessidades;
- impacto positivo na atração e retenção de talentos;

❏ aumento do retorno do investimento, já que a empresa tem uma forma melhor de aplicação do dinheiro gasto.

Enfim, a HP do Brasil adotou um modelo de gestão de benefícios alinhado a uma tendência do ambiente de negócios, qual seja, a flexibilização, não apenas por isomorfismo, mas por uma busca de coerência entre os objetivos do programa e sua cultura de trabalho.

9 Gestão de carreira

> **Objetivos:**
> ❏ identificar os impactos da lógica de gestão flexível no robustecimento do conceito carreira;
> ❏ destacar a influência das mudanças paradigmáticas nas estruturas de carreira;
> ❏ destacar o papel das organizações na gestão da carreira sob uma perspectiva contemporânea;
> ❏ ressaltar o papel do indivíduo na gestão da sua carreira em ambientes competitivos.

Gestão da carreira: por que e para quê?

O questionamento sobre a utilidade da gestão da carreira no mundo do trabalho, cuja única certeza é a mudança, designa um posicionamento ingênuo, provavelmente nascido da ausência de percepção da relevância da empregabilidade para o enfrentamento efetivo da incerteza dos negócios.

A gestão da carreira gera vantagens competitivas. Pela ótica da organização, constrói parcerias com os indivíduos que nela atuam, estimulando o comprometimento com resultados esperados e a retenção de quem adiciona valor. Pela perspectiva do indivíduo, assegura seu direito à inclusão e sustentação no mundo do trabalho, caso ocorra investimento contínuo no alinhamento de seu perfil de competência às demandas do mercado e do negócio. A eficácia desse processo se relaciona diretamente à qualidade da parceria entre organização e indivíduo.

Carreira: um conceito em construção

A análise da trajetória do processo de robustecimento desse conceito revela que carreira assumiu significados distintos, cujas mutações foram condicionadas pelas mudanças da lógica que afetaram os modelos de gestão. Nesse sentido, conforme resumido na figura 37, esse conceito se associou às ideias de avanço, profissão, sequência de trabalhos e, recentemente, sequência de experiências funcionais no decorrer da trajetória profissional.

FIGURA 37. Robustecimento do conceito carreira

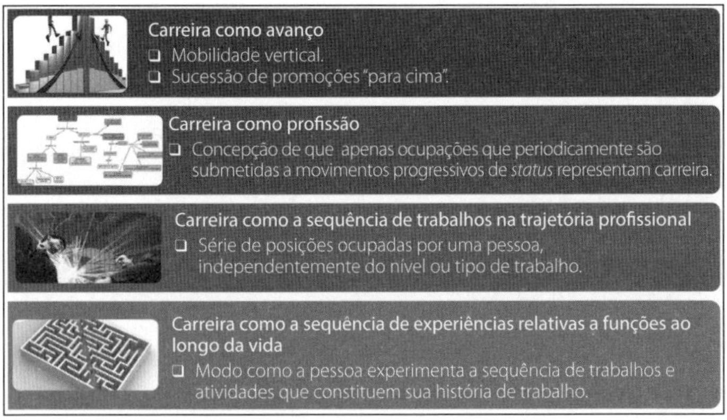

Carreira como avanço
- Mobilidade vertical.
- Sucessão de promoções "para cima".

Carreira como profissão
- Concepção de que apenas ocupações que periodicamente são submetidas a movimentos progressivos de *status* representam carreira.

Carreira como a sequência de trabalhos na trajetória profissional
- Série de posições ocupadas por uma pessoa, independentemente do nível ou tipo de trabalho.

Carreira como a sequência de experiências relativas a funções ao longo da vida
- Modo como a pessoa experimenta a sequência de trabalhos e atividades que constituem sua história de trabalho.

Fonte: adaptado Dutra (2005:15).

Em função disso, não surpreende o convívio de convergências e divergências relativas aos sentidos atribuídos ao conceito carreira, à semelhança de outros, como competência, relações de trabalho e assédio moral, que também se encontram em construção, ou seja, em processo de robustecimento. Especificamente no tocante ao conceito carreira, na atualidade, as convergências sobressaem em relação às divergências.

As raízes da escola de administração científica, que semearam as premissas que fundamentam a lógica mecanicista, impregnaram no conceito carreira a ideia de ser possível o controle do futuro. Por conta disso, as demandas do mundo do trabalho, sobretudo após o término da II Guerra Mundial (1939-1945), ofereceram a ilusória segurança implícita na expressão "um emprego para sempre", fonte de inspiração da expressão popular "carreira do berço ao caixão" que se estruturava sobre essas bases de sustentação.

De modo alinhado, conforme descrito no capítulo anterior, nessa época o conceito carreira surgiu associado ao conceito remuneração funcional. Ratificando, a estrutura dos manuais de cargos e salários consistia na descrição de tabelas salariais associadas às respectivas trajetórias das carreiras. A relação entre plano de cargos e salários e carreira se desenvolveu vinculada ao conceito hierarquia de cargos, tão caro à lógica dos sistemas tradicionais de remuneração.

Desde então, e ainda hoje, algumas organizações vinculam o conceito carreira às perspectivas de tempo e espaço organizacional. Elas consideram a complexidade do trabalho a ser realizado e o tempo necessário ao domínio de diferentes níveis de aprendizado e de amadurecimento requeridos para o desempenho previsto das tarefas. Como alerta Van Maanen (1977 apud Araújo e Grécia, 2009:129): Carreira é um "caminho estruturado e organizado no tempo e espaço que pode ser seguido por alguém".

Pressupondo que a mudança é a única possibilidade constante, segundo o pensador pré-socrático Heráclito (535 a.C.-475 a.C.), o quadro a seguir evidencia as principais ocorrências, a partir dos anos 1970, que condicionaram o robustecimento do conceito carreira.

QUADRO 39. Exemplos de condicionantes do robustecimento do conceito carreira

Anos 1970	A publicação dos livros *Career in organizations*, *Career dynamics* e *Organizations careers* consolidou o foco da gestão de RH em carreiras.
Anos 1980	Aumento da produção acadêmica sobre carreiras organizacionais. A publicação do *Handbook of career theory* consolidou o campo de estudo de carreira no campo das organizações, no âmbito da gestão de RH.

Continua

Anos 1990	Aumento de debates centrados no tema carreira proteana, apesar de ter sido proposta nos anos 1970.
	Ampliação de estudos focados no significado e no propósito da carreira, bem como na busca da identidade do aprendizado.
	Lançamento de inúmeras publicações sobre administração de carreira.
Anos 2000	Disseminação das teorias direcionadas ao tema carreira sem fronteiras
	Lançamento do livro *The opt-out revolution*, interessado no debate de questões de gênero e carreiras caleidoscópicas.
	Organização do *Handbook of career studies*, publicação que supriu a lacuna da integração das inúmeras disciplinas que abordam essa temática.
	Publicação do livro Gestão de carreiras, no Brasil, sistematizando estudos e debates destinados à validação dos seus resultados ao contexto brasileiro.

Fonte: adaptado de Dutra (2000:12).

Na atualidade, carreira assume um novo sentido que ampliou sua abrangência em relação ao enfoque anterior, em atendimento às demandas da organização do trabalho, decorrentes das exigências da economia global. Para um expressivo número de autores, tais como França (2010), Araújo e Garcia (2009), Dutra (2010), o conceito carreira passou a ser compreendido como uma conciliação dinâmica entre o indivíduo e a organização:

> Carreira são as sequências de posições ocupadas e de trabalhos realizados durante a vida de uma pessoa. A carreira envolve uma série de estágios e a ocorrência de transições que refletem necessidades, motivos e aspirações individuais e expectativas e imposições da organização e da sociedade [London e Stump, 1962 apud França, 2010:236].

Em linhas gerais, carreira passou a ser entendida como uma trajetória construída a partir da relação entre o indivíduo e a organização, na qual as necessidades de ambos devem ser contempladas. O itinerário da carreira de um indivíduo, portanto, resulta da negociação entre interesses pessoais e organizacionais. Por um lado, a organização deve criar oportunidades para o desenvolvimento do indivíduo; por outro, o indivíduo deve se responsabilizar pela gestão de sua carreira, efetuando escolhas, planejando e colocando em prática seu projeto profissional.

Da perspectiva do indivíduo, engloba o entendimento e a avaliação de sua experiência profissional, enquanto, da perspectiva da organização, engloba políticas, procedimentos e decisões ligadas a espaços ocupacionais, compensação e movimento de pessoas. Estas perspectivas são conciliadas pela carreira dentro de um contexto de constante ajuste, desenvolvimento e mudança [London e Stump, 1962 apud França, 2010:236].

Sistemas de administração de carreira

A ideia implícita no vocábulo "caminho" é uma metáfora plausível para o sentido contemporâneo do conceito carreira. Por um lado, ele é modelado pela exigência do alinhamento de perfis de competência às demandas do mercado, e, por outro, pelos desejos do indivíduo. Assim, plano de carreira consiste em escolhas resultantes do consenso entre o indivíduo e a organização, objetivando a concretização de necessidades capazes de adicionar valor a ambas as partes.

Nesse sentido, observa-se nas organizações a implantação de instrumentos de gestão com finalidades distintas, conforme ilustra o quadro 40.

QUADRO 40. Finalidades dos planos de carreira

Finalidades	Apoio à tomada de decisão quanto às oportunidades de crescimento.
	Base de sustentação para o desenvolvimento do indivíduo e da organização.
	Geração de insumos à gestão de pessoas.
	"Bússola" que descreve requisitos e exigências para a ascensão na carreira em uma dada organização.

Fonte: Araújo e Garcia (2009:134-135).

Em última instância, pressupondo que o planejamento de carreira objetiva a redução do grau de incerteza quanto às decisões organizacionais relacionadas à carreira do indivíduo, sua questão central pode ser resumida como se segue: qual a decisão que parece ser a mais eficaz quanto à agregação de valor ao negócio, simultaneamente, à organização e ao indivíduo?

Para tanto, Araújo e Garcia (2009:135) sinalizam vantagens específicas decorrentes da implantação de um planejamento de carreira efetivo:

FIGURA 38. Vantagens do planejamento de carreira

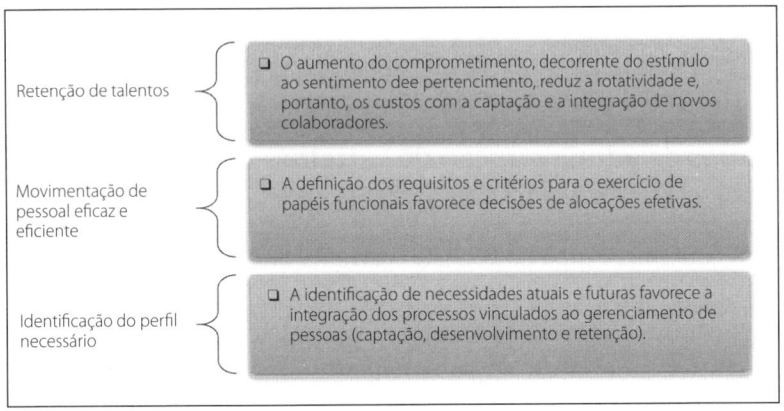

Retenção de talentos	❏ O aumento do comprometimento, decorrente do estímulo ao sentimento dee pertencimento, reduz a rotatividade e, portanto, os custos com a captação e a integração de novos colaboradores.
Movimentação de pessoal eficaz e eficiente	❏ A definição dos requisitos e critérios para o exercício de papéis funcionais favorece decisões de alocações efetivas.
Identificação do perfil necessário	❏ A identificação de necessidades atuais e futuras favorece a integração dos processos vinculados ao gerenciamento de pessoas (captação, desenvolvimento e retenção).

Fonte: Araújo e Garcia (2009:134-135).

Mas, nem tudo são flores. À semelhança de qualquer instrumento de gestão, planos de carreiras apresentam limitações, caso as variáveis relevantes não sejam consideradas de modo adequado. Pressupondo que decisões são condicionadas pelo meio e pelos seus responsáveis, então as escolhas que pavimentam tais planos são passíveis de equívocos. Entre outros, alguns, como os abordados na figura 39, merecem destaque.

FIGURA 39. Exemplos de limitações do plano de carreira

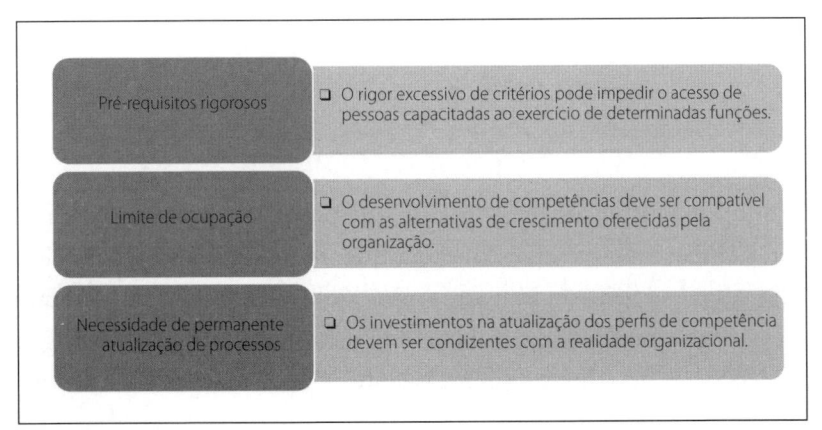

Pré-requisitos rigorosos	❏ O rigor excessivo de critérios pode impedir o acesso de pessoas capacitadas ao exercício de determinadas funções.
Limite de ocupação	❏ O desenvolvimento de competências deve ser compatível com as alternativas de crescimento oferecidas pela organização.
Necessidade de permanente atualização de processos	❏ Os investimentos na atualização dos perfis de competência devem ser condizentes com a realidade organizacional.

Fonte: Araújo e Garcia (2009:136-137).

Em suma, condições favoráveis apenas são aproveitadas e limitações enfrentadas se houver gestão, sobretudo, da área de RH e da liderança gerencial. Então, como operacionalizar o processo gestão de carreiras, num enfoque contemporâneo, pelas perspectivas tanto da organização quanto do indivíduo?

Papel da organização

Tecnicamente, a área de RH é a responsável pela modelagem e implantação de um processo de gestão de carreira, na prática concretizado por sistemas de administração de carreiras. Para tanto, ela enfrenta os desafios impostos pelas questões críticas a seguir.

FIGURA 40. Condições para a operacionalização do processo gestão de carreira

| Quais políticas e programas se direcionam ao planejamento de carreira? | Quais os meios e modos a serem utilizados para gerir o crescimento mútuo? | Qual o sistema de administração de carreiras a ser adotado? |

Fonte: Araújo e Garcia (2009:137).

O fato é que, apesar de o sentido atual atribuído ao conceito carreira, cada vez mais, conquistar adeptos, mudanças perceptuais a respeito de modos de pensar e agir não ocorrem de modo repentino. Por essa razão, nem sempre é fácil a superação dos obstáculos à sua operacionalização, e um dos mais usuais é a resistência aos valores que fortalecem culturas refratárias à construção de acordos de crescimento mútuo.

Nesse sentido, a postura proativa da área de RH é fundamental para o enfrentamento das barreiras que impedem avanços no tocante à aculturação do conceito carreira. Em seu sentido contemporâneo, por exemplo, atuando de modo proativo quanto a sugestões de orientações normativas (políticas e normas) que favoreçam a construção de uma cultura propícia à sustentação de um processo para o gerenciamento da carreira dos indivíduos alinhado ao paradigma de gestão vigente.

Outro desafio da área de RH diz respeito à modelagem de instrumentos para a avaliação do desempenho e potencial capazes de apoiar a liderança gerencial na geração de insumos necessários ao planejamento da carreira dos indivíduos, tais como a alocação e a ascensão de indivíduos incapacitados para aproveitar as oportunidades oferecidas pela organização. A relevância da construção e da preparação dos gestores para a utilização adequada desses instrumentos é notória. Eles podem reduzir os "erros" decorrentes da subjetividade, considerando que eliminá-los é impossível, na medida em que erros são "humanos, demasiadamente humanos", como diria Nietzsche (1844-1900).

Porém é oportuno chamar a atenção para o fato de que a formulação de orientações normativas e a modelagem de instrumentos válidos e fidedignos para a geração de insumos quanto ao potencial e desempenho do indivíduo são inofensivas se a organização não estiver comprometida com a implantação de uma estrutura de carreira que oriente a trajetória do indivíduo. Eles serão apenas instrumentos de gestão "para inglês ver".

Estruturas de carreira

Mais uma vez, a área de RH precisa manter a atenção nos impactos das mudanças paradigmáticas na lógica de gestão ao delinear metodologias e instrumentos de gestão para atuar em parceria com a liderança gerencial. Eles afetam o desenho das estruturas de carreiras. Enquanto as tradicionais se assentam nas premissas da lógica de gestão mecanicista, as não tradicionais se apoiam nos pressupostos da lógica flexível (figura 41).

FIGURA 41. Estruturas de carreira

Tradicionais	**Em linha** Sequência de posições alinhadas em uma única direção, implicando a ausência de alternativas para as pessoas.
Não tradicionais	**Em rede** Oferta de uma multiplicidade de opções para cada posição na empresa. **Paralelas** Possibilidade de duas trajetórias profissionais: profissional e gerencial

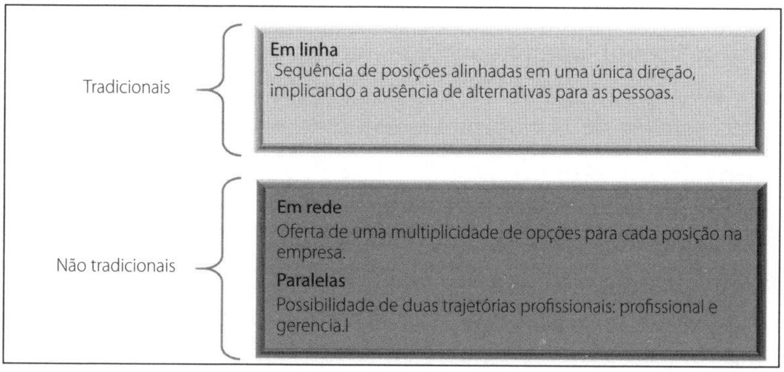

Fontes: adaptado de Araújo e Garcia (2009:148); França (2010:242).

TRADICIONAIS

Estruturas de carreiras tradicionais, inspiradas na escola de Chicago e nas pesquisas realizadas nos campos da psicologia e da sociologia, excluem a participação do indivíduo. Sua trajetória visa ao atendimento dos interesses organizacionais (Thompson, 1977 apud Dutra, 2010).

Em decorrência, nessas estruturas de carreira, a ascensão para um cargo de maior nível de complexidade, o acesso a uma posição gerencial sênior, decorre de promoções verticais sucessivas apoiadas em critérios definidos *a priori* pela organização e oriundos de avaliações de desempenho ou simplesmente por preferências pessoais. Então, considerando que, pela perspectiva dessas estruturas de carreira os desejos dos indivíduos são irrelevantes, os planos de carreira não são construídos de modo compartilhado e, por conseguinte, nem sempre o comprometimento do indivíduo com resultados organizacionais é o desejado.

Em linha

Na atualidade a maioria dos avanços nos processos vinculados à gestão de pessoas é condicionada pelas demandas da lógica de gestão flexível.

Apesar de os alicerces das estruturas de carreira em linha serem nitidamente mecanicistas, na atualidade eles ainda são adotadas com frequência. Também denominadas carreira por linha hierárquica, elas se caracterizam pela estruturação de cargos, a partir de categorias correspondentes aos níveis crescentes da complexidade e exigência de capacitação para o trabalho, aos quais se atribui uma remuneração adequada. Sua estreita relação com o plano de cargos e salários (PCS) garante o crescimento do indivíduo por meio do exercício de cargos que demandam níveis de complexidade crescente. Tais níveis, identificados como etapas de um processo de maturação profissional, se diferenciam por meio de nomenclaturas que explicitam a crescente aquisição de *know-how* ou capacitação.

Em síntese, essa estrutura de carreira enfatiza o crescimento verticalizado do indivíduo na organização, privilegiando os cargos gerenciais em detrimento dos técnicos. Os cargos técnicos são escalonados a partir da base, e os gerenciais se encontram dispostos no topo da carreira (Pontes, 2000), conforme a figura 42. Adequada às organizações nas quais predomina a cultura de trabalho funcional, ela impõe limitações àquelas nas quais prevalecem outros tipos de cultura.

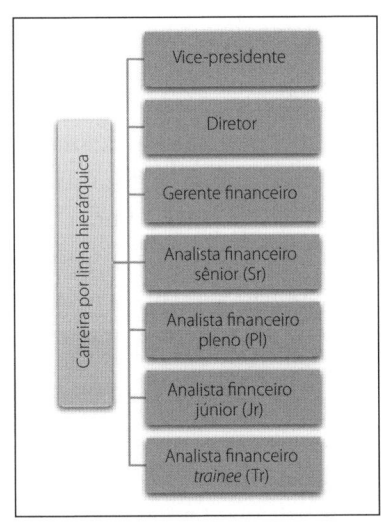

FIGURA 42. Exemplo do desenho de carreira por linha hierárquica

CARREIRAS NÃO TRADICIONAIS

Carreiras não tradicionais explicitam com nitidez a influência das pressões competitivas nos processos de gestão de pessoas e, em decorrência, os desafios que estas impõem à função e à área de RH. No âmbito da trajetória profissional, as mudanças paradigmáticas também demandaram novas estruturas de carreira. Estruturas verticalizadas cederam espaço às horizontais, alinhadas à lógica de gestão flexível.

Especificamente, carreiras não tradicionais buscam a conciliação das necessidades organizacionais e do crescimento profissional do empregado (Pontes, 2000). A ênfase recai sobre processos de trabalho laterais. As pessoas são estimuladas a experimentar diferentes naturezas de trabalhos para estimular a construção de perfis multifuncionais. O comprometimento com resultados é incentivado por meio de frequentes promoções horizontais. Ações de reconhecimento, inclusive financeiro, resultam da meritocracia, e os envolvidos participam da construção dos critérios a serem adotados. Portanto, os referidos critérios de ascensão são desvinculados da estrutura e dos títulos dos cargos.

Em suma, estruturas de carreiras não tradicionais valorizam o acordo mútuo entre a empresa e o indivíduo. A organização e o indivíduo são corresponsáveis por avanços na carreira. Cabe ao indivíduo planejar e colocar em prática seu projeto profissional, aproveitando as oportunidades que lhe são oferecidas pela organização.

Não surpreendentemente, a estruturação e a implantação de sistemas de administração de carreiras não tradicionais, alinhados à lógica de gestão flexível e, portanto, interessados na busca de vantagens competitivas, demandam outros cuidados da atuação da área de RH. Seus esforços iniciais devem se dirigir à construção de uma cultura que valorize a parceria entre organização e indivíduo, particularmente estimulando a negociação, a transparência e o aperfeiçoamento contínuo.

Sistemas de administração de carreira podem ou não condicionar ambientes de trabalho saudáveis, conforme descrito no capítulo 11. Eles podem estimular o sentimento de pertencimento e, assim, o comprometimento com o trabalho, desde que seus componentes sejam definidos a partir do consenso com os envolvidos, como propõe França (figura 43). Assim, cabe questionar: quais princípios são considerados relevantes para a organização e os indivíduos? Qual a estrutura de carreira mais adequada a ser implantada? Quais instrumentos de gestão deverão ser adotados para avaliar as possibilidades de ascensão do indivíduo no decorrer de sua trajetória na organização?

FIGURA 43. Componentes de sistemas de administração de carreiras

Princípios
Compromissos acordados entre a empresa e a pessoa.

Estruturas de carreira
Sucessão de posições, sua valorização e seus requisitos de acesso.

Instrumentos de gestão
Fluxo de informações necessárias ao planejamento das carreiras, à visibilidade das oportunidades de carreira, aos espaços de negociação de expectativas e ao suporte para revisão contínua do sistema.

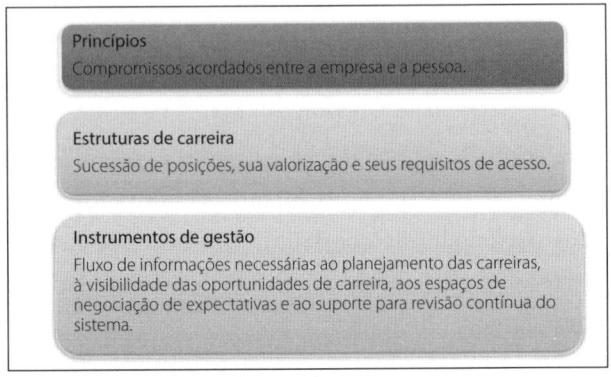

Fonte: adaptado de França (2010:241).

França (2010:242) ilustra alguns instrumentos comumente utilizados pela área de RH visando à geração de informações úteis à administração de carreiras não tradicionais.

FIGURA 44. Exemplos de instrumentos de gestão para administrar carreiras

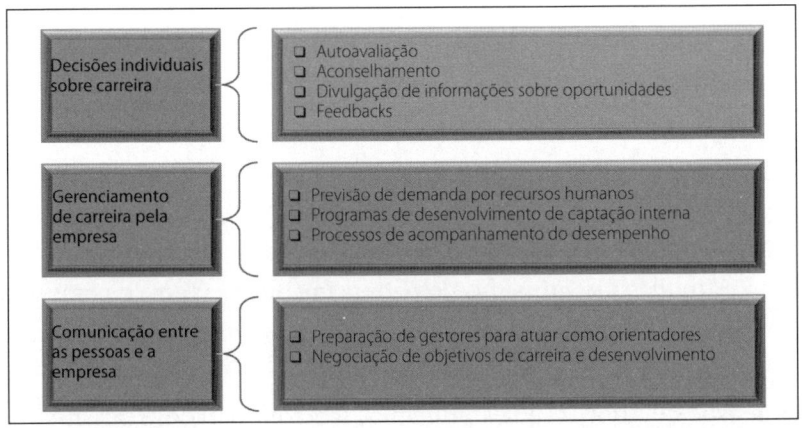

Decisões individuais sobre carreira
- Autoavaliação
- Aconselhamento
- Divulgação de informações sobre oportunidades
- Feedbacks

Gerenciamento de carreira pela empresa
- Previsão de demanda por recursos humanos
- Programas de desenvolvimento de captação interna
- Processos de acompanhamento do desempenho

Comunicação entre as pessoas e a empresa
- Preparação de gestores para atuar como orientadores
- Negociação de objetivos de carreira e desenvolvimento

Fonte: França (2010:242).

Além dessas proposições, exatamente por não se tratar de um modo tradicional de pensar a gestão da carreira, há uma pluralidade de iniciativas distintas objetivando a implantação de carreiras não tradicionais, como os exemplos que se seguem. Entretanto, é oportuno ressaltar que inexiste uma "receita de bolo" para conduzir a modelagem de sistemas não tradicionais. Ela exige dos especialistas da área de RH, fundamentalmente, domínio do seu significado. Ainda, requer uma cultura organizacional permeável à aceitação das inovações que, de modo geral, sistemas dessa natureza propõem:

- implantação de redes informatizadas para permitir o acesso a informações úteis à progressão da carreira, tais como biblioteca de materiais (cursos a distância e publicações especializadas), *links* de associações profissionais, entre outras;
- criação de *sites* contendo materiais relevantes à atualização de conhecimentos;
- criação de programas de T&D que favoreçam a ampliação da autonomia e o aumento da flexibilidade na realização do trabalho;
- estímulo à substituição de pessoas no período de férias para favorecer a aquisição e o desenvolvimento de conhecimentos úteis à progressão profissional;
- divulgação de informações estratégicas para ampliar a visão sistêmica do negócio de modo a construir uma força de trabalho confiante, autogerenciável e capaz de planejar suas carreiras.

Apesar disso, alguns parâmetros devem ser considerados, na prática, objetivando a configuração de estruturas de carreiras não tradicionais denominadas "em rede" ou "paralelas".

Estruturas em rede

A questão central dessa estrutura de carreira é a ampliação da autonomia do indivíduo para efetuar escolhas a respeito dos avanços em sua carreira, orientadas por critérios definidos *a priori*. Apesar das limitações das escolhas, elas são mais flexíveis do que as estruturas em linha na medida em que permitem opções distintas para cada posição na empresa (figura 45).

FIGURA 45. Exemplo de estrutura em rede

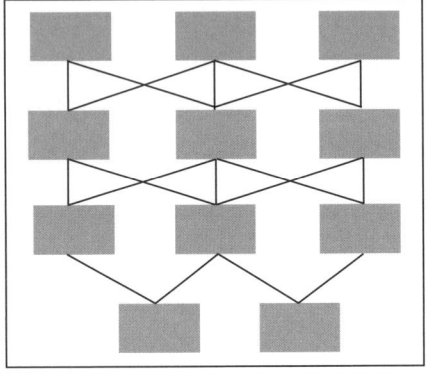

Fonte: adaptado de Araújo e Garcia (2009:138).

Estruturas paralelas

A modalidade mais comum de carreiras paralelas é a concepção da carreira em Y, também denominada totalmente paralela. Elas pressupõem a mobilidade e a ascensão por meio do exercício de funções gerenciais ou pela ocupação de funções técnicas, consideradas de alto valor agregado para a empresa.

Ao dispor de duas estruturas em linha (técnica e gerencial) de forma paralela, a organização permite ao indivíduo transitar entre ambas as linhas por meio de movimentações horizontais sem, no entanto, tornar a estrutura organizacional pesada e, ainda, valorizando a especialização técnica.

Nas organizações dinamizadas pela cultura baseada em tempo, por exemplo, conforme descrito anteriormente, o especialista, também, intitulado consultor interno, assume uma relevância crescente.

A base é única, representando o início da carreira tecnológica, quando todos começam no mesmo lugar. Após a experiência adquirida, pode-se optar por dois caminhos: partir para a gestão ou continuar na área técnica.

FIGURA 46. Exemplo de estrutura paralela

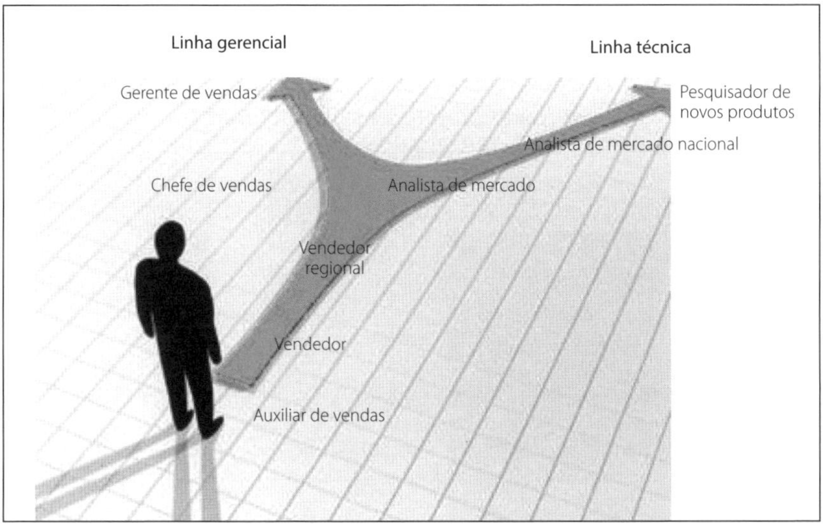

Fonte: adaptado de Araújo e Garcia (2009:139).

O sistema de carreira por competências é uma tendência crescente, apesar de os obstáculos frequentes derivarem, sobretudo, das dificuldades decorrentes da definição dos critérios de mobilidade e da identificação das competências associadas aos eixos de carreira. Especificamente, o eixo gerencial se vincula ao negócio e os demais se referem aos processos produtivos específicos (França, 2010:245), como ilustra o quadro 41.

QUADRO 41. Eixos de carreiras e faixas salariais

Faixa salarial	Gerencial	Administrativo	Técnico	Operacional
X	G5			
IX	G4		T6	
VIII	G3		T5	
VII	G2	A7	T4	
VI	G1	A6	T3	
V		A5	T2	
IV		A4	T1	O4
III		A3		O3
II		A2		O2
I		A1		O1

Fonte: adaptado de França (2010:245).

As denominadas estruturas de carreiras não tradicionais proteana e sem fronteiras encontram-se resumidamente caracterizadas na figura 47.

FIGURA 47. Exemplos de perfis valorizados na estruturação de carreiras proteana e sem fronteiras

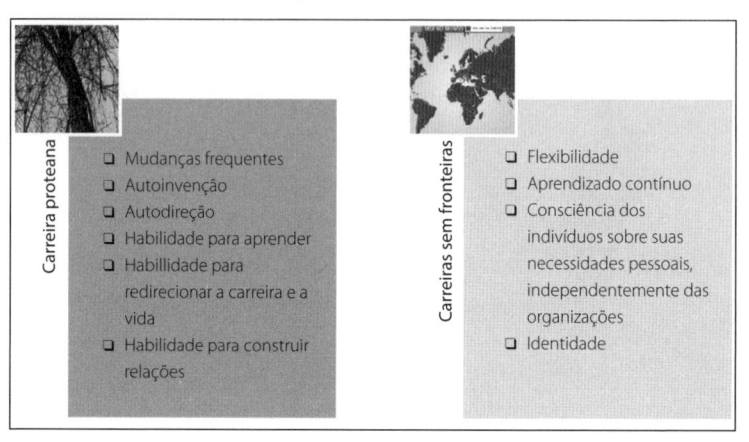

Carreira proteana
- Mudanças frequentes
- Autoinvenção
- Autodireção
- Habilidade para aprender
- Habillidade para redirecionar a carreira e a vida
- Habilidade para construir relações

Carreiras sem fronteiras
- Flexibilidade
- Aprendizado contínuo
- Consciência dos indivíduos sobre suas necessidades pessoais, independentemente das organizações
- Identidade

Apesar das vantagens desse modo de administrar carreiras, observa-se em algumas organizações resistência à sua adoção. A herança da lógica mecanicista cria obstáculos à aceitação dessas modalidades de carreira que não se caracterizam por controle *top-down*, excessiva hierarquia e rigidez burocrática.

Papel do indivíduo na administração de carreiras não tradicionais

Metaforicamente, planos de carreira são "bússolas" que norteiam a construção de "bagagens pessoais", bem como sua decorrente transformação em resultados desejados, visando ao enfrentamento dos desafios impostos pelas constantes mudanças do ambiente de negócio. Na perspectiva da administração de carreiras não tradicionais, não basta a organização criar oportunidades de desenvolvimento; o indivíduo precisa investir continuamente no desenvolvimento de seu perfil para se manter atrativo às organizações.

Essa exigência mercadológica nem sempre é bem aceita por todos, principalmente ao exigir do indivíduo o abandono da zona de conforto oferecida pela carreira em linha hierárquica. Por quê? O indivíduo tem de decidir se deseja um emprego ou um trabalho. Para muitos, emprego é sinônimo de fonte de sobrevivência, apenas um local que se frequenta com o intuito exclusivo de obter ganhos financeiros. O diálogo a seguir, com um jovem estudante universitário de 21 anos, ilustra essa forma de pensar.

> – No momento, qual a sua ocupação profissional? – questionamos a um jovem que pediu auxílio para a construção do seu plano de carreira.
> – Estudo para fazer concurso! – ele respondeu laconicamente.
> – Mas, exatamente, você está se preparando para ser aprovado em qual concurso? – insistimos, atônitas com a resposta.
> – Qualquer um... o importante é começar a contar tempo para me aposentar e não fazer nada.

Em contraposição, outras pessoas acreditam que trabalho é uma escolha. Mais do que isso, uma forma de intervir nas condições ao seu redor visando à construção de um mundo do trabalho em que a autorrealização seja possível. Elas estão conscientes da sua responsabilidade na concretização dos seus desejos profissionais.

Empresas de fato interessadas na implantação de estruturas de carreira não tradicionais, orientadas pela lógica de gestão flexível, estimulam nos indivíduos a busca da administração de suas próprias carreiras. Seus ambientes são menos paternalistas, menos orientados para cargos e títulos e mais orientados para competências e resultados.

Um número expressivo de organizações implanta planos de carreira, planos de desenvolvimento pessoal (PDP), planos de desenvolvimento individuais (PDI), entre outras expressões sinônimas, como "ferramentas de gestão", objetivando o indivíduo nas escolhas que significam avanços no gerenciamento de sua carreira.

Há vantagens no modo flexível de administrar a carreira. Contudo, na concepção de Pierre Bourdieu (1997), na atualidade o cenário corporativo estimula uma luta simbólica, fenômeno que contrapõe os indivíduos no campo das organizações. De um lado, quem é digno de ter o direito de permanecer no mundo do trabalho por possuir "patrimônio", ou seja, experiência e competências valorizadas pelo mercado; de outro lado, quem não tem o direito ao trabalho por não "não possuir patrimônio", ou seja, não ser qualificado ou mesmo semiqualificado, segundo a lógica do mercado. Por conseguinte, o acesso às oportunidades de trabalho se torna cada vez mais reduzido.

Essa linha de pensamento denuncia que os indivíduos são instigados à comprovação contínua da valorização de seu perfil de competência. Trata-se de seu "passaporte" para assegurar sua mobilidade no mundo do trabalho conexionista, afirma Castells (1999), cujo posicionamento revela pontos de convergência com os posicionamentos teóricos de vários autores, tais como Boltanski e Chiapello (1999), Castels, 2001, Grun (2003) e Souza (2008). De modos distintos, eles concordam que a lógica flexível impôs ao indivíduo a responsabilidade de manter sua empregabilidade. Como abordado anteriormente, o sentido contemporâneo da carreira discorda da possibilidade de o indivíduo obter um emprego de cunho vitalício, cuja relação com a empresa era "para sempre". Reafirmando, os tempos mudaram, e a segurança da inserção no mundo do trabalho passou a depender da contínua comprovação, pelo mercado, da utilidade do perfil de competências do indivíduo, aferida pelas provas pessoais de desempenho, como descrito no capítulo 7.

O papel dos planos de desenvolvimento pessoal

A mídia de grande circulação, impressa e eletrônica, oferece um número absurdo de "receitas milagrosas". Publicações do gênero autoajuda proliferam de modo abundante nas bancas de jornais prometendo "receitas" padronizadas para o sucesso profissional do indivíduo em curto prazo. A mensagem é idêntica: "Você é a sua empresa! Você é responsável pela sua progressão na carreira".

Entretanto, a fragilidade conceitual dessas "ferramentas mágicas padronizadas" provoca, no mínimo, frustração no leitor ingênuo e crédulo na possibilidade da existência de "uma tábua de salvação" que o devolva à segurança no emprego assegurada pela lógica de gestão tradicional. Porém, não surpreende a superficialidade de tais publicações. Elas privilegiam a lógica do "Se isso..., então aquilo", desconsideram a singularidade do indivíduo e, também, o fato de a valorização de perfis de competência ser histórica, conforme abordado no capítulo 5.

Fundamentalmente, um plano de desenvolvimento pessoal, popularmente denominado PDP, deve considerar que cada indivíduo tem uma visão de mundo, uma percepção quanto a seu papel funcional, um jeito de ser, entre outras distinções. Logo, de forma alguma pode ser confundido com um instrumento de gestão resultante de uma ideia "criativa" que emerge de modo repentino. Ele deve refletir, de fato, escolhas aptas a pavimentar caminhos capazes de concretizar os sonhos profissionais de um indivíduo em uma realidade organizacional específica. Considerando que a diversidade caracteriza a pessoa humana, então inexiste um PDP adequado em si mesmo.

Conforme abordado anteriormente, as estruturas de carreira não tradicionais, os planos de desenvolvimento, numa perspectiva contemporânea, devem traduzir estratégias de progressão de carreira resultantes da parceria entre organização e indivíduo.

A organização deve criar possibilidades para impulsionar o desenvolvimento profissional dos indivíduos. Por sua vez, o indivíduo deve se manter atento ao que quer, ao que necessita aprender e desenvolver, objetivando assegurar valor ao negócio no qual atua.

Dutra (2002) se posiciona em relação a essa questão acentuando que a postura consciente de um projeto profissional minimiza riscos na medida em que, nos tempos atuais, a carreira de um indivíduo deve ser delineada de dentro para fora. Isso significa dizer que as pessoas, ao assumirem a responsabilidade de desenvolver seus próprios projetos, ampliam a consciência a respeito de seus pontos fortes, de suas preferências, enfim, de suas características pessoais que favorecem e dificultam a concretização de seus sonhos profissionais.

Em última instância, a base de sustentação de um PDP é o autoconhecimento. Isso implica, inicialmente, a identificação de desejos pessoais e profissionais em nível de profundidade e, portanto, a coragem e isenção do indivíduo para avaliar se sua "bagagem pessoal", ou seja, seu perfil de competências atual possui os conhecimentos, as habilidades e as atitudes capazes de atender às demandas do contexto de negócio e às organizacionais, pois, conforme visto nos capítulos anteriores, o mundo do trabalho neodarwinista (Boltanski e Chiapello, 1999), modelado pela economia global, apenas valoriza competências que agregam valor.

Em função disso, o delineamento de um PDP requer uma investigação profunda a respeito das competências instrumentais e transversais que alicerçam a "bagagem pessoal" do indivíduo. As competências instrumentais são necessárias à atuação em um campo específico do conhecimento, por exemplo, o domínio de uma tecnologia ou metodologia específica. As competências transversais se referem àquelas requeridas à atuação em qualquer área do conhecimento, como a visão sistêmica e a comunicação interpessoal.

É visível a pluralidade de caminhos propostos por autores e organizações para a construção de metodologias com a finalidade de gerar insumos ao autoconhecimento, condição necessária à elaboração de um plano de desenvolvimento efetivo. Nesse sentido, este livro também compartilha uma proposição metodológica com esse propósito, haja vista ela vir revelando resultados eficazes, segundo os depoimentos de mais de 800 participantes das oficinas mencionadas a seguir.

Originalmente, em 2002, a concepção de uma oficina pela VZ Consultoria decorreu da necessidade do atendimento a uma demanda, principalmente do Instituto de Administração e Economia do Mercosul, em Curitiba, e do Instituto de Administração e Economia da Amazônia (Manaus), da Fundação Getulio Vargas. O propósito era a concretização de um dos módulos do projeto PerspectivAção, destinado aos discentes dos cursos de pós-graduação realizados nesses institutos. Em função disso, a VZ conduziu mais de 300 oficinas, no período 2002-2008.

Sob a inspiração de Paulo Freire, as premissas que orientaram o desenho, o desenvolvimento e a condução da oficina Construindo Planos de Desenvolvimento Pessoal, sua denominação original, se apoiaram na crença de que a aprendizagem deve ser entendida como uma relação dialógica.

Em linhas gerais, a oficina constrói condições para estimular reflexões capazes de mobilizar no indivíduo o desejo de aprofundar o autoconhecimento a partir da identificação de suas potencialidades e limitações.

Para tanto, a centralidade da dinâmica do evento se situa em torno da visualização de uma visão profissional desejada, da identificação das decisões e do planejamento das ações a serem empreendidas no presente para a pavimentação de uma trajetória rumo à concretização desse sonho. Assim, as atividades decorrentes estimulam a reflexão do indivíduo a respeito de experiências vivenciadas no decorrer de sua trajetória de vida e profissional. A figura 48 sumariza os quatro passos que operacionalizam a referida oficina.

FIGURA 48. Estrutura de um plano de desenvolvimento pessoal (PDP)

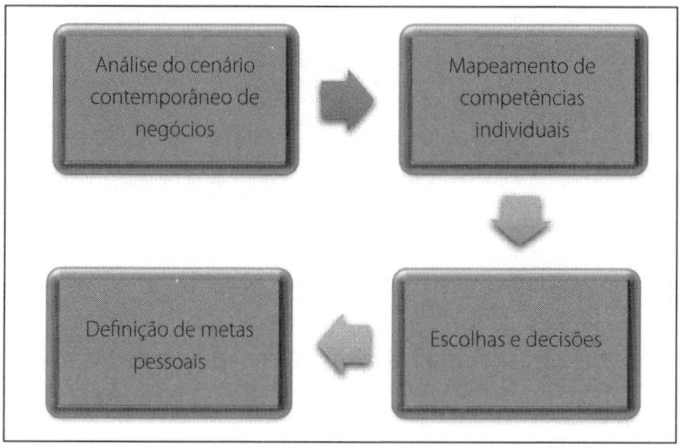

Em suma, estruturas de carreiras não tradicionais requerem insumos obtidos a partir da análise de fontes distintas, tais como o contexto corporativo, as demandas do negócio, a trajetória profissional e os desejos pessoais.

Logo, é possível afirmar que a principal "ferramenta" para a elaboração de um plano dessa natureza decorre de um "mergulho" do indivíduo em si mesmo. Que decisões, no âmbito profissional, são capazes de atender às exigências do mercado, mas, principalmente, permitir ao indivíduo se sentir realizado e feliz? Os desdobramentos dessa questão devem ser entendidos como as bases da sustentação da empregabilidade, em seu sentido contemporâneo? Ver figura 49.

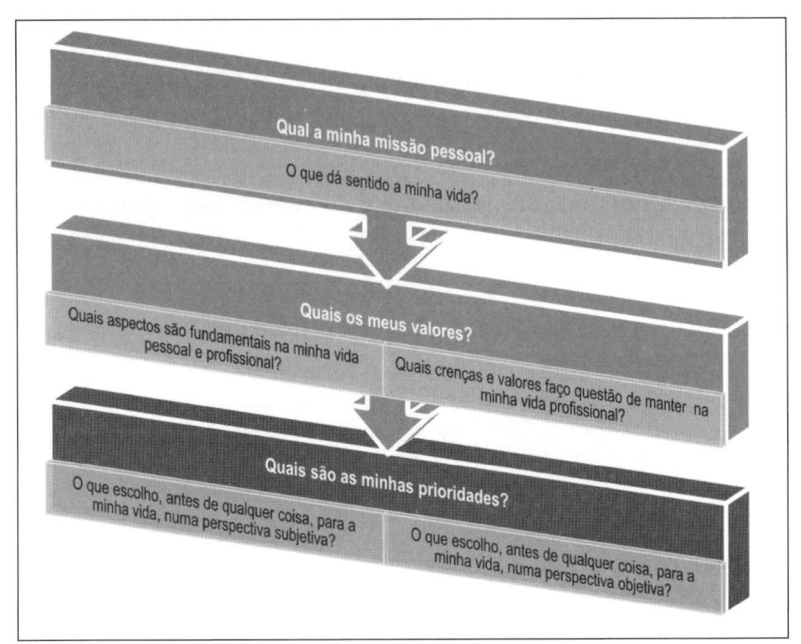

FIGURA 49. Bases pessoais de sustentação de um plano de desenvolvimento pessoal (PDP)

- Qual a minha missão pessoal?
- O que dá sentido a minha vida?

- Quais aspectos são fundamentais na minha vida pessoal e profissional?
- Quais os meus valores?
- Quais crenças e valores faço questão de manter na minha vida profissional?

- Quais são as minhas prioridades?
- O que escolho, antes de qualquer coisa, para a minha vida, numa perspectiva subjetiva?
- O que escolho, antes de qualquer coisa, para a minha vida, numa perspectiva objetiva?

Um plano de desenvolvimento alinhado às demandas do mercado favorece a empregabilidade do indivíduo. Mas se além disso ele atender às necessidades pessoais do indivíduo, também estimulará o comprometimento com o trabalho e elevará o sentimento de autorrealização. Quem sabe "sucesso" não seja a "arte" do equilíbrio do atendimento de demandas profissionais e pessoais?

Esse não é um desafio fácil de ser enfrentado, sobretudo quando questões de ordem financeira impõem prioridades ao indivíduo para assegurar sua sobrevivência e, às vezes, de seus familiares. Mesmo assim, os benefícios decorrentes de planos de desenvolvimento robustos instigam seguir adiante, abordando alguns aspectos críticos de sua construção, como sugere a figura 50.

Após a identificação da missão pessoal, dos valores, das prioridades e da trajetória profissional desejada, o próximo passo deverá ser tomar a seguinte decisão: manter o rumo ou alterá-lo?

FIGURA 50. Alicerces instrumentais de um PDP

| Quais fatos da minha trajetória profissional foram mais relevantes na minha percepção? ❏ Positivamente? ❏ Negativamente? | Quais competências fizerem diferença na minha trajetória profissional? ❏ Instrumentais? ❏ Comportamentais? | Analisando a minha trajetória profissional, em síntese, o que ela sinaliza? ❏ Rumo 1? ❏ Rumo 2? |

As respostas a essas indagações requerem ação. Pressupondo que mudanças profissionais sempre se entrelaçam com mudanças pessoais, um PDP necessariamente deve ser capaz de integrar essas duas dimensões, segundo perspectivas distintas, pois quanto maior o vínculo entre a trajetória da carreira e a vida pessoal, maior a chance de efetividade das decisões e ações dispostas no PDP.

Por essa razão, um plano dessa natureza deve investigar continuamente lacunas entre o real e o desejado em cada eixo de desenvolvimento. Os mais comuns encontram-se a seguir (51).

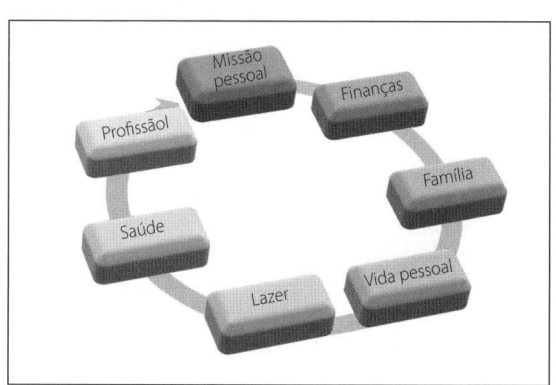

FIGURA 51. Exemplos de eixos de desenvolvimento

(Missão pessoal, Finanças, Família, Vida pessoal, Lazer, Saúde, Profissão)

Particularmente quanto ao eixo profissão, a investigação deve recair sobre duas questões (figura 52).

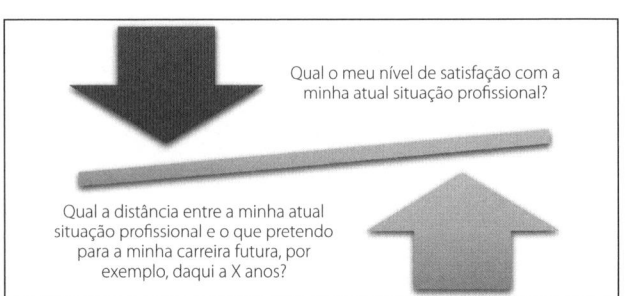

FIGURA 52. Vinculação entre carreira e vida pessoal

Qual o meu nível de satisfação com a minha atual situação profissional?

Qual a distância entre a minha atual situação profissional e o que pretendo para a minha carreira futura, por exemplo, daqui a X anos?

Pressupondo que nada ocorre por acaso, a concretização de um desejo futuro de carreira requer a elaboração de um PDP que favoreça o alcance de resultados desejados no âmbito de cada um dos eixos de desenvolvimento, por exemplo, como os que se seguem.

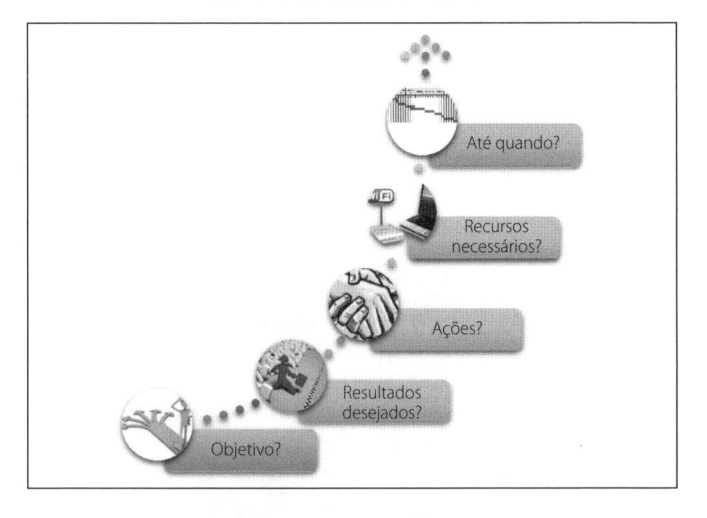

FIGURA 53. Estrutura de um PDP

- Até quando?
- Recursos necessários?
- Ações?
- Resultados desejados?
- Objetivo?

Considerando o interesse da transformação de sonhos em realidade, é necessária a coragem da análise da bagagem pessoal. Então, convém questionar (figura 54):

FIGURA 54. Análise da bagagem pessoal

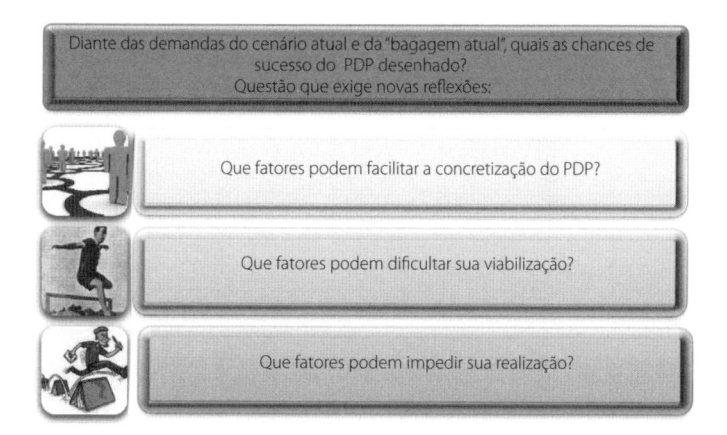

Diante das demandas do cenário atual e da "bagagem atual", quais as chances de sucesso do PDP desenhado?
Questão que exige novas reflexões:

Que fatores podem facilitar a concretização do PDP?

Que fatores podem dificultar sua viabilização?

Que fatores podem impedir sua realização?

Resumindo, o processo gestão de carreira se concretiza por meio de escolhas, algumas organizacionais, decorrentes das orientações estratégicas, outras pela perspectiva do indivíduo, que explicitam, de fato, onde se deseja passar a maior parte do tempo no mundo do trabalho.

O fato é que o processo de robustecimento do conceito carreira, ainda hoje, não é nítido. Portanto, é provável que as mudanças organizacionais em curso provoquem mutações no conceito e, por decorrência, no processo gestão da carreira, particularmente nos planos das carreiras dos indivíduos.

10 Gestão da ambiência: clima organizacional

> **Objetivos:**
> ❏ destacar a conceituação de clima organizacional;
> ❏ ressaltar a importância do clima na consecução dos objetivos organizacionais;
> ❏ identificar as dimensões do clima organizacional;
> ❏ aprofundar o olhar sobre os conceitos clima e cultura organizacionais;
> ❏ analisar as consequências do clima organizacional na gestão de pessoas;
> ❏ identificar as questões centrais do processo de pesquisa de clima.

A ambiência contemporânea do contexto de negócio

A concepção das organizações como sistemas abertos, interagindo dinamicamente com seus ambientes, externos e internos, começa a ser observada a partir da década de 1960, inspirada nas premissas da teoria de sistemas na administração. A partir de então, o conceito ambiente organizacional é incluído no jargão do mundo corporativo.

A área de estudos empresariais que em primeiro lugar se ocupou da questão ambiental foi a de marketing. Pesquisadores desse campo do saber, ao focalizarem sua atenção sobretudo nos impactos dos fatores sociais, demográficos, econômicos, tecnológicos e ecológicos nas organizações, trouxeram à tona a relevância da análise macroambiental, oferecendo insumos e orientações às ações estratégicas das empresas.

Gradativamente, profissionais da área de RH também explicitam sua preocupação com a obtenção de insumos provenientes do ambiente externo. Isso não significa dizer que esse interesse seja recente. Ele existia, embora de forma fragmentada e operacional. A busca no mercado de recursos humanos (MRH) de profissionais para o preenchimento de posições vagas na empresa ilustra essa afirmação. Outro exemplo refere-se à busca de entidades qualificadas para fornecer programas de desenvolvimento gerencial. Porém, em ambos os exemplos, a questão se explicitava de forma tópica, ou seja, por uma perspectiva operacional do ambiente.

Apenas quando a gestão de pessoas se configura como uma função estratégica, ou seja, quando a função RH é demandada a abandonar sua atuação tópica, objetivando atuar como parceira do negócio, ela passa a incluir a análise ambiental como elemento-chave do planejamento de RH.

A partir de então, a questão ambiental se apresenta como um pano de fundo para as ações empresariais. Nesse sentido, ela exige um olhar duplo: ambiente externo e ambiência interna. Enquanto o primeiro compõe o macroambiente ou ambiente geral, a segunda refere-se ao microambiente, interessado nos aspectos específicos ou operacionais.

O macroambiente mais próximo e imediato inclui os segmentos que conduzem transações frequentes no âmbito da organização. Ele influencia diretamente suas operações básicas e seu desempenho, incluindo fornecedores, clientes, concorrentes, agências reguladoras e mercado de trabalho.

O ambiente interno, por sua vez, é o ambiente da atuação da liderança gerencial. Autores como Daft (2005) incorporam a cultura organizacional, a tecnologia da produção, a estrutura organizacional e as instalações físicas como elementos do ambiente interno.

Em função disso, a forma como a liderança gerencial opera na ambiência interna das organizações, ou seja, como gerencia a força de trabalho, tem sido alvo crescente de estudos nos meios acadêmico e empresarial, sobretudo através de pesquisas de clima organizacional. Por essa razão, é oportuno abordar esse tema em maior profundidade.

Gestão do clima

O aumento de debates relativos à gestão do clima organizacional sinaliza que a inclusão desse tema nas agendas dos estudiosos e dos dirigentes das organizações contemporâneas não ocorre por acaso. Trata-se de uma necessidade. Os insumos derivados dos diagnósticos do clima organizacional, cada vez mais, se constituem em um importante termômetro para a proposição e a condução de ações de mudanças necessárias ao enfrentamento do novo contexto de negócios.

A primeira obra brasileira a tratar do tema foi publicada pela professora Edela Lanzer Pereira de Souza, em 1978. O embrião do tema, entretanto, emergiu nos anos 1930. É possível afirmar que a ideia de clima organizacional se encontrava subjacente nos resultados da pesquisa coordenada por Elton Mayo, desenvolvida em numa fábrica da Western Electric Company, em Chicago. O propósito era comprovar a relação entre a intensidade da iluminação e a produtividade dos trabalhadores, medida por meio do ritmo de produção.

A fábrica em questão produzia equipamento e componentes telefônicos, e registrava altos níveis de ocorrência de fadiga, acidentes, excesso e más condições de trabalho.

Especificamente, o foco da pesquisa residia na análise do impacto que o nível de iluminação exercia na produtividade do trabalhador. Sua intenção era comprovar a hipótese de que quanto maior a iluminação, maior a produtividade do operário.

A experiência foi subdividida em fases. Na primeira fase, foram observados dois grupos de trabalhadores que executavam a mesma tarefa. Um deles trabalhava sob uma iluminação ambiente constante e o outro sob uma iluminação instável, sendo informado de que haveria mudanças na iluminação. A avaliação dos efeitos psicológicos do teste demonstrou que quando a iluminação era mais intensa os trabalhadores produziam mais. Entretanto, a redução da iluminação não afetou a produtividade do grupo de teste. Ao contrário, os níveis se mantiveram elevados.

Na segunda fase da pesquisa, o local de trabalho, a forma de pagamento e os intervalos foram modificados, com a distribuição de lanches. Com esses benefícios, os empregados passaram a produzir mais e com maior satisfação.

A terceira fase focalizou a atenção na relação interpessoal. Para tanto, a equipe realizou entrevistas para a coleta de opiniões, expectativas e sentimentos perante as punições recebidas.

A quarta etapa, por sua vez, investiu na análise das relações informais mantidas pelos empregados na empresa. O propósito era instituir a remuneração coletiva apoiada na hipótese de que o aumento da solidariedade entre os empregados eleva a produção.

A partir dessas análises, em linhas gerais, os pesquisadores concluíram que a produção dependia de um tratamento mais humano aos trabalhadores, não surpreendentemente, tema profundamente vinculado à comunicação e à gestão participativa.

Desde então, cada vez mais, tais fenômenos se transformam em objetos de análise por estudiosos e práticos de administração em face de sua relevância para a sustentação da excelência. Desafio contemporâneo impossível de ser negligenciado.

O fato é que a questão do clima organizacional começa a fazer parte da agenda empresarial na medida em que estudos comprovam que a qualidade do clima impacta a satisfação dos trabalhadores e, por conseguinte, influencia sua atitude no trabalho.

Conceituando clima organizacional

O conceito clima organizacional, segundo Oliveira (1995), é um dos mais escorregadios de quantos já se interpuseram no caminho daqueles que lidam com a gerência. É comum verificar-se, como se observa no *Dicionário de recursos humanos* (Toledo e Milioni, 1986), a utilização da expressão "clima organizacional" como sinônimo de "cultura organizacional".

Sem dúvida, há uma estreita relação entre os dois conceitos, como assinala Souza (1977:141):

> O clima organizacional é um fenômeno resultante da interação dos elementos da cultura. O clima é mais perceptível do que suas fontes causais, comparan-

do-se a um "perfume", pois percebemos o seu efeito sem conhecer os ingredientes, embora às vezes seja possível identificar alguns deles.

Apesar de ambos os conceitos serem permeados pelas questões vinculadas às crenças e aos valores, é nítida a distinção entre eles.

Ilustrando, segundo Champion (1979), o clima "muitas vezes é inferido por meio das impressões subjetivas dos empregados em relação ao ambiente":

> É lógico esperar que nem todos os indivíduos terão a mesma opinião do ambiente organizacional. Alguns o perceberão como autoritário, e outros, como democrático [...]. Uma ilustração poderia ser encontrada em um departamento acadêmico de uma grande universidade. Quando as promoções e os aumentos salariais se baseiam na maioria das vezes no número de publicações de um professor, um "professor produtivo" pode ver o clima "publicar ou perecer" como democrático e compensador, ao passo que um colega improdutivo pode ver o clima como ameaçador, punitivo e autoritário (o que para ele é mesmo) [Champion, 1979:88].

Interessante ressaltar que o clima organizacional, segundo essa conceituação, explicita o sentimento do indivíduo em relação à empresa, ou seja, o grau de engajamento dos colaboradores com os valores e as práticas organizacionais. Nessa linha de pensamento, Davis (1984:81) acrescenta:

> Clima refere-se a crenças. É uma avaliação de até que ponto estão sendo atendidas as expectativas das pessoas acerca de como se deve trabalhar numa organização. Avaliações do clima podem ser úteis para identificar a baixa motivação dos empregados e suas causas, tais como: insatisfação com a remuneração, oportunidades de progresso inadequadas, canais de comunicação bloqueados, práticas distorcidas de promoção ou metas organizacionais pouco claras. Ações que sejam dirigidas para essas fontes de insatisfação tenderão a melhorar a motivação; e maior motivação deverá resultar em melhor desempenho – o que, de modo geral, as evidências sugerem ser verdadeiro.

A pluralidade de definições relativas a esse respeito autoriza a afirmação de que o conceito clima organizacional se encontra em processo de robustecimento. As proposições conceituais, a seguir, de Bennis e Coda, estudiosos do tema desenvolvimento organizacional, ilustram essa afirmação:

> Clima significa um conjunto de valores ou atitudes que afetam a maneira pela qual as pessoas se relacionam umas com as outras, tais como: sinceridade, padrões de autoridade, relações sociais etc. [Bennis, 1972:92].
>
> Em administração, clima organizacional é o indicador do grau de satisfação dos membros de uma empresa, em relação a diferentes aspectos da cultura ou realidade aparente da organização, tais como as políticas de RH, modelos de gestão, missão, processo de comunicação, valorização profissional e identificação com a empresa [Coda, 1998:3].

O que se depreende das definições compartilhadas é que clima organizacional ainda é um conceito em construção. Apesar disso, há questões imanentes a esse conceito, tais como percepção, componentes afetivos e motivação, independentemente do sentido que lhe é atribuído.

Metaforicamente, o diagnóstico de um clima organizacional se assemelha a uma fotografia da organização em um dado momento. Ela retrata o grau de satisfação dos empregados com a empresa, explicitando os fatores que acarretam ou não essa satisfação. Portanto, algumas mudanças são passíveis de modificações a partir de intervenções planejadas na realidade, se desejadas.

Analisando essa questão, Oliveira (1995) aponta três categorias de fatores que afetam o clima organizacional — gestão da empresa, contatos imediatos do empregado (sua seção, seu local de trabalho e seus colegas) e políticas de RH — ilustradas nos casos da empresa XYZ e XPTO a seguir.

A empresa XYZ

A Empresa XYZ passou por uma profunda transformação determinada pelos resultados desfavoráveis apresentados pela corporação nos últimos três anos. Em função das mudanças ocorridas, 25% do quadro funcional foram desligados, acarretando uma redução de 32% da folha de pagamento. Por essa razão, há um temor generalizado quanto à ocorrência de novas demissões.

continua

> O Departamento de Recursos Humanos, ao entrevistar os empregados, obteve, por ocasião das entrevistas de desligamento, as seguintes informações relevantes:
> - "alívio" por ter sido colocado um ponto final na incerteza quanto à permanência ou não na empresa;
> - tensão pelo excesso de cobrança de resultados, sem o respectivo suporte da liderança gerencial;
> - ausência de clareza quanto às metas a serem alcançadas;
> - mudanças constantes de foco;
> - competição entre os trabalhadores estimulada pelo medo da perda do emprego;
> - ausência de clareza quanto aos critérios de avaliação de desempenho

> **A empresa XPTO**
> Em função de mudanças na política cambial do governo, os resultados da XPTO foram desfavoráveis no último semestre. O diretor da empresa solicitou à área de RH uma videoconferência por meio da qual comunicou aos empregados a situação da empresa, garantindo a preservação dos empregos e solicitando o empenho de todos no sentido de reduzir o impacto negativo da política cambial mediante a redução de custos. Compartilhou inclusive exemplos simples no cotidiano de algumas áreas para ilustrar como os custos poderiam ser reduzidos.
> O resultado no semestre seguinte foi excelente, superando as expectativas. Em função disso, a área de RH reali-zou uma pesquisa em busca de resposta para esse fato. Os colaboradores assinalaram que a videoconferência do diretor foi fundamental no engajamento de todos objetivando a superação das dificuldades enfrentadas pela XPTO.

A comparação das duas situações permite observar a diferença fundamental no tratamento dispensado aos empregados nas respectivas empresas. Ambas enfrentaram problemas similares, porém apresentaram formas distintas para sua superação. A EMPRESA XYZ desconsiderou o ambiente psicológico das pessoas no trabalho, centralizando a atenção no corte de custos por meio da redução de pessoal. Por sua vez, a Empresa XPTO, ao contrário, investiu no engajamento dos empregados visando à superação dos desafios necessária à consecução dos objetivos desejados.

Entre um número expressivo de pesquisadores e estudiosos do tema que concordam com a postura adotada pela EMPRESA XPTO, McGregor é um dos mais influentes. O autor advoga que a atitude gerencial que se revela, sutilmente, por meio do comportamento cria o "clima" psicológico que prevalece na relação entre superior e subordinado. Ele defende que, "sendo dependente do superior, o subordinado é sensível a uma série de indícios que influenciam sua expectativa".

Mais importante do que a existência de determinadas políticas ou as declarações formais a respeito delas são os sinais da maneira como são administradas. O comportamento no dia a dia, do superior imediato e de outras pessoas importantes na organização, revela alguma coisa de suas pressuposições acerca da administração que é profundamente significativa [McGregor, 1992:126].

O papel do clima na consecução dos objetivos organizacionais

A origem do conceito clima organizacional, no campo das organizações, está vinculada ao conceito motivação, no âmbito individual. Isso permite dizer que o clima organizacional de uma organização está intimamente associado à motivação dos membros da organização. Assim, quanto maior a motivação dos participantes, mais o clima organizacional tende a favorecer a construção de relações sociais caracterizadas pela satisfação e posturas colaborativas. Em contraposição, quanto menor a motivação dos empregados, quer por frustração, quer por barreiras ao atendimento da satisfação das suas necessidades individuais, o clima organizacional tende a se tornar mais tenso.

Há uma escassez de estudos brasileiros sobre os impactos do clima organizacional na produtividade empresarial. Entretanto, observa-se o aumento da preocupação com a monitoração dele. Uma das evidências dessa afirmação pode ser percebida pela necessidade de as empresas abrirem capital para investidores de capital de risco, lançando ações em bolsa.

A abertura de capital atrai investidores em face da expectativa de retornos. Os investidores buscam informações sobre as empresas de modo a subsidiar a tomada de decisão, no âmbito econômico-financeiro, para favorecer a escolha das melhores aplicações. Um dos itens estudados refere-se ao momento adequado para efetuar investimentos, por exemplo, devido à iminência de greves. Empresas que não apresentam um bom índice quanto ao seu clima organizacional dificilmente atraem investimentos para incrementar seus negócios. O preço das ações reflete o grau de confiança dos investidores, afetado pela ambiência interna das organizações.

A influência do clima nos resultados organizacionais se explicita de modos distintos em relação tanto a seu alcance quanto a sua intensidade. Seus efeitos se assemelham aos do perfume: apesar de "invisíveis" aos olhos, eles exercem uma influência no aumento da rotatividade, passivo trabalhista, absenteísmo, retrabalho, entre outras variáveis que afetam o desempenho em níveis distintos.

As dimensões do clima organizacional

As impressões subjetivas dos trabalhadores, ou seja, suas percepções a respeito do ambiente em que atuam, são as fontes geradoras da avaliação do clima organizacional, cujo diagnóstico deve privilegiar dimensões distintas a serem pesquisadas.

Coda (1998), entre outros, afirma inexistir um modelo universal de pesquisa de clima organizacional. Há, no entanto, convergência quanto ao ponto de partida ser a compreensão da organização, alvo da pesquisa, e também quanto à investigação sobre o clima prosseguir a partir da escolha das dimensões adequadas à realidade de cada organização, as quais devem ser definidas operacionalmente.

Segundo Ramos Filho (2008:118-119), devem-se destacar 10 categorias de dimensões, a saber:

- *recompensas e benefícios*: correspondem às dimensões relacionadas ao processo de contrapartidas e recompensas, considerando seus aspectos tangíveis ou não, como salários, benefícios, assistência aos colaboradores, modos de reconhecimento, punições, bem como os critérios de justiça empregados para a determinação de recompensas;
- relações interpessoais: incluem as dimensões vinculadas às relações sociais na organização, explicitadas por meio de posturas e comportamentos relacionados à harmonia, confiança e cooperação entre seus integrantes;
- *autonomia*: compreende as dimensões que facultam aos funcionários a tomada de decisão e a realização de atividades de forma independente, ou seja, sem a consulta permanente aos superiores. Essa categoria con-

sidera os riscos que tal autonomia provê aos indivíduos, bem como sua possível tolerância aos erros;
- *estrutura e organização do trabalho*: agrupam as dimensões destinadas à obtenção das percepções dos empregados quanto à organização das atividades, evidenciadas por meio dos padrões e procedimentos utilizados para a consecução de objetivos, sobretudo no que diz respeito à clareza;
- *aspectos da liderança*: consolidam as dimensões vinculadas à liderança, tais como estilos gerenciais, suporte do líder, competência do líder e demais procedimentos do líder com relação aos liderados;
- *condições de trabalho*: incluem as dimensões destinadas a avaliar as condições de trabalho disponíveis, sobretudo no que diz respeito aos recursos necessários de quaisquer naturezas, objetivando o alcance dos resultados esperados;
- *conformismo*: constituído pelas dimensões relativas aos obstáculos existentes na empresa que limitam a atuação dos colaboradores, tendo como exemplos regras e procedimentos que dificultam o alcance de resultados individuais e organizacionais;
- *padrões de desempenho*: consolidam as dimensões relacionadas aos três níveis de desempenho (individual, grupal e organizacional), ou seja, às expectativas de desempenho;
- *imagem institucional*: inclui as percepções dos colaboradores quanto ao prestígio da instituição da qual fazem parte perante a sociedade, sobretudo quando a organização atua na prestação de serviços diretos aos clientes;
- *desenvolvimento profissional*: constituído pelo conjunto de dimensões referentes às oportunidades de capacitação, treinamento e desenvolvimento profissional, objetivando a progressão na carreira.

Clima e cultura organizacionais: conceitos complementares?

Gradativamente, a polêmica a respeito da distinção entre os conceitos clima e cultura organizacionais se esvai. Cada vez mais se percebe o entrelaçamento de suas nuances. Cultura e clima organizacionais são conceitos distintos, porém complementares, e exercem influência mútua por uma multiplicidade de fatores, tais como relações e condições de trabalho, saúde, habitação e familiar (Souza, 1978).

A linha de pensamento de Coda (1998) caminha em direção similar. Em síntese, o autor defende que a cultura antecede e fundamenta o clima, e que, por sua vez, este é um ingrediente da empresa de natureza imediata, mais "móvel" e oscilante do que a cultura organizacional.

Denison (1996), também, corrobora essa forma de pensar. Para ele, clima organizacional refere-se a uma situação específica decorrente dos sentimentos, pensamentos e comportamentos dos membros da organização. Clima organizacional é um fenômeno temporal, subjetivo e, frequentemente, sujeito à manipulação de pessoas que detêm o poder e exercem forte influência sobre as demais. Cultura se relaciona a um contexto evoluído, arraigado na história coletiva e suficientemente complexo para resistir às tentativas de manipulação direta.

Por sua vez, na concepção de Luz (2003), a cultura de uma organização se manifesta por meio dos rituais, códigos e símbolos que caracterizam seu cotidiano e, em decorrência, constroem uma identidade que pode impactar positiva ou negativamente o ânimo das pessoas que nela trabalham.

Cada empresa tem seu jeito de ser. Ela tanto pode ser um lugar agradável como um local difícil para trabalhar. Algumas são rígidas, outras, mais permissivas. Outras podem ser extremamente formais, contrapondo-se às demasiadamente informais. Algumas são conservadoras, outras são inovadoras. Outras, ainda, se caracterizam pela agilidade, em oposição àquelas em que a lentidão é um traço marcante. Algumas absorvem as demandas da modernidade com prontidão, enquanto outras impedem o presente de se afastar do passado devido a seu comportamento retrógrado.

Enfim, cultura é causa; clima é consequência. E, conforme assinalamos anteriormente, clima é como o perfume: não se vê, mas se sente. Refere-se ao estado de ânimo dos empregados de uma organização em um momento específico. Por sua vez, a cultura decorre de práticas recorrentes, estabelecidas ao longo do tempo.

Consequências do clima organizacional

O estudo produzido pela Escola de Administração de Empresas da Fundação Getulio Vargas (Eaesp/FGV) demonstrou que, no período 1997 a 2005, as empresas eleitas como as "melhores empresas para trabalhar no Brasil" apresentaram retorno 170% acima do índice Ibovespa e, ainda, rentabilidade de 17,8% do patrimônio líquido, resultado superior à média das 500 maiores empresas do Brasil (11,3%). Esses dados, por si sós, já seriam suficientes para se compreender a crescente ampliação da relevância do clima n as contribuições das pessoas, das equipes e das organizações.

Independentemente de estudos formais, como o da FGV, é notória a alta correlação entre um clima organizacional saudável e a sustentação do comprometimento das pessoas com o negócio, e a decorrente consecução dos objetivos individuais e coletivos. Em um ambiente corporativo marcado por uma competição globalizada, o clima organizacional é, sem dúvida, um diferencial competitivo.

Além das pesquisas formais centradas no diagnóstico do clima organizacional, há outras fontes de informações utilizadas para manter o controle efetivo do clima. As entrevistas de desligamento, realizadas pelas áreas de gestão de pessoas, são fontes que geram, por exemplo, informações que ampliam a compreensão das razões da perda de talentos. Não raro algumas apontam que a ausência de reconhecimento, de autonomia e de relações interpessoais saudáveis é um fato, entre outros, que motivou os pedidos de desligamento.

Nesse sentido, pressupondo ser impossível o convívio da ideia do acaso com a busca sustentada de resultados corporativos desejados, é uma condição necessária o monitoramento do grau de satisfação dos empregados, sobretudo pelos gestores em níveis intermediários.

O processo da pesquisa de clima

Conforme abordado, a gestão do clima organizacional é um diferencial competitivo que favorece o adequado enfrentamento das pressões competitivas na medida em que ele pode ou não criar condições que favoreçam a satisfação do cliente interno. Portanto, faz-se necessário investir continuamente na melhoria desse processo de investigação.

Segundo Luz (2003), a pesquisa de clima, ao revelar, sobretudo, o estado de ânimo dos empregados, possibilita o estabelecimento das suas relações de causa e efeito. Além disso, a pesquisa sinaliza tendências de comportamentos dos trabalhadores, tais como sua inclinação para apoiar ou não campanhas promovidas pela empresa.

A pesquisa de clima cria a oportunidade de os empregados expressarem suas percepções e seus sentimentos em relação à empresa. Logo, ao propiciar a identificação de problemas relevantes que afetam as relações sociais no trabalho e, por conseguinte, o desempenho em seus níveis distintos, ela possibilita a adoção de ações preventivas eficazes por meio de políticas de RH.

Em um ambiente de negócios globalizado, os impactos negativos ocasionados por um clima organizacional inadequado podem gerar perda de competitividade. A equação é simples: os aumentos de custos decorrentes da perda de talentos, das despesas advindas de horas extras, do retrabalho e do passivo trabalhista, por exemplo, corroem a rentabilidade do negócio.

Diagnosticar o ambiente psicológico do corpo funcional é, portanto, o ponto de partida, à semelhança de uma bússola que orienta as ações organizacionais. Entretanto, para ser efetivo, o processo de pesquisa requer, principalmente, a observação dos seguintes aspectos:

- planejamento do instrumento de pesquisa;
- análise e interpretação dos dados;
- divulgação dos resultados;
- tomada de decisão com base nos dados coletados e analisados.

Nesse sentido, o instrumento de pesquisa de clima organizacional, modelado para a busca informações relativas às percepções dos empregados e categorizado em função da realidade de cada organização, representa apenas o início de um processo.

É oportuno ressaltar que há itens praticamente constantes em um número significativo de pesquisas de clima, independentemente das categorias adotadas pela organização para estruturar o instrumento de pesquisa.

A relação com o superior hierárquico e as condições de trabalho são exemplos de fatores usuais nos instrumentos de pesquisa de clima.

Prosseguindo na operacionalização da pesquisa, a coleta de dados é efetuada por meio de questionários elaborados a partir de questões objetivas, de modo geral, respondidas com o auxílio de uma escala, definida *a priori*, que varia, por exemplo, de 1 a 5, significando:

1. discordo totalmente (total discordância e reprovação ao proposto na questão);
2. reprovação de alguns aspectos;
3. regular (situação satisfatória que requer melhoria);
4. concordo (reconhecimento de uma situação positiva passível de melhoria);
5. concordo plenamente (aprovação máxima ao proposto na questão).

Exemplo:
❏ Meu superior imediato valoriza o trabalho em equipe.

1.	2.	3.	4.	5.

❏ Recebo capacitação para desenvolver minhas competências profissionais.

1.	2.	3.	4.	5.

❏ A organização proporciona oportunidades para o meu crescimento pessoal e profissional.

1.	2.	3.	4.	5.

❏ Os salários e benefícios são adequados se comparados aos de empresas do mesmo porte.

1.	2.	3.	4.	5.

❏ A organização se preocupa com as normas de segurança e exige sua correta observação.

1.	2.	3.	4.	5.

Reiterando, após a coleta de dados, os passos seguintes são: a análise e interpretação dos dados, a divulgação dos resultados da pesquisa a todos os envolvidos e, finalmente, a decisão a respeito das ações que a empresa planeja desenvolver a partir das informações obtidas.

Um dos pontos-chave que as pesquisas de clima apresentam é a questão das relações de trabalho, o tema do próximo capítulo.

11 Gestão das relações de trabalho

Objetivos:
- identificar a influência das mudanças dos paradigmas de gestão no robustecimento do conceito gestão das relações de trabalho;
- estimular reflexões sobre o papel contemporâneo da área de RH e da liderança gerencial nas relações de trabalho;
- compartilhar as contribuições dos campos do conhecimento científico nos avanços da gestão das relações de trabalho;
- ressaltar os impactos da lógica de gestão flexível no sistema brasileiro de relações de trabalho e nos modos de resolução dos conflitos decorrentes.

A mudança de paradigma da gestão do trabalho

Relações de trabalho dizem respeito aos vínculos que se estabelecem entre os principais atores sociais que dinamizam os ambientes de trabalho: o trabalhador e o empregador. Essas relações são reguladas por contratos, que descrevem seus direitos e suas obrigações.

Originalmente, o sentido do conceito relações de trabalho remetia a um sistema de normas e regulamentação dessas relações a partir de uma visão estática e normativa (Nogueira, in Fleury, 2002). Porém, é oportuno lembrar a influência da mudança paradigmática no fortalecimento desse conceito no âmbito do processo gestão de pessoas.

Antes de abordar especificamente o objeto deste capítulo, convém ratificar algumas premissas assinaladas nos capítulos anteriores, considerando que as relações de trabalho são diretamente impactadas pelo macro e pelo microambiente.

O pensamento administrativo que embasou a ação gerencial no século XX se tornou incapaz de enfrentar os desafios do século XXI, marcado pela intensidade e velocidade das mudanças, influenciando a emergência de novas formas de organização do trabalho. Apesar de a necessidade de ganhos acentuados de produtividade ser um fato inquestionável, sua busca persiste como um dos principais desafios no atual mundo corporativo.

Ratificando, a internacionalização dos mercados, aliada aos avanços tecnológicos e ao aumento da exigência do cliente, impôs, nos anos 1990, a reestruturação produtiva, que privilegiou as formas flexíveis de organização do trabalho e que se apresenta a cada dia como uma solução hegemônica.

Entre as consequências significativas decorrentes dessas mudanças, algumas se destacam:

- aumento do trabalho temporário;
- redução de posições gerenciais intermediárias;
- enriquecimento dos papéis profissionais;
- ampliação do controle por meio de sistemas informatizados;
- redução de postos de trabalho.

Em suma, as transformações da produção e do emprego na era pós-industrial condicionaram novas formas de organização do trabalho para permitir o enfrentamento efetivo dos desafios da competitividade e da lucratividade. Assim, a lógica que as fundamenta se concretiza por meio de princípios que objetivam assegurar a efetividade organizacional (Lawler, 1996), conforme descrito na figura 55.

O fato é que o aumento da concorrência entre economias internacionais e nacionais condiciona nítidas transformações no mercado de trabalho no Brasil, originadas, por um lado, da reorientação do modelo brasileiro de desenvolvimento que transitou, a partir de 1990, da industrialização protegida para uma economia aberta e competitiva, e, por outro, acarretadas pela estabilidade do real, a moeda brasileira à época.

FIGURA 55. Lógica da gestão flexível

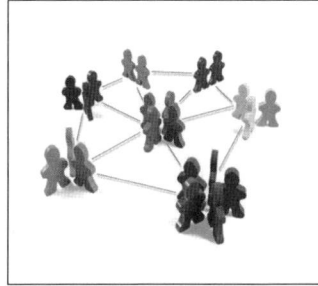

- O modo de organizar o trabalho é uma fonte de vantagem competitiva.
- A participação de toda a força de trabalho é fundamental.
- Todos devem agregar valor às operações realizadas pela empresa.
- A empresa deve promover condições para a horizontalização dos processos.
- A empresa deve se organizar de acordo com os produtos e os clientes.
- A liderança deve ser compartilhada em todos os níveis da empresa.

Fonte: Lawler (1996).

As mudanças no mercado de trabalho afetaram a dinâmica no campo das organizações, sobretudo no âmbito da gestão de pessoas. O aumento de exigência relativo aos perfis de competência e a elevação do nível do desemprego foram nítidas consequências da inserção da economia brasileira no processo de globalização. Essa decisão econômica provocou substanciais impactos sobre os fluxos de comércio e de capitais e, também, sobre a base tecnológica, gerencial e organizacional das empresas brasileiras (Souza, 2000:8).

O conceito empregabilidade emerge nesse cenário. O mercado passou a valorizar os perfis de competências que favorecem níveis crescentes de excelência. Segundo Lawler (1996), trata-se de perfis que propiciam melhorias contínuas aos serviços e produtos oferecidos pela organização ao mercado (se iniciativa privada) ou à sociedade (se ambiente público), com custos cada vez menores, agilidade cada vez maior e inovações constantes, conforme demonstra a figura 56.

Essa exigência demandou mudanças organizacionais, inter-relacionadas, vinculadas à qualidade (flexibilidade funcional) e à quantidade (flexibilidade numérica) do emprego. Por um lado, a imposição de resultados competitivos, além de priorizar profissionais com perfis que agregam valor, exigiu o máximo comprometimento desses indivíduos com o negócio. Para tanto, pressupondo que esse estado de ânimo nem sempre ocorre espontaneamente, tornou-se necessária a instituição de mecanismos organizacionais para assegurar o envolvimento da força de trabalho com os resultados competitivos desejados. Com esse intuito, organizações de alto desempenho investem na descentralização do poder (*empowerment* ou empoderamento), no acesso à informação (transparência), no estímulo à atualização do conhecimento, além da vinculação do desempenho às recompensas.

FIGURA 56. Operacionalização do conceito desempenho excelente, segundo Lawler (1996)

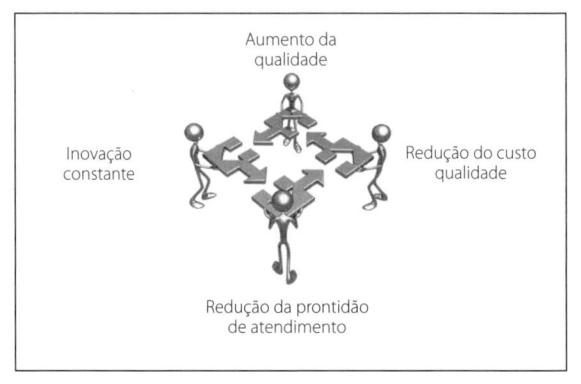

Entretanto, como apontamos anteriormente, críticos à lógica de produção flexível, entre eles Boltanski e Chiapello (1999), alertam que ela autoriza a classificação da superioridade de uns em detrimento de outros, tornando inevitável a divisão da força de trabalho em duas categorias: os que possuem "patrimônio", ou seja, perfis que agregam valor ao negócio, e os que não o possuem.

Assim, para o atendimento dessas demandas, algumas organizações reagem, estrategicamente, como uma "máquina de excluir", segundo Gaulier. Independentemente do gênero, da idade, do nível da escolaridade e da qualificação, o valor do profissional no mercado de trabalho contemporâneo, em última instância, resulta de sua capacidade de demonstrar competências alinhadas às necessidades da organização.

A situação no Brasil é similar à dos demais países. A ordem é global. Segundo Rifkin (1996), sobretudo desde a década de 1990, o mundo assiste ao fim do emprego. Mas, paradoxalmente, o trabalho se mantém para aqueles cujos perfis são alinhados às demandas do mercado e do negócio.

Metaforicamente, na atualidade, esses perfis são o "passaporte" para o ingresso e a permanência no mercado de trabalho.

Essa realidade, imposta pelo atual cenário corporativo, ao exigir mudanças aceleradas nos perfis individuais de competência, acarreta, no âmbito do mercado, da organização e do indivíduo consequências que não passam despercebidas. Ao se tornar o bem econômico mais raro, o emprego instigou o surgimento do perfil do "trabalhador sem trabalho" (Castells, 2001:496). A organização enfrenta o desafio da retenção de quem evidencia empregabilidade, ou seja, quem é considerado talento para enfrentar as exigências das pressões competitivas. Por isso, a cada dia aumentam a insegurança e o medo da demissão no indivíduo cujo perfil não é cobiçado pelas empresas.

Diante dessa realidade, Bourdieu (1977:11), outro crítico, denuncia que a valorização e a criação de oportunidades distintas para quem "possui" e para quem "não possui patrimônio" transformaram o campo das organizações em uma arena, em um confronto que, segundo o autor, não deve ser considerado um fenômeno "natural".

Complementando, Boltanski e Chiapello (1999) alertam que a luta, cada vez mais acirrada, entre quem tem ou não empregabilidade, ao delinear modos atípicos de inserção e sustentação no mundo ocupacional, tornou necessário o desenho de novas relações de trabalho aderentes às demandas do novo paradigma da gestão e do trabalho.

É oportuno destacar que essas questões foram assinaladas à medida que se fez necessário enfatizar a importância do papel de RH no atual contexto de negócios. As ações da função RH poderão ser uma fonte para a geração de ambientes organizacionais caracterizados pela cooperação ou por uma acirrada competição entre os indivíduos que neles atuam.

Diante disso, convém manter cautela quanto às possíveis consequências das estratégias intencionais de exclusão de indivíduos que evidenciam desempenhos indesejados, uma vez que desde 2000 a legislação brasileira qualifica esse fenômeno organizacional como assédio moral.

Contudo, essa luta visível que dinamiza os ambientes contemporâneos de trabalho exige uma postura constante de enfrentamento por parte da função RH.

O papel contemporâneo da função RH nas relações de trabalho

A classificação do indivíduo com base em perfis de competência condicionou mudanças nas relações de trabalho que, por sua vez, impuseram desafios inéditos à área de RH.

A exigência do abandono do trato da relação entre capital e trabalho pela perspectiva burocrática é um desafio atual da organização. A segurança oferecida pela normatização das relações de trabalho, inspirada na tradicional lógica mecanicista, se esvai. Logo, não mais faz sentido a função RH atuar de modo similar à época em que a área de RH se denominava relações industriais.

As mudanças organizacionais orientadas pela lógica de gestão flexível tornaram o empregador e o empregado corresponsáveis pelo processo de produção econômica. Por conseguinte, a área de RH foi obrigada a lançar um novo olhar sobre a relação entre capital e trabalho.

De um papel predominantemente operacional, responsável pela formulação de procedimentos, normas e regras para gerir as relações de trabalho, a mudança de paradigma exigiu uma nova postura e participação da área de RH na definição de objetivos, políticas e estratégias. Seu papel passou a ser a manutenção da qualidade das relações sociais entre empregador e empregado, considerando que as novas formas de organização do trabalho, embora voltadas para a competitividade e a lucratividade, devem estimular o empoderamento como estratégia de comprometimento.

> As relações de trabalho constituem a particular forma de relacionamentos que se verifica entre os agentes sociais que ocupam papéis opostos e complementares no processo de produção econômica: os trabalhadores que detêm a força de trabalho capaz de transformar matérias-primas em objetos socialmente úteis, adicionando-lhes valor de uso; os empregadores, que detêm os meios para realizar esse processo. Esta definição deixa de ser tão simples quando se verificam empiricamente e através do desenvolvimento histórico das relações de produção na sociedade capitalista as inúmeras e diversas possibilidades de concretização que assumem as categorias sociais ocupadas por ambos os agentes. Ela

se presta, entretanto, para ressaltar que, independentemente da complexidade de aspectos assumidos em cada situação peculiar, as relações do trabalho são determinadas pelas características das relações sociais, econômicas e políticas da sociedade abrangente [Fisher, 1992:19-50 apud França, 2010:203].

Diante das novas demandas direcionadas à área de RH, algumas questões se impõem. Será que os especialistas de RH estão aptos ao exercício do novo papel decorrente dos avanços na gestão das relações trabalhistas? Será que eles se empenham na construção de ambientes capazes de manter o equilíbrio entre o atendimento das demandas de empregadores e empregados? Será que eles estão atentos quanto ao fato de que ambientes de trabalho saudáveis favorecem o alto desempenho? Será que eles têm consciência de que há práticas que coisificam o indivíduo, tornando-o um mero instrumento de produção?

Há avanços relativos aos modos de pensar e agir as relações de trabalho. Em algumas organizações, os avanços se destacam pelo respeito à dignidade do indivíduo e pela consciência de que o fortalecimento da relação entre homem, trabalho e ambiente deve ser um investimento cotidiano. Ao contrário, em outras, o indivíduo é um elemento descartável.

Em síntese, se a relação entre empregador e empregado é saudável, o ambiente favorece o processo produtivo. Porém se ela é insalubre, o espaço organizacional não se constitui em um local de desenvolvimento e de cidadania. Relações sociais nutridas nesses ambientes transformam a organização em um lugar em que se perde a saúde.

Diante disso, os impactos das mudanças paradigmáticas no campo das organizações tornaram o papel da área de RH de suma importância na orquestração da gestão das relações de trabalho, especialmente no tocante ao desenho de estratégias pelos os ângulos técnico e socioemocional. Estratégias, na perspectiva técnica, priorizam a produção, os objetivos organizacionais, as regras decisórias, a vinculação com as demais políticas organizacionais e os instrumentos racionais de gestão; estratégias vinculadas ao âmbito socioemocional visam à mudança do modelo mental dos envolvidos.

Por essa razão, a atualização contínua dos especialistas de RH quanto à identificação dos condicionantes que impulsionam avanços na relação entre capital e trabalho é uma condição necessária.

No âmbito do conteúdo, estratégias efetivas dirigidas ao equilíbrio das necessidades da força de trabalho e do capital se caracterizam pelo olhar plural. A adoção restrita de procedimentos normativos para a construção de relações de trabalho produtivas e saudáveis é inócua adiante da multiplicidade das atuais exigências corporativas.

Ainda, se considerada a linha de pensamento de Bourdieu (1997), o desenho das referidas estratégias deve resultar do diálogo entre os envolvidos, bem como do compartilhamento de saberes entre disciplinas provenientes de campos distintos do conhecimento. Na atualidade, o conhecimento científico, de naturezas distintas, se expande com velocidade sem precedentes. Logo, é oportuno ilustrar como a relação entre homem, ambiente e trabalho pode incorporar contribuições científicas relevantes ao delineamento de políticas, programas, projetos e ações vinculados às relações trabalhistas.

Contribuições da ergonomia

Mudanças efetivas no relacionamento entre empregador e empregado extrapolam o conforto e a superficialidade da definição de regras e normas, segundo Guèrin (2001). O autor advoga que a solução efetiva para a transformação do trabalho é o diálogo entre os atores envolvidos.

Em linhas gerais, os estudos ergonômicos autorizam a afirmação da relevância do delineamento de estratégias capazes de compatibilizar as necessidades dos indivíduos no trabalho e as dos interesses econômicos. Sobretudo desde os anos 1980, algumas pesquisas destacam:

- na década de 1980, os estudos da Human Factors in Organizational Design and Management (ODAM) sinalizaram que a qualidade de vida nas organizaçõe afeta as relações de trabalho;
- na década de 1990, as pesquisas da Nordic Society of Ergonomics (Ingelgard, 1998:13) alertaram que os sistemas de trabalho devem considerar a interação entre homem, tecnologia e ambiente;

❑ na década de 1990, as pesquisas conduzidas pela Kanawaty (Ingelgard, 1998:13) sinalizaram que a redução da carga psíquica provoca o sentimento de bem-estar do indivíduo.

Em síntese, no campo da ergonomia, a partir da década de 1990, inúmeras pesquisas atestam a influência de ambientes competitivos na emergência de novas formas de adoecimento. Além do agravamento das doenças provocadas pelas formas tradicionais de organizar o trabalho, como a hérnia de disco, a perda auditiva e a asma ocupacional, as novas formas de organização do trabalho inauguraram novas patologias. As desordens musculoesqueléticas, denominadas LER/Dort (lesões por esforço repetitivo/ disfunções osteomoleculares relacionadas ao trabalho), são exemplos de patologias que refletem a relação contemporânea do ser humano com a tecnologia.

Com relação às repercussões das novas formas de organização do trabalho sobre os indivíduos, críticos tais como Guèrin (2001), Ferreira e Rosso (2003) e Dejours (2001) defendem que o homem deve se situar na centralidade do processo produtivo. Eles contrariam a perspectiva do fator humano, cujo foco praticamente exclusivo reside nos aspectos financeiros, técnicos ou organizacionais e segundo o qual, portanto, os insucessos decorreriam dos "erros humanos".

Guèrin (2001) particularmente denuncia haver duas fontes de sofrimento no trabalho diretamente associadas à perspectiva do fator humano. A primeira refere-se ao sentimento de impotência provocado pela ausência da autonomia do indivíduo sobre as condições e os resultados da atividade. A segunda diz respeito ao desconhecimento do caráter duplo do trabalho. Se, por um lado, cada um vivencia o trabalho segundo a própria percepção, por outro, para gerir o negócio, a organização tem seu modo próprio de efetuar escolhas quanto às condições de trabalho, aos objetivos de produção e às políticas. O sofrimento humano, portanto, se acentua quanto mais a área de RH ignora as consequências dos impactos da organização rígida do trabalho e do excesso de constrangimentos sobre as relações no ambiente profissional.

Outras pesquisas, também, revelam como os princípios da produção enxuta podem ser fontes do sofrimento humano. Isso implica dizer que eles podem criar constrangimentos na medida em que as condições de trabalho se caracterizam por paradoxos.

O princípio "estoque zero", sem dúvida, elimina desperdícios, porém pode constranger o indivíduo na medida em que seu "erro" paralisa a produção para a equipe propor sugestões de melhorias. O princípio "zero defeito" enriquece o cargo, mas pode envergonhar o indivíduo caso ele não assuma seus desafios. A organização do trabalho estruturada em unidades de negócios estimula desempenhos competitivos, porém pode transformar colaboradores em competidores e, em decorrência, fazer da organização uma arena marcada por relações de trabalho insalubres.

Christophe Dejours (2001), outro crítico, pesquisador da psicodinâmica do trabalho, denuncia que a perda da finalidade social do trabalho é uma fonte do sofrimento humano ao aumentar a carga psíquica. Quanto maior o sentimento de inutilidade, maior o sofrimento, explicitado, às vezes, por meio de manifestações de estresse decorrentes dos condicionantes abaixo ilustrados:

> Horário, ritmo, formação, informação, aprendizagem, nível de instrução, diploma, experiência, rapidez de aquisição de conhecimentos teóricos e práticos e de adaptação à cultura, à ideologia da empresa, às exigências do mercado, dos clientes, entre outras [Dejours, 2001:28].

Mas, o que se esconde por trás do sofrimento humano? A precariedade do trabalho, nascida das pressões competitivas, provoca o medo da exclusão, o qual se revela por múltiplas facetas: Medo de não dar conta do prescrito diante da intensificação do trabalho. Medo da incompetência para enfrentar os desafios impostos pelo real. Medo de ser impedido de fazer o trabalho corretamente devido às pressões sociais. Medo da desvalorização. Medo da ausência de reconhecimento por ser classificado como descartável. Medo da ausência de indignação. Medo das consequências do individualismo acentuado. Medo da vergonha de revelar o sofrimento.

De acordo com Dejours (2001), na atualidade, o medo da exclusão provoca o sofrimento no trabalho. Por conta disso, o indivíduo cria estratégias individuais defensivas, ou seja, mecanismos de regulação para se proteger e manter sua saúde. É o embate do indivíduo consigo próprio para não enlouquecer diante das pressões exercidas pelos modos flexíveis de organizar o trabalho, os quais ignoram que atrás de resultados tem gente (Souza, 2008).

> Por trás das vitrines, há o sofrimento dos que trabalham. Dos que, aliás, pretensamente não mais existem, embora na verdade sejam legião, e que assumem inúmeras tarefas arriscadas para a saúde [...] (Dejours, 2001:27-28).

Diante do exposto, a conclusão é óbvia: a construção de relações de trabalho saudáveis requer uma profunda reflexão sobre a relação entre sofrimento humano e trabalho. Isso, por sua vez, instiga reflexões inevitáveis: na luta cotidiana pela inserção e sustentação no mundo do trabalho, quais as percepções dos homens e das mulheres sobre seus ambientes profissionais? Há percepção do sofrimento humano nesses ambientes? Em caso positivo, como ele se revela? Há evidências visíveis de estresse? Em caso positivo, como elas se manifestam?

O interesse no aprofundamento dessas indagações motivou uma investigação a respeito da mediação indivíduo/trabalho/ambiente, junto a uma amostra de 215 participantes de cursos de pós-graduação, em âmbito nacional, no período março-junho de 2007. A pesquisa se apoiou nos referenciais teóricos concebidos por Hyrigoyen em referência a ambientes e posturas tipificadas como assédio moral, por Dejours no tocante ao sofrimento humano no trabalho, e, também, por Vasconcellos quanto aos sintomas de estresse.

A análise dos dados descritos no quadro 42 confirmou uma das hipóteses de Dejours (2001): "O grande palco do sofrimento é o trabalho, tanto para os que se acham excluídos quanto para os que nele permanecem". Em síntese, ela revelou que, no Brasil, o confronto entre profissionais com perfis de competência diferenciados é uma das fontes do sofrimento humano no trabalho.

QUADRO 42. Fontes da construção do imaginário do ambiente de trabalho

Quais os fatos marcantes que condicionam as relações de trabalho na sua empresa? (em %)	
Pressão por resultados	17
Pressão por redução de custos	17
Individualismo	10
Disputa interna	9
Despreparo gerencial para lidar com as pessoas	8
Desrespeito	8
Comunicação hierárquica	7
Ausência de transparência	5
Ausência de reconhecimento	4
Autoritarismo	4
Centralização do poder decisório	4
Feudos/"panelas"	4
Excesso de burocracia	3
Ansiedade	2
Fofocas	2
Desorganização	2
Manipulação	2
Paternalismo	2
Ausência de confiança	1
Ausência de negociação	1
Ausência do espírito de equipe	1
Comparação entre as pessoas	1
Discriminação	1

Fonte: Pesquisa realizada pelas autoras (2007).

Como se pode observar, tais posturas corroem o tecido organizacional, prejudicando o desempenho funcional e adoecendo o indivíduo.

Contribuições da administração

Esse tema tem sido palco de debates centrados nos impactos da reestruturação produtiva nas relações de trabalho. Um número expressivo de estudiosos, como Smith (1997), concorda que, embora eficazes, as novas formas organizacionais provocam danos à saúde do indivíduo.

O Seminário de Políticas Públicas de Saúde, realizado em São Paulo, em julho de 2004, centrado nessa temática, ilustra essa afirmação. Camarotto, um dos palestrantes, docente da UFSCar, denunciou o aumento de conflitos entre a empresa e os empregados, no decorrer da década de 1990, devido às condições de trabalho produzidas pela intensificação do ritmo de trabalho. Elas deslocaram o olhar da produção para o atendimento das exigências do cliente.

O conceito de tempo do atendimento ao cliente proposto pela produção enxuta (*tact-time*) substituiu o conceito de tempo padrão valorizado pela lógica mecanicista. As ideias centrais da lógica da gestão flexível autorizam supor que, na atualidade, o tempo se denomina curto prazo. A noção de um tempo regular que permeou o processo produtivo na velha economia, fornecendo medidas exatas para o desempenho humano, passou a ser variável, e se tornou uma expressão sinônima de permanente disponibilidade para o atendimento das exigências do cliente externo.

Ainda, no campo da administração, a resposta às questões apontadas, até então, têm sido o aumento expressivo de investimentos em pesquisas de clima organizacional e em programas de qualidade de vida no trabalho. Como destacado no capítulo 10, por exemplo, os subsídios decorrentes de diagnósticos relativos ao clima organizacional são cada vez mais utilizados para a tomada de decisões necessárias ao enfrentamento do novo contexto de negócios.

Contribuições da psicologia

As raízes das contribuições do campo da psicologia que impulsionaram avanços nas relações de trabalho brotaram das abordagens de cunho compreensivo centradas nas mudanças nas relações sociais no trabalho.

Suas origens remontam às concepções teóricas de Kurt Lewin e McGregor, nos anos 1930 e, também, àquelas inauguradas por Cris Argyris, na década de 1950.

Os estudos de Marie-France Hirigoyen, psicóloga francesa, se tornaram uma referência para a compreensão dos impactos da intensificação do trabalho, valorização da individualidade e busca de desempenhos competitivos nas relações de trabalho. A afirmação da autora, a seguir, resume suas denúncias relativas às condições de trabalho. Ela alerta que tais condições provocam novas formas de adoecimento individuais e coletivas.

> Em um mundo profissional que funciona com urgência, não se tem mais tempo de escutar. Quando estão nos pressionando, cobrando, pisando, esquecemo[-no]s do outro como pessoa, não temos mais tempo de nos deixar envolver emocionalmente por ele, não temos mais tempo para o encontrar no sentido próprio do termo [Hirigoyen, 2002:189].

Esses alertas não surpreendem. A Organização Internacional do Trabalho (OIT) e a Agência Europeia para a Segurança e a Saúde do Trabalho, em 1996, realizaram uma pesquisa pioneira, nessa perspectiva, cujos resultados constataram que estratégias de exclusão provocam doenças decorrentes do estresse. Em direção similar, as pesquisas de Grün (2003) confirmam que a exclusão da vida econômica produz enorme sofrimento.

Enfim, é inconteste a importância da adoção de estratégias voltadas ao socioemocional visando à busca do equilíbrio entre necessidades do empregador e do empregado, para a promoção de avanços efetivos nas relações de trabalho. Para tanto, porém, essa relações devem ser:
- desenhadas a partir de um olhar plural, a partir das contribuições das distintas áreas do conhecimento científico;
- definidas de modo compartilhado, nas perspectivas de indivíduo, consumidor, usuário e cliente, entre outros atores sociais envolvidos.

O sistema brasileiro de relações de trabalho

O final do século XX assistiu a profundas transformações no mundo dos negócios. E, claro, a economia brasileira não foi exceção. Particularmente em relação ao cenário brasileiro, Márcia da Silva Costa (2005:111) destaca as mudanças relevantes ocorridas no país à época:

> Esta experiência de adaptação competitiva ao mercado global deu início a processos generalizados de reestruturação produtiva dentro das empresas, lugar onde aquelas mudanças se concretizaram. Fechamento de fábricas, enxugamento de plantas, redução de hierarquias, concentração da produção nas áreas ou produtos de maior retorno, terceirização, modernização tecnológica, redefinição organizacional dos processos produtivos, entre outros, sintetizaram as estratégias empresariais, como estratégia mesmo de sobrevivência, resultando num fenômeno de demissão em massa de dimensão jamais vivida na história da industrialização do país.

Os fatos evidenciam a emergência de novos padrões tecnológicos: o desmoronamento de barreiras comerciais que instigou mudanças na gestão do trabalho, nas estratégias organizacionais e nos perfis de competência; o surgimento de demandas organizacionais inéditas, sobretudo vinculadas à organização do trabalho. Em decorrência, o sistema brasileiro de relações de trabalho foi obrigado a se adaptar às exigências da lógica de gestão flexível.

O Brasil enfrentou duas mudanças políticas interdependentes, no âmbito do mercado de trabalho, para o atendimento das exigências decorrentes dessas transformações:

- a flexibilização dos regimes de trabalho (jornadas, salários, mobilidade funcional, ritmos);
- a flexibilização e a desregulamentação do sistema legislativo nacional de proteção ao trabalho, da Consolidação das Leis do Trabalho (CLT).

> Medidas provisórias como as que regularizavam o banco de horas, o contrato de trabalho por tempo determinado, a suspensão temporária do contrato de trabalho por motivos econômicos acenavam com a legitimidade institucional para a concretização daquela flexibilização, abrindo caminho para iniciativas de reformas pontuais importantes naquele ordenamento jurídico do trabalho [Costa, 2005:111].

As relações de trabalho no país, construídas em condições autoritárias, provocaram a debilidade da organização sindical. Uma das consequências foi o fortalecimento de práticas caracterizadas pelo uso flexível e precário do trabalho.

A tendência recente da flexibilização da CLT, parâmetro central das relações de trabalho no Brasil, permite essa afirmação, pois, se a reforma não considerar que o homem deve ser o centro do processo produtivo, pode colocar em risco a garantia de direitos trabalhistas há muito adquiridos.

Conflitos jurídicos no âmbito da gestão de pessoas

Este livro não pretende ser exaustivo quanto à análise dos conflitos coletivos de trabalho e de suas modalidades de solução. Seu foco reside nas nuances dos conflitos coletivos de trabalho comumente ocorridos no Brasil.

Especificamente, qual o significado do conceito conflito, em sentido amplo? Derivado dos vocábulos *conflictus* e *confligere*, ele designa embate de pessoas, luta, pendência, oposição. De modo geral, seu uso traz à tona a ideia da contraposição de interesses entre duas ou mais pessoas. Assim, transferindo para a organização, os conflitos de trabalho podem ser individuais ou coletivos.

> Conflitos coletivos trabalhistas como aqueles que atingem um grupo específico de trabalhadores, empregadores ou de tomadores de serviços, seja no âmbito interno da empresa ou do estabelecimento em que ocorre a efetiva prestação de serviços, seja sob uma acepção mais ampla, em que envolve toda a categoria [Costa, 2010:18].
>
> Os conflitos coletivos jurídicos têm por fim a interpretação ou aplicação de normas jurídicas preexistentes, enquanto os conflitos coletivos econômicos objetivam a modificação das condições de trabalho, e, portanto, a criação de novas normas para disciplinar tais relações trabalhistas. São levados a efeito mediante as chamadas medidas conflitivas, de iniciativa dos empregados,

como os piquetes, o boicote e a greve, bem como as de iniciativa dos empregadores, exemplificadas nas listas negras e no juridicamente proibido *lockout* [Costa, 2010:19].

No âmbito das relações de trabalho, conflito refere-se à ausência de acordo entre o empregador e o trabalhador com vínculo empregatício, na maior parte das vezes decorrente de divergências quanto às condições de trabalho e à remuneração. Portanto, o conflito coletivo de trabalho pode implicar um desacordo entre uma ou várias organizações sindicais representativas dos trabalhadores e uma ou várias entidades patronais. O propósito é a interpretação das normas trabalhistas vigentes que afetam as relações individuais de trabalho entre as partes em conflito.

Nesse sentido, a relevância dos papéis do sindicato e da área de RH na gestão de pessoas, segundo a perspectiva estratégica, é indiscutível, sobretudo no que diz respeito às relações de trabalho, se considerada a necessidade de mudanças comportamentais e atitudinais diante da mudança de paradigma e das pressões competitivas. Ações políticas exclusivamente interessadas em ganhos pessoais e posturas assistencialistas, tanto por parte dos sindicatos quanto da área de RH, gradativamente cedem espaço à ação política concretizada por meio de negociações.

A negociação passou a ser importante por ocasião do surgimento de greves. Costa (2010) afirma que a Constituição republicana brasileira de 1988 assegurou o direito de greve nos moldes da Constituição portuguesa, que a inspirou, porém transferiu para a lei ordinária a definição dos serviços ou atividades essenciais, introduzindo a teoria do abuso de direito (§2º do art. 9º).

O artigo 2º da Lei nº 7.783, promulgada em 28 de junho de 1989, conceitua greve como a "suspensão coletiva, temporária e pacífica, total ou parcial, de prestação pessoal de serviços a empregador"

Complementando, Araújo e Garcia (2009:360) assinalam os oito tipos de greves mais comuns no sindicalismo brasileiro:

Segundo o artigo 4º da Lei nº 7.783/1989, uma greve pode ser considerada lícita quando atende às exigências legais (previstas na própria Lei nº 7.783).

Figura 57. Tipos de greves

- Greve de ocupação
- Greve de braços caídos
- Greves de rodízios
- Greves intermitentes
- Greves de solidariedade
- Boicotagem
- Sabotagem
- Lockout

Fonte: adaptado de Araújo e Garcia (2009:360).

Contudo, as greves têm modalidades, propósitos e estilos distintos:

Quadro 43. Tipos e estilos de greve

Tipos de greve	Estilos (principais características)
Greve de ocupação	Invasão do local seguida da recusa da saída do ambiente de trabalho, às vezes fazendo reféns.
Greve de braços caídos	Redução do ritmo de trabalho.
Greves de rodízios	Paralisações de pequena ou média duração em uma ou mais unidades de negócio.
Greves intermitentes	Rápidas paralisações coordenadas de toda uma unidade de negócio.
Greves de solidariedade	Paralisações para impor ao empregador a decisão de não dispensar pessoas anteriormente demitidas.
Boicotagem	Não se trata propriamente de um tipo de greve, antes é a utilização de meios de comunicação, pelos empregados da organização, para os consumidores não adquirirem os produtos da empresa.
Sabotagem	Ato ilícito penal em face da destruição de bens materiais objetivando danificar ou prejudicar a empresa.
Lockout (greve dos empregadores)	Abuso da empresa para impedir o cumprimento de uma decisão da Justiça do Trabalho e para fazer pressão sobre o governo.

Fonte: adaptado de Araújo e Garcia (2009:360).

Em se tratando da solução de conflitos, Costa (2010) ressalta a importância do método da conciliação. Trata-se do empreendimento de esforços efetuado pelas partes, objetivando aproximar suas posições de modo a permitir a construção de um acordo percebido como consenso. Segundo o autor, esforço significa tentativa; acordo, por sua vez, deve ser entendido como conciliação, integrada por dois elementos:

- a base, entendida como o acordo entre as partes envolvidas;
- o elemento complementar, compreendido como a presença de um terceiro empenhado em aproximar as partes e facilitar o acordo.

Costa (2010) é contundente ao destacar a relevância do incentivo à solução de conflitos trabalhistas pela via da autocomposição, mediação ou arbitragem. Para o autor, a intervenção judicial nem sempre é a solução mais eficaz para a pacificação dos interesses divergentes. Ele considera que essa alternativa deve ser a última decisão, caso as tentativas extrajudiciais não obtenham êxito. Entretanto, essa forma de pensar não encontra eco no Brasil, onde, na maioria das vezes, os conflitos vinculados às relações no trabalho privilegiam a via judicial.

O assédio moral no trabalho

No âmbito da violência moral no trabalho, nem sempre foi possível a resolução de conflitos por via judicial no Brasil. As mudanças perceptuais da sociedade e da organização quanto às relações de trabalho abusivas ocorreram paulatinamente. Segundo Souza (2008), suas raízes, de natureza multidisciplinar, se fortaleceram por um longo período, marcado por avanços e recuos.

Sob fortíssima influência estrangeira, seus alicerces se reportam aos fundamentos da liberdade e do direito ao trabalho, dispostos na Declaração dos Direitos do Homem e do Cidadão, que apoiou a Revolução Francesa (1789), e na Declaração Universal dos Direitos Humanos, promulgada pelas Nações Unidas em 1948.

Art. 1 Os homens nascem e permanecem livres e iguais em direitos [Declaração dos Direitos do Homem e do Cidadão,1798].

Art. XIV. Toda pessoa tem direito ao trabalho em condições dignas [Declaração Universal dos Direitos Humanos, 1948].

Pela perspectiva da formação das suas raízes brasileiras, é nítida a influência da Constituição Federal Brasileira de 1988 ao defender os direitos do cidadão relativos aos seus ideais de liberdade, bem como da Consolidação das Leis do Trabalho (CLT), que desde 1943 prevê garantias trabalhistas para o trabalhador com vínculo empregatício permanente, se o ato praticado for comprovado como ilícito.

Como se verifica, a nomeação desse fenômeno não resultou de uma decisão repentina. O fato, porém, é que o gradativo incômodo com a perseguição insistente e sutil, visando à exclusão dos "descartáveis", culminou na qualificação do fenômeno assédio moral no Brasil (Souza, 2008).

Em 24 de abril de 2000, a Câmara Municipal de Iracemópolis, em São Paulo, aprovou a criação dessa figura jurídica, tipificando a pluralidade de manifestações da humilhação proposital no trabalho, decisão essa que dificultou o abrigo desse fenômeno nos porões organizacionais sob denominações diversas, como "mau humor", "temperamento difícil", "fofocas" e "conflitos interpessoais". A dor moral, até então desacreditada, passou a ter nome: assédio moral.

A criação dessa figura jurídica acarretou consequências que afetaram, por exemplo, a gestão de pessoas e, em particular, a gestão das relações de trabalho. A nomeação do fenômeno tornou possível o enfrentamento desse problema junto aos tribunais de justiça (Souza, 2008).

Até 2000, no Brasil, as reclamações dos empregados decorrentes da desqualificação intencional, ou seja, da humilhação proposital do outro, independentemente de suas razões, eram percebidas como queixas individuais. A partir da sua nomeação, as práticas tipificadas juridicamente com essa conotação passaram a ser percebidas como um fenômeno organizacional, o que pressupõe a responsabilidade da organização pela saúde física e mental do indivíduo e, portanto, passível da intervenção judicial. Além de denunciar tais práticas, por exemplo, junto à ouvidoria e à área de RH, as pessoas que, porventura, se percebem como alvos do assédio moral passaram a ter o direito de efetuar denúncias públicas junto à Justiça, em âmbito municipal, estadual ou federal (Souza, 2008).

O que significa, exatamente, assédio moral? Em concordância com as legislações estrangeiras, a legislação brasileira qualifica assédio moral, em síntese, como condutas reiteradas e intencionais que visam à destruição da imagem e autoestima do indivíduo.

A maioria dos estudiosos do tema converge afirmando que, sobretudo a partir dos anos 1990, acentuou-se a degradação deliberada das condições de trabalho com o intuito de excluir quem não agrega valor. Os atuais critérios para a classificação do indivíduo, com base em perfis de competência, criaram condições propícias a que o assédio moral fosse visto como algo natural (Souza, 2008).

Embora a nomeação do fenômeno tenha sido concebida como uma estratégia para o enfrentamento do assédio moral, ela ainda se mostra impotente, à semelhança de outros instrumentos legais, para eliminar práticas abusivas do campo das organizações.

A atuação da área de RH e, sobretudo, da liderança gerencial é imprescindível à conciliação de interesses individuais e organizacionais. Nesse sentido, tem se verificado um crescente número de organizações que desencadeiam ações para preparação do corpo gerencial no sentido de evitar tais práticas abusivas. Entretanto, sua extinção não ocorrerá naturalmente: ela requer uma postura empresarial efetiva.

Iniciativas jurídicas de defesa da dor moral no trabalho

A legislação brasileira avança quanto à proteção e à punição de relações de trabalho tipificadas como assédio moral contra indivíduos ou grupos de indivíduos. Projetos de lei e leis se encontram em vigor ou em tramitação no país objetivando coibir o fenômeno, nitidamente agravado quando se verifica o aumento dos níveis de desemprego.

Ilustrando, a tipificação das práticas vinculadas a esse fenômeno, disposta na lei estadual do Rio de Janeiro sobre assédio moral (Lei nº 3.921, de 23 de agosto de 2002), resume o que se encontra nos demais instrumentos jurídicos. Esse dispositivo legal caracteriza assédio moral no trabalho como a exposição dos trabalhadores e trabalhadoras a situações de humilhações repetitivas e prolongadas durante a jornada de trabalho e no exercício de suas funções, sendo mais comuns em relações hierárquicas autoritárias, onde predominam condutas negativas e uma relação aética de longa duração de um ou mais chefes dirigida a um subordinado, desestabilizando a relação da vítima com o ambiente de trabalho e a organização.

É oportuno ressaltar que, no Brasil, praticamente inexistem medidas legais preventivas voltadas às melhorias nas condições e relações de trabalho. As leis instituídas no Rio de Janeiro e em Campinas (SP) se destacam, na medida em que pressupõem que o indivíduo deve ser o centro da tomada de decisão e o trabalho deve se caracterizar pela variabilidade e diversificação, proposições que evidenciam o alinhamento contínuo dos perfis de competência às demandas do contexto corporativo turbulento e instável, objetivando a redução da distância abissal entre perfis de competência que agregam e não agregam valor. Essa distância, além de tornar as relações de trabalho insalubres, se constitui no centro de confrontos que se transformam em ações judiciais.

Ainda, a lei promulgada no Rio de Janeiro propõe investimentos na organização do trabalho visando estimular a autodeterminação, criar oportunidade de desafios diversificados e disseminar informações relevantes. Em direção similar, a lei sancionada em Campinas sugere a variação do ritmo na execução do trabalho (para evitar o trabalho repetitivo) e o desenvolvimento dos empregados. O foco de ambas as medidas jurídicas preventivas reside no enfrentamento dos prejuízos provocados pela organização do trabalho inspirada nos pressupostos da lógica de gestão flexível (Souza, 2008).

Enfim, a prevenção das práticas de assédio moral requer a consciência de que relações sociais dessa natureza se alimentam da crença da coisificação do ser humano. Em outras palavras, se o outro é objeto, então é possível o total domínio sobre ele, e, portanto, é possível fazer com ele o que se quiser. Nesse sentido, a classificação do profissional evidencia um modo de tratamento do objeto à semelhança do raciocínio matemático. Aliás, essa era a ideia original de Descartes: o objeto é secundário à razão, ao *cogito* (Souza, 2008).

É provável que o enraizamento profundo dessa crença torne impotentes os propósitos punitivos direcionados à eliminação das práticas de assédio moral instituídos pelos mecanismos jurídicos. A busca de caminhos para a prevenção contra essa relação social abusiva deve ir além do previsto em normas e regras. Logo, parece ser oportuna a reflexão sartriana a respeito da existência humana para a compreensão desse fenômeno e, portanto, para o desenho de medidas preventivas efetivas.

Se há uma palavra que define os empenhos de Sartre, esta é *liberdade*, lugar por excelência de todas as contradições, de todos os encontros e desencontros, sinônimo, sem nenhuma retórica adjetivante, da própria existência humana. A análise de Sartre concentra-se por inteiro naquilo que deve ser repelido: a pura e absurda redução do homem, de toda a riqueza da realidade humana, da onipresença da categoria do objeto (Bornheim apud Cezarini, 2008:6).

Os avanços nas relações de trabalho

O Ocidente assiste a avanços nas relações de trabalho desde o final do século XIX. As mudanças decorrentes, por exemplo, da punição do trabalho infantil, da redução gradativa das horas de trabalho e da regulamentação da segurança do trabalho ilustram avanços indiscutíveis (Ingelgard, 1998:13). Além disso, as organizações evidenciam avanços e retrocessos quanto ao efetivo equilíbrio entre o atendimento das necessidades do empregador e do empregado. "O sujeito inventa o contexto sociotécnico e este, por sua vez, o reinventa [...] com um resultado final que parece eternamente inacabado" (Ferreira e Rosso, 2003:28).

Em síntese, avanços implicam estratégias dirigidas ao bem-estar do indivíduo e aos ganhos de eficiência e eficácia organizacional, isto é, que sejam capazes de beneficiar o indivíduo e a organização. Para tanto, seus desenhos devem extrapolar o foco exclusivo, na instituição, de instrumentos jurídicos e, antes, devem considerar as variáveis que afetam as situações de trabalho.

Contudo, os fatos demonstram que inúmeras estratégias adotadas com essa finalidade nem sempre constroem relações trabalhistas interessadas na conciliação de interesses do empregado e do empregador. Por isso é conveniente reforçar a ideia de que estratégias que impulsionam avanços duradouros nas relações de trabalho devem:

- efetuar intervenções dirigidas à prevenção de condições de trabalho insalubres e relações de trabalho abusivas;
- buscar a satisfação dos indivíduos e a simultânea eficiência e eficácia dos sistemas produtivos.

Mas será possível assegurar o equilíbrio simultâneo entre os interesses do empregador e do empregado? É provável que a trajetória para o convívio em ambientes com relações de trabalho saudáveis ainda seja longa. A consecução desse propósito requer, fundamentalmente, a parceria do olhar jurídico com outras formas de olhar essa problemática, pois, sem dúvida, o olhar plural é uma condição necessária ao enfrentamento da realização do trabalho em um contexto que exige resultados em níveis crescentes de excelência.

Contudo, a perspectiva plural é apenas um ponto de partida. Ela evita uma análise reducionista do problema, uma vez que relações de trabalho que coisificam os homens e as mulheres em seus cotidianos organizacionais pressupõem a valorização de um sistema de símbolos e valores que contrariam a ideia de que o ser humano deve ser o centro do processo produtivo.

A busca por avanços em relações de trabalho apenas apoiados em decisões normativas pode favorecer retrocessos ao invés de avanços. Relações de trabalho insalubres e improdutivas têm raízes de naturezas distintas. O cerne dos avanços parece residir nas mudanças das relações de poder.

Logo, o repensar das práticas relacionadas à gestão das relações de trabalho é uma condição *sine qua non* aos avanços necessários. Daí a relevância da área de RH na melhoria das relações de trabalho. Ela consiste, fundamentalmente, no desejo e na adoção de medidas coibitivas da degradação das condições de trabalho e, portanto, capazes de fomentar relações profissionais saudáveis que assegurem a dignidade e o respeito ao outro como indivíduo e cidadão.

A ampliação da consciência quanto à justiça organizacional é um caminho eficaz para a solidificação de relações de trabalho que constroem ambientes caracterizados pela liberdade de criar e produzir e não pelo medo da punição.

O medo é a matéria-prima que produz grilhões, quer seja o medo da autoridade, da impotência para superar a meta, da percepção do outro quanto à incompetência, da demissão, enfim, medo da falta de coragem para enfrentar os obstáculos das mudanças organizacionais decorrentes das exigências desse mundo do trabalho neodarwinista que exclui quem é percebido como descartável.

12 Administração de informações sobre o capital humano

> **Objetivos:**
> ❏ identificar as influências dos avanços da tecnologia da informação e comunicação na administração das informações relativas ao capital humano;
> ❏ discriminar as vantagens e limitações dos sistemas de informações de recursos humanos (SIRH);
> ❏ ressaltar o papel da área de RH na tomada de decisão, no âmbito das contribuições humanas ao negócio, no novo ambiente tecnológico.

Os impactos dos avanços tecnológicos na área de RH

Até então, nos capítulos anteriores, a ênfase recaiu sobre os impactos da reestruturação produtiva dos anos 1990 na organização do trabalho que afetaram a lógica, a estrutura e a dinâmica da cadeia produtiva gestão de pessoas.

Prosseguindo, este capítulo aborda suas influências na administração das informações relativas ao capital humano, considerando ser inquestionável que o uso adequado da tecnologia da informação e da comunicação (TIC) potencializa as contribuições humanas como vantagem competitiva, além de favorecer a diferenciação das entregas da organização, ou seja, seus produtos e serviços, assegurando a preferência do mercado.

Por essa razão, comentários como "Estamos informatizando a empresa!" sinalizam o aumento da consciência de que, na atualidade, a informatização dos processos produtivos gera vantagens competitivas. Cada vez mais, observam-se investimentos organizacionais na implantação de sistemas de informações de recursos humanos (SIRH), que, adequadamente utilizados, se constituem em ferramentas de gestão que permitem à área de RH ousadias inimagináveis como parceira estratégica do negócio.

Mas exatamente por que isso ocorre? A adequada compreensão da resposta a essa indagação exige o compartilhamento prévio de informações, particularmente relativas à lógica e aos principais conceitos subjacentes aos referidos sistemas.

Sistemas de informação

Em primeiro lugar, cabe destacar o significado do conceito informação, segundo Cary. L. Cooper e Chris Argyris (2003):

> O processamento, a transmissão e a comunicação da informação são os principais objetivos do sistema de informação para a gestão de uma organização. Ele emprega a tecnologia da informação e a comunicação para alcançar seus objetivos [...] a relação entre dado e informação é a mesma entre matéria-prima e o produto final [Cooper e Argyris, 2003:262].

Há muito os avanços tecnológicos possibilitam novas modelagens e novos modos de utilização dos sistemas de informações com distintas finalidades.

Inicialmente, tais avanços tecnológicos se restringiam às aplicações comerciais, direcionados principalmente à automação de manuais visando à redução de custos.

Mais adiante, os anos 1970 assistiriam a investimentos organizacionais crescentes dirigidos à projeção de sistemas, visando à implementação de melhorias na tomada de decisão. Nessa época proliferou o desenvolvimento, principalmente, de sistemas de apoio à decisão, sistemas de gerenciamento de banco de dados e sistemas de informações para executivos. O propósito mais frequente residia na automação de escritórios, a partir da implantação de redes locais, redes remotas, correios de voz e eletrônicos voltados à implementação de decisões e ao rastreamento de sua eficácia.

Mais recentemente, os progressos da TIC tornaram as aplicações da informática mais robustas. A partir de então, sistemas de informações para gestão (*management information system* – MIS), também denominados sistemas de informação (IS), ou, ainda, gerenciamento de informações (IM), se tornaram frequentes. Cooper e Argyris (2003:1243) acentuam que fisicamente consistem em sistemas operacionais que

> [...] empregam a tecnologia da informação para fornecimento de serviços de informação e comunicação, quanto à função organizacional que planeja, desenvolve e gerencia o sistema.
>
> O sistema consiste em infraestruturas de tecnologia da informação para fornecer capacidades de comunicação e de processamento de informações, além de sistemas de aplicação para envio de serviços e recursos de informação específicos.

Mas, o que são infraestruturas no âmbito da tecnologia da informação e comunicação (TIC)? A figura 58 demonstra que são redes de microcomputadores e *softwares*, cada vez mais apoiadas no processamento distribuído, de modo a permitir aos usuários o acesso direto às informações e seu compartilhamento com a organização.

FIGURA 58. Fluxo do sistema de informações para gestão

O sistema de informações recebe dados, quer dizer, entradas (*inputs*), cujos significados são específicos.

Os *inputs* (dados) são tratados, processados e combinados entre si para se transformarem em informações cujos significados propiciam a redução da incerteza, ou seja, em saídas (*outputs*).

Outputs são viabilizados por meio de relatórios, documentos, índices, listagens, medidas estatísticas de posição ou tendência, entre outras evidências.

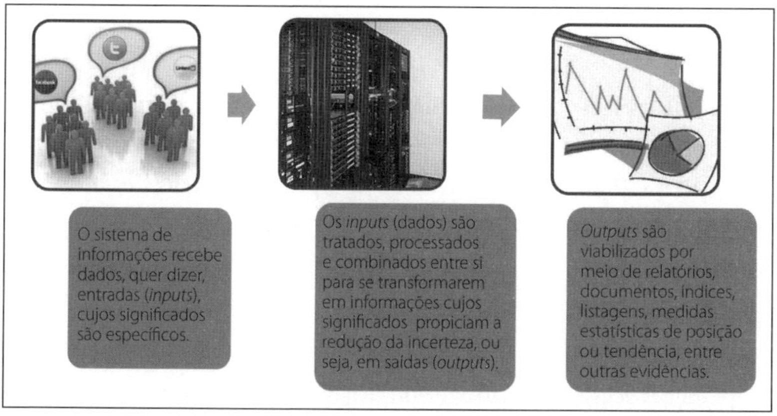

Sistemas integrados de recursos humanos (SIRH)

À semelhança das demais unidades de negócio, a área de RH se rendeu aos apelos da turbulência e da instabilidade do contexto corporativo, aderindo ao uso de aplicativos destinados à informatização da cadeia de valor gestão de pessoas. Ela percebeu a importância dos sistemas de informação de recursos humanos (*human resource information systems*), popularmente denominados SIRH, na prática descritos por Milkovich e Boudreau (apud Cooper e Argyris, 2003:1266-1267) como se segue:

> Procedimentos sistemáticos de coleta, armazenagem, manutenção, retirada e validação de que uma organização necessita sobre seus recursos humanos, atividades de funcionários e características da unidade organizacional.

Embora um SIRH não tenha de ser necessariamente computadorizado, os referidos avanços da tecnologia tornaram raríssimas as organizações que armazenam e tratam manualmente dados e informações de seus empregados. Informações desatualizadas e com tempo excessivo para seu acesso são inúteis. De que adianta, por exemplo, saber que Fulano tem um *gap* na competência X seis meses após a avaliação de desempenho? Informações úteis para apoiar a tomada de decisão gerencial têm de ser disseminadas *online* e em tempo real.

Fisicamente, os denominados SIRH são bases de dados (figura 59) cujo intuito é manter "fotografias" continuamente atualizadas a respeito da força de trabalho da organização visando favorecer tomadas de decisão com alta probabilidade de sucesso (Souza et al., 2009).

Para tanto, seu funcionamento requer o desenvolvimento de uma ou mais aplicações, denominadas sistemas de apoio à decisão (*decision support systems*) ou, simplesmente, SADs, implementadas por ferramentas que permitem as interfaces com os usuários, conforme acentuam Cooper e Argyris (2003:1254-1255):

> As aplicações acessam os dados e empregam modelos que servem como apoio no processo de tomada de decisão...

Eles são utilizados para definir, formatar e organizar os dados [...]

A interface do SAD com o usuário permite que ele manipule diretamente os dados ou modelos e formate os resultados do processamento como desejar.

FIGURA 59. Estrutura de um SIRH

Dados relativos ao capital humano

Sistema de apoio à decisão SAD

Relatórios gerenciais

A obtenção de ganhos de eficiência e eficácia da área de RH decorrentes da crescente implantação dos SIRH é indiscutível. Mas a obtenção das suas vantagens requer usualmente o enfrentamento do seguinte dilema: adquirir os *softwares* (aplicativos) para administrar as informações relativas ao capital humano da organização diretamente no mercado ou empreender esforços para o desenvolvimento dos *softwares* internamente?

A resposta não é imediata e nem sequer passível de generalização. Inexiste "a melhor solução". A decisão adequada resulta da análise das vantagens e desvantagens das opções disponíveis em relação aos propósitos da organização no momento específico da decisão.

Se a organização decidir adquirir os aplicativos no mercado, é provável que o tempo da implantação de um SIRH seja mais reduzido se comparado ao seu desenvolvimento pela equipe própria de tecnologia, já que nem sempre a área responsável pelo desenvolvimento do(s) aplicativo(s) tem condições de atender de imediato às demandas da área de RH. Entretanto, essa opção pode acarretar problemas, se posteriormente houver necessidade de adaptações em um ou mais aplicativos para a inclusão de mudanças ocorridas no contexto externo ou interno. Nesse caso, a aquisição externa poderá ser mais onerosa do que o imaginado inicialmente, apesar de a maioria dos fabricantes não comentar esse fato ao efetuar a venda do aplicativo.

Em contraposição, há vantagens a serem consideradas se a opção recair no desenvolvimento do(s) *software*(s) na própria organização. O custo do desenvolvimento e da implantação é menor se comparado à aquisição do produto no mercado. Porém, de modo geral, o prazo para sua implantação se alonga em demasia por motivos distintos. Os mais usuais se referem à descontinuidade administrativa e à ausência de prioridade do atendimento das demandas da área de RH pela equipe de tecnologia.

Contudo há outra opção que vem sendo adotada em muitas organizações com sucesso. Trata-se da modelagem mista de um SIRH, na qual alguns aplicativos são adquiridos no mercado enquanto outros são desenvolvidos internamente, objetivando refletir as especificidades da organização na gestão de pessoas.

O importante é que tais sistemas, desenvolvidos internamente ou adquiridos no mercado, sejam modelados de forma a atender às necessidades estratégicas da organização e de cada processo da cadeia gestão de pessoas.

Modelagem de um SIRH

Considerando que sistemas integrados de recursos humanos são bases de dados cuja finalidade é a geração de relatórios gerenciais, eles devem ser estruturados como ilustrado na figura 60.

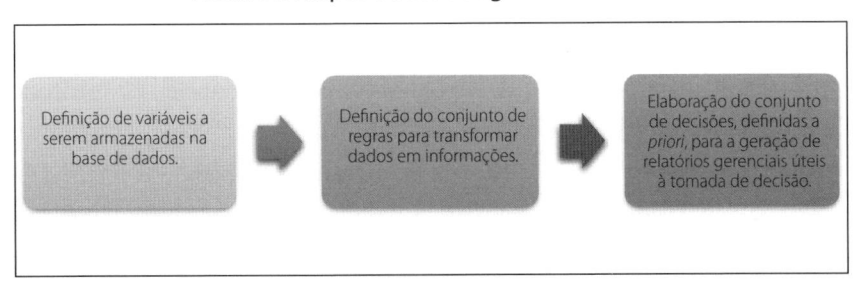

FIGURA 60. Etapas de modelagem de um SIRH

| Definição de variáveis a serem armazenadas na base de dados. | → | Definição do conjunto de regras para transformar dados em informações. | → | Elaboração do conjunto de decisões, definidas a *priori*, para a geração de relatórios gerenciais úteis à tomada de decisão. |

O ponto de partida para a modelagem de um SIRH é a identificação das variáveis críticas para planejar e controlar o capital humano. Isso porque a gestão contemporânea de pessoas requer a perspectiva estratégica. Logo, as variáveis armazenadas devem ser capazes de permitir, *a posteriori*, a formatação de relatórios gerenciais necessários à monitoração e à avaliação dos impactos das contribuições humanas à execução e evolução das estratégias corporativas. Pois, se o desafio da função RH é atender às demandas do negócio, a finalidade da modelagem de sistemas dessa natureza deve assegurar o funcionamento efetivo da área de RH como parceiro do negócio.

Para tanto, é nítida a relevância das contribuições tanto dos decisores estratégicos da organização como da área de RH no desenho da referida modelagem, independentemente de esta ser adquirida ou não no mercado, já que a eficácia de um SIRH depende de sua modelagem atender às necessidades específicas da organização.

No que diz respeito aos decisores estratégicos, é necessário definir com clareza os interesses da organização em relação às seguintes questões:

❏ a organização tem interesse na integração das bases corporativas de dados?
❏ a organização tem interesse na integração das suas bases de dados relativos ao seu capital humano aos de outras organizações cujos nichos de negócio são similares?
❏ a organização tem interesse em constituir redes de fluxos de informações?

Uma vez definidos os interesses organizacionais, é fundamental que a área de RH deixe claro aos responsáveis pela modelagem que ela deve necessariamente incluir interfaces que permitam o alinhamento estratégico e a vinculação aos demais sistemas organizacionais, direta ou indiretamente vinculados à cadeia produtiva gestão de pessoas. Além disso, a área de RH deve identificar, junto à liderança gerencial, em níveis distintos, quais decisões relativas à gestão de pessoas os insumos do SIRH deverão apoiar *a posteriori*.

Nesse sentido, seguem exemplos de insumos que comumente tais sistemas informatizados (SIRH) tornam visíveis para apoiar a tomada de decisão gerencial quanto à (ao):

❏ o alinhamento das demandas dos planos de negócio às políticas, aos programas, aos projetos e às ações de RH vinculados à gestão de pessoas;

- o alinhamento do plano estratégico empresarial (PE) ao elaborado pela área de RH (PERH);
- o alinhamento do desempenho humano ao organizacional, isto é, como as estratégias corporativas foram traduzidas em ações, metas e resultados, no âmbito das unidades de negócio, dos processos e dos indivíduos;
- os níveis da evolução do desempenho da organização, das unidades de negócio, dos processos e do indivíduo por meio de quadros e gráficos;
- as decisões gerenciais decorrentes do desempenho individual, grupal e organizacional, bem como seus impactos, por meio de planos de ação e de desenvolvimento;
- fatos relativos ao acompanhamento do desenvolvimento do indivíduo em sua trajetória na organização.

É oportuno comentar que o desenho dos relatórios gerenciais gerados por um SIRH revela a percepção da área de RH em relação à sua atuação como *business partner*. Assim, quanto maior a parceria entre os profissionais de RH, a liderança gerencial e os técnicos de informática responsáveis pela modelagem, maior a possibilidade de a área de RH atender aos interesses da organização.

Resumindo, por um lado, a área de RH define o conteúdo a ser armazenado no sistema: seus propósitos e a natureza das variáveis a serem armazenadas para permitir a geração de relatórios gerenciais que subsidiarão a administração das informações sobre o capital humano; por outro, os especialistas em informática, em face da sua *expertise*, projetam a estrutura, a dinâmica do funcionamento da base de dados, bem como definem e planejam as tecnologias de informação e comunicação mais adequadas à modelagem e à implementação do SIRH.

O papel de um SIRH na atuação da área de RH como *business partner*

Sistemas dessa natureza geram ganhos de eficiência, eficácia e efetividade, sobretudo por se tratar de ferramentas de gestão apoiadas nos avanços da tecnologia de computação distribuída (Gil, 2001; Souza et al., 2009; Silva, 2008; Boudreau apud Cooper e Argyris, 2003).

A figura 61 atesta essa afirmação ao resumir a dinâmica da utilização desse instrumento gerencial que favorece a administração das informações relativas ao capital humano da organização.

FIGURA 61. Papel de um SIRH na administração de informações

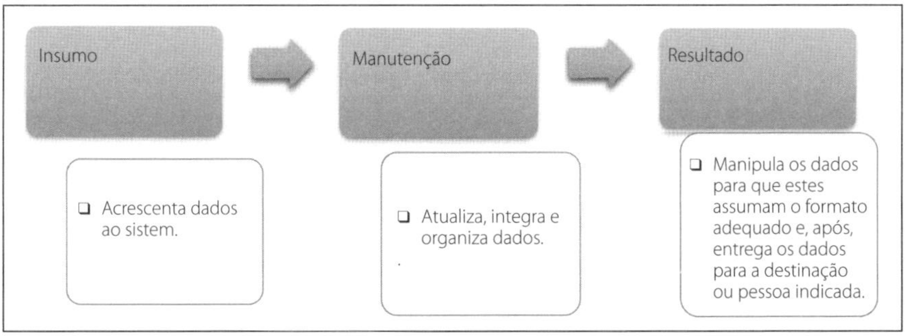

Insumo	Manutenção	Resultado
❏ Acrescenta dados ao sistem.	❏ Atualiza, integra e organiza dados.	❏ Manipula os dados para que estes assumam o formato adequado e, após, entrega os dados para a destinação ou pessoa indicada.

Fonte: adaptado de Cooper e Argyris (2003).

Como se pode observar, essa ferramenta de gestão propicia que a área de RH assuma seu papel contemporâneo como *business partner* na medida em que produz vantagens tanto pelo ângulo técnico quanto pelo administrativo (Gil, 2001; Cooper e Argyris, 2003; Silva, 2009; Souza et al., 2009).

Pela perspectiva técnica, a utilização de um sistema dessa natureza torna mais efetiva a tomada de decisão gerencial relativa à gestão de pessoas ao armazenar e consolidar informações de naturezas distintas sobre o capital humano (Gil, 2001; Souza, 2002; Souza et al., 2009; Silva, 2009; Cooper e Argyris, 2003).

Especificamente, eles favorecem a parceria da área de RH com as demais unidades de negócio da organização mediante a geração de subsídios de naturezas distintas às decisões gerenciais, relativos, por exemplo, à captação, alocação, treinamento e desenvolvimento, gerenciamento do desempenho, remuneração, incentivos salariais, benefícios, planos de carreiras, *assessments*, transferências, segurança do trabalho e saúde.

Os relatórios gerenciais a seguir ilustram vantagens decorrentes da implantação de um SIRH:

- registro de entregas previstas em níveis distintos (indivíduo, equipe, unidades de negócio e organização);
- inclusão de alterações relativas às expectativas de desempenho (metas) em qualquer nível;
- acompanhamento da evolução dos níveis do desempenho, em tempo real, especificando desvios indesejáveis, por meio de quadros e gráficos;
- produção de séries históricas relativas à evolução do desempenho do indivíduo, sinalizando alterações nos níveis de maturidade de competências, nas discrepâncias entre resultados desejados e obtidos, bem como apontando as respectivas decisões de desenvolvimento;
- identificação dos pontos fortes e fracos dos indivíduos, das equipes, das unidades de negócio e dos processos evidenciados em cada ciclo de avaliação de desempenho;
- geração de planos de desenvolvimento dirigidos à progressão da carreira.

As vantagens do SIRH, pela perspectiva administrativa, também favorecem o abandono da imagem da área de RH como "uma secretaria de luxo", inspirada na lógica tradicional de gestão. Em linhas gerais, tais sistemas, em tempo real, transformam dados em informações pertinentes à relação do indivíduo com seu trabalho no decorrer de sua trajetória na organização, ou seja, desde a admissão até a demissão. Logo, eles aumentam o tempo disponível dos profissionais de RH para atuar como consultoria interna, propiciando as seguintes ações:

- armazenamento de dados em tempo real;
- atualização de dados e informações *online* e em tempo real;
- descentralização de informações relativas ao povoamento, atualização, bem como recuperação de informações da base de dados;
- pronta recuperação de informações formatadas segundo as necessidades do usuário;
- aumento da velocidade na disseminação de informações, à liderança gerencial, necessárias à tomada de decisão;
- transparência na circulação de informações atualizadas e contínuas sobre o capital humano;

- redução de custos de coleta, armazenamento, consolidação e tramitação de dados, informações e documentos no âmbito da organização;
- atualização contínua de instrumentos normativos e jurídicos;
- flexibilidade na geração de insumos à administração operacional da força de trabalho, tais como cálculos relativos à elaboração da folha de pagamento, controle de férias, rescisões de contratos, frequência, abonos e atestados médicos;
- geração de documentos legais, tais como RAIS e DIRF.

A área de RH, no entanto, deve manter permanentemente a atenção quanto às necessidades de aperfeiçoamento dos sistemas implantados, uma vez que mudanças contextuais, tecnológicas e organizacionais, por exemplo, demandam alterações na lógica, na estrutura e na dinâmica desses sistemas.

Assim, por exemplo, um sistema construído com uma tecnologia *mainframe* "avançada" nos anos 1980 pode se tornar rapidamente um "elefante branco" em face dos avanços tecnológicos.

Outro exemplo da importância do cuidado que a área de RH deve ter na administração de um SIRH está no aperfeiçoamento constante da sua funcionalidade. O SIRH deve necessariamente ser amigável para evitar que as insatisfações dos usuários, em sua maioria leigos, levem ao abandono de sua utilização motivado pela complexidade da operacionalização.

Barreiras

Contudo as barreiras à adequada utilização de um SIRH não se restringem apenas às questões de natureza técnica, tais como a complexidade de sua operacionalização. Há problemas usuais cuja resolução é mais difícil, dado seu caráter pessoal ou interpessoal. A maioria decorre do despreparo da liderança para lidar com o gerenciamento de pessoas na perspectiva contemporânea. Esse despreparo se explicita por meio de diversas facetas.

O povoamento da base de dados com informações escassas, incompletas ou falsas sobre a relação do indivíduo com o trabalho anula as vantagens oferecidas por um SIRH. Isso reforça a importância da ética em uma sociedade que, apesar de cada vez mais informatizada, é, paradoxalmente, permeável a frequentes problemas decorrentes de posturas pessoais segundo as quais "os fins justificam os meios". Nesse sentido, inexistem "fórmulas mágicas" para lidar com informações, informatizadas ou não. Ética é uma conduta humana à luz de princípios morais. Então, o dilema, aparentemente, se resume à busca de respostas às indagações: que tipo de pessoa quero ser como profissional? Que organização quero construir?

Outro problema decorre do despreparo da liderança gerencial para efetuar de modo adequado a "leitura" dos dados e informações gerados pelo sistema. Isso impede a análise e identificação adequadas das contribuições do indivíduo, da equipe e da unidade de negócio ao desempenho da organização e, portanto, propicia decisões inócuas à eficácia organizacional.

Outra barreira, ainda, diz respeito à falta de conscientização da liderança gerencial quanto à utilidade da "fotografia" do capital humano, impedindo o fortalecimento de uma cultura que favoreça a gestão de pessoas por competências e resultados.

Em suma, pressupondo que gerir pessoas implica a tomada de decisão apoiada em fatos, sistemas informatizados eficazes são então instrumentos de gestão de grande valia, na medida em que "fotografam" continuamente o capital humano da organização.

Nesse sentido, a implantação dessas bases de dados integradas, ao produzir informações úteis no âmbito do indivíduo, da equipe, do processo e da organização, oferece vantagens, sobretudo, relacionadas à captação, ao desenvolvimento e à retenção de talentos.

Entretanto, é oportuno destacar que nem todas as organizações atuais aproveitam devidamente as vantagens que um SIRH propicia à atuação da área de RH como parceira do negócio.

Organizações de aprendizagem, no sentido atribuído por Senge (2002), são as que mais aproveitam os benefícios da implantação de um SIRH porque ousam aprender a aprender. Por exemplo, ao valorizarem a transparência, elas permitem o indivíduo acessar seus dados específicos, independentemente do seu cargo ou função na medida em que, nessas organizações, a tecnologia é utilizada para alavancar desenvolvimento e não para a busca do controle.

As vantagens de um SIRH são aproveitadas de modo mais adequado em organizações de alto desempenho, segundo designação de Lawler (1996). Elas investem na sustentação do sentimento de pertencimento das pessoas como uma estratégia para manter o comprometimento destas com o negócio. Para tanto, entre outras decisões, estimulam a busca de soluções criativas de problemas aparentemente crônicos. Além disso, ousam desenhar e experimentar novas abordagens e, objetivando contagiar as unidades de negócio com sua utilização, disseminam as experiências bem-sucedidas. Nessas organizações, as vantagens decorrentes da implantação de um SIRH são visíveis, sobretudo no que diz respeito ao compartilhamento veloz de conhecimentos úteis ao negócio.

Como se pode verificar, os exemplos mencionados autorizam afirmar que é uma falácia que a implantação exclusiva de um SIRH gere os benefícios esperados. Sistemas informatizados são somente instrumentos de gestão utilizados pelas pessoas que habitam as organizações e, como tal, desde que adequadamente utilizados, apenas favorecem ganhos de eficiência, eficácia e efetividade, uma vez que seu uso será mediado pelas crenças e valores das pessoas responsáveis por seu uso.

Porém, por maior que seja a cautela, inexiste um SIRH capaz de gerar informações sem viés. Pessoas alimentam bases de dados. E, como diria Nietzsche: "Somos humanos, demasiadamente humanos". Por essa razão, cabe refletir a respeito do alerta de um analista de sistemas: "Entrou lixo, saiu lixo." Por conseguinte, se os dados que povoam a base de dados forem falsos, as informações geradas não refletirão a realidade. Em função disso, a empresa não obterá uma "foto" real do seu capital humano e, portanto, as decisões decorrentes dessas informações poderão gerar injustiça organizacional.

Algumas organizações, por isso, não se beneficiam da maioria das vantagens e potencialidades de um SIRH, pois a cultura organizacional vigente, isto é, o conjunto de crenças e valores predominantes, impede seu uso adequado.

Outro problema usual relacionado à implantação de sistemas integrados para o gerenciamento do capital humano refere-se à restrição do acesso às informações armazenadas na base de dados.

Em um número expressivo de organizações, apenas a área de RH e os gestores de nível estratégico têm a autorização para acessar quaisquer informações armazenadas na base de dados do SIRH.

Não se trata de defender a não privacidade de informações armazenadas em bases de dados organizacionais, uma vez que a violação indevida de informações sigilosas, sem dúvida, pode acarretar graves prejuízos às organizações. Porém, nesse contexto, é importante refletir.

Os dados e as informações que alimentam as bases de dados de um SIRH pertencem a todos os indivíduos que trabalham na organização. Então, pressupondo que a transparência é um dos principais "combustíveis" da excelência organizacional (Lawler, 1996), restringir a qualquer empregado o acesso aos seus dados e às suas informações que se encontram armazenados, no momento em que ele considerar oportuno, pode despertar sentimentos e posturas que prejudicam seu comprometimento com resultados.

As consequências de posturas organizacionais similares, de modo geral, são prejudiciais ao desempenho da organização. Estas são algumas delas:

- redução do comprometimento com o negócio em face do aumento do sentimento de desconfiança ("O que será que está registrado que não posso ter conhecimento?");
- dificuldade da construção de uma cultura que favoreça a prática do compartilhamento da decisão com os atores sociais envolvidos, ou seja, caracterizada pela participação.

O fato é que nem todas as organizações percebem informações como insumos para o diálogo. Por essa razão, é possível supor que o modo de a organização utilizar tais sistemas traz à tona sua crença ou não nos benefícios da participação e do diálogo, pilares da mudança de paradigma.

Em suma, um SIRH, para ser considerado de fato um instrumento de gestão, na acepção da palavra, deve ser percebido pelos indivíduos que atuam na organização como uma base de dados válida e fidedigna e não como um objeto de controle de pessoal, antes um instrumento que possibilita a tomada mais assertiva de decisão sobre pessoas.

13 Desafios da gestão participativa

> **Objetivos:**
> - estimular a revitalização de espaços organizacionais que valorizam práticas de gestão de pessoas caracterizadas pelo diálogo e trabalho coletivo;
> - destacar a relevância do papel da liderança gerencial enquanto agente de mudança responsável pela gestão do capital humano, social e psicológico;
> - fortalecer a ideia de que mudanças organizacionais demandam, fundamentalmente, mudanças pessoais.

O desafio da comunicação na organização

O uso de sistemas de informações gerenciais como forma de controle do comportamento das pessoas é mais comum do que se imagina. Isso denota a dificuldade da organização em perceber a questão central da mudança de paradigma no âmbito da gestão de pessoas: substituição do controle pelo comprometimento das pessoas com o negócio.

A crença nos benefícios do diálogo e da participação dos envolvidos na tomada de decisão ainda não é praticada em muitas organizações. Por exemplo, nem todas consideram informações, produzidas ou não por sistemas gerenciais informatizados, como insumos para o diálogo. Apesar de esse ser um desafio imposto à liderança gerencial pela lógica da gestão flexível, a inabilidade de algumas organizações para lidar com o diálogo é visível.

A situação é compreensível. A lógica de gestão mecanicista, ainda hoje, desvaloriza as competências interpessoais em detrimento das técnicas, fortalecendo a crença de que gerir pessoas implica fazer acontecer a partir da imposição de regras por meio do controle de cima para baixo (*top-down*). Por isso, inúmeras organizações priorizam caminhos racionais para o alcance de resultados desejados investindo, por exemplo, em um número excessivo de controles, informatizados ou não, para tornar previsível o imprevisível.

A lógica cartesiana é incapaz de dar conta da compreensão do outro. Contrariando as expectativas de alguns, controles excessivos não asseguram a sustentação do comprometimento com desempenhos desejados. A exclusão do diálogo impede o desvelamento do outro na sua multiplicidade. A gestão de pessoas com o foco exclusivo na gestão do capital humano inviabiliza a captação do outro em sua autenticidade: único, múltiplo e imprevisível.

A interação humana autêntica exige a aceitação do convívio com a diferença. Porém, isso requer a gestão do capital social e do capital psicológico. Por quê?

A relevância da gestão do capital humano, social e psicológico

De modo geral, a afirmação de que pessoas são fontes de vantagens competitivas diz respeito ao sentido do conceito capital humano que designa equipes competentes com conhecimentos técnicos atualizados e habilidade para transferir para a realidade organizacional os conhecimentos adquiridos. Mas será que efetuar investimentos, por exemplo, em metodologias e ferramentas visando ao alinhamento de perfis de competências às demandas do mercado e do negócio é suficiente para garantir a imagem da empresa como referência no mercado?

O posicionamento teórico de Lawler (1996) autoriza a afirmação de que a sustentação do comprometimento com resultados desejados exige mais do que investimentos nessa única direção. Ela demanda condições capazes de estimular o sentimento de pertencimento, o que implica a gestão do capital social e psicológico da organização.

Segundo Senge (2013), o gerenciamento do capital social se concretiza por meio de posturas gerenciais que propiciam a atuação interdependente dos indivíduos, que, por sua vez, permite à organização funcionar como uma cadeia produtiva, em que cada um exerce simultaneamente os papéis de cliente e fornecedor. Daí a relevância de a área de RH e a liderança gerencial demonstrarem a habilidade para estimular a cooperação entre os membros da equipe.

Por sua vez, ainda segundo Rego (2007), a gestão do capital psicológico de uma organização favorece a construção de vínculos interpessoais. Trata-se, portanto, de um desafio impossível de ser negligenciado, particularmente no atual contexto corporativo, em que decisões pautadas na lógica de mercado banalizam sentimentos, posturas e comportamentos que fragilizam as relações sociais no trabalho. A vaidade, a arrogância, a inveja e o egocentrismo, por exemplo, às vezes exacerbados pela excessiva competitividade, impedem resultados desejados.

O fato é que as pressões competitivas tornaram a tecnologia, os recursos financeiros e materiais, entre outros, insuficientes para assegurar à organização contemporânea vantagens competitivas sustentáveis. Elas exigem a consciência de que a obtenção de níveis crescentes de desempenho competitivo requer a gestão do seu capital humano, social e psicológico, sobretudo pela área de RH e pela liderança gerencial.

Na prática, porém, o que distingue o modo tradicional de gerir uma organização daquele praticado por outra, que se orienta pela perspectiva contemporânea? Além disso, quais as questões críticas e os aspectos relevantes a serem considerados no tocante à gestão de cada uma das formas de capital? O quadro 44 sumariza as respostas a tais indagações.

O fato é que a resistência à prática consciente da gestão das três formas de capital (humano, social e psicológico) provoca dificuldades nas contribuições humanas ao negócio. "Sempre atuei desse jeito, por que mudar?" é um comentário usual que evidencia crenças e valores mecanicistas que favorecem a busca exclusiva de ganhos de eficiência. Em outras palavras, é um comentário que denota a crença de que gerir pessoas implica exigir do outro fazer bem-feitas as tarefas vinculadas ao cargo. Pressupondo que os prejuízos decorrentes da resistência à mudança quanto ao modo de gerir pessoas podem ser irreversíveis, por que e como lidar com a resistência à mudança?

QUADRO 44. Formas de capital

Formas	Questão crítica	Aspectos relevantes	Exemplos de posturas adequadas
Tradicional	O que temos	▫ Capital financeiro ▫ Capital estrutural ▫ Capital tecnológico	▫ Boa gestão financeira. ▫ Atuação prudente nos investimentos. ▫ Conduta atenta às inovações tecnológicas. ▫ *Benchmarking*.
Humano	O que sabemos	▫ Conhecimento explícito ▫ Conhecimento tácito ▫ Experiência	▫ Critérios adequados de atração. ▫ Seleção de pessoas com potencial para desenvolver os conhecimentos necessários à organização. ▫ Formação e desenvolvimento. ▫ *Coaching e mentoring*. ▫ Construção de conhecimentos tácitos, por exemplo, por meio da rotatividade de funções.
Social	Quem conhecemos	▫ Redes de relacionamento ▫ Confiança ▫ Normas e valores ▫ Espírito de cooperação ▫ Engajamento	▫ Comunicação aberta. ▫ Construção de equipes multifuncionais. ▫ Programas de apoio ao bem-estar psicológico e ao voluntariado.
Psicológico	Quem somos	▫ Autoconfiança ▫ Esperança ▫ Otimismo ▫ Resiliência	▫ Delegação de metas desafiadoras. ▫ Devolutivas positivas de desempenho (autoconfiança). ▫ Definição de metas específicas e mensuráveis. ▫ Participação na tomada de decisão. ▫ Oportunidades de crescimento. ▫ Estratégias destinadas à diminuição de riscos (resiliência).

Fonte: adaptado de Rego (2002:20).

O desafio da resistência à mudança

A gestão do capital social e a gestão do capital psicológico alicerçam relações saudáveis que possibilitam o desenvolvimento do indivíduo, da equipe e, por conseguinte, da organização. Em sentido amplo, elas constroem as bases para o futuro da organização. Ilustrando, merecem destaque a habilidade de tomar decisão apoiada na participação dos envolvidos e a postura da aceitação da diferença.

> Em uma época de mudança de paradigma científico, a verdadeira questão não é simplesmente o enriquecimento do espírito, nem simplesmente o sentimento do enriquecimento do sentimento da complexidade, mas uma radical e profunda reforma do pensamento [...] que supere todas as formas de reducionismo [Morin, 1999:9].

A resistência ao novo na organização não surpreende, nem na esfera corporativa nem em qualquer outra, e por uma razão simples: a organização reflete o que as pessoas são. Pressupondo que qualquer um pode resistir ao que quer que seja, a resistência organizacional não espanta. Quer se aceite, quer não, a mudança de paradigma exige abertura para a absorção das demandas imprevisíveis.

O fato é que a nova economia requer o abandono dos modelos e práticas tradicionais. Metaforicamente, o foco passou a ser a floresta em vez das árvores. A atuação isolada, marcada por nichos, cada vez mais cede espaço à atuação interdependente. A lógica de gestão flexível defende que pessoas e áreas dependem umas das outras para serem o que querem ser.

Tais mudanças, no entanto, requerem ambientes que, fundamentalmente, ousem privilegiar o trabalho coletivo experimentando a participação dos envolvidos. Para tanto, os espaços organizacionais devem ser capazes de atuar em parceria, sobretudo se houver a crença de que indivíduos que atuam nas organizações são cidadãos, responsáveis por transformações necessárias na sociedade.

Resumindo, o enfrentamento efetivo dos atuais desafios organizacionais requer um novo olhar. As mudanças organizacionais, inspiradas na lógica do mercado, impuseram modelos e práticas de gestão e, por decorrência, perfis de competência, visando ao alinhamento às premissas do paradigma de gestão flexível. Gradativamente, a gestão centrada no controle *top-down*, inspirada na lógica mecanicista, cede lugar a um modo de gerir que valoriza o comprometimento. E, portanto, a gestão do capital social e a do capital psicológico são indispensáveis.

O estímulo às posturas individualistas, tais como "Eu fiz a minha parte. Fulano ou a outra área é que não fez a dela!", tem sido alvo de questionamentos. Os prejuízos ao desempenho do indivíduo, da equipe e da organização são visíveis. Em contraposição, a relevância do trabalho coletivo, quer dizer, interdependente, se acentua – ele estimula o sentimento de pertencimento, fundamental à mudança da lógica que fundamenta o processo produtivo sob um olhar contemporâneo.

O desafio do diálogo

Apesar dos benefícios, práticas de gestão que valorizam o trabalho coletivo enfrentam desafios de naturezas distintas. Destaca-se a mudança de paradigma relativa ao papel da liderança gerencial, fundamental para o alcance de metas estratégicas e a necessária transformação de grupos em equipes.

Mas, nem todas as culturas organizacionais valorizam a gestão participativa, conforme vimos no capítulo 2. Algumas organizações ousam ir adiante, enfrentando obstáculos inusitados. Outras, ao contrário, ao privilegiarem a burocracia e os vínculos pessoais, caracterizam-se pelo medo da diferença e pela resistência ao novo.

Não surpreendentemente, posturas alinhadas ao novo paradigma de gestão não se constroem da noite para o dia. Apesar de a gestão participativa ser uma concepção avançada, ela ainda não é usual. Nem todos estão disponíveis para o diálogo, em sentido amplo.

A gestão participativa requer um ambiente "vivo" e, portanto, ávido para acomodar continuamente demandas dos contextos externo e interno. Particularmente no mundo corporativo, essa é uma condição necessária aos avanços no processo produtivo. O estímulo ao aprendizado por meio do diálogo entre os atores sociais que interagem na organização, por exemplo, é um dos avanços mais destacados.

No entanto, contrariando as tendências contemporâneas de gestão, infelizmente, nem sempre se pratica o diálogo, em sentido amplo, nas organizações. Um expressivo número de organizações evidencia dificuldades para inserir o diálogo em seu cotidiano. Isso, porém, não é de surpreender.

Pressupondo que as percepções dos indivíduos a respeito da organização na qual atuam refletem as crenças e os valores predominantes, então é possível supor que a resistência à inclusão do diálogo como instrumento de gestão em uma organização explicite a descrença nessa postura organizacional. O predomínio da lógica de gestão mecanicista, que coisifica o outro, ainda se encontra presente nas organizações, condicionando crenças e valores, conforme ilustra a figura 62.

FIGURA 62. Metáfora da lógica mecanicista na prática

> O gestor manda, os subordinados obedecem.
> O gestor sabe tudo, os subordinados nada sabem.
> O gestor fala, os subordinados escutam.
> O gestor escolhe, impõe sua opção,
> os subordinados alunos submetem-se.

Fonte: adaptado de Paulo Freire (1986).

Por essa perspectiva do processo produtivo, a liderança gerencial não se percebe como um ser em constante relação com os indivíduos que compõem a equipe e nem sequer com o contexto externo que os envolve. O desprezo pela justiça organizacional é comum. A tomada de decisão se caracteriza pela unilateralidade e pela utilização de critérios subjetivos e pessoais. O outro é percebido como um objeto. Essa é a razão pela qual essa forma de interação reduz ou até inviabiliza as contribuições aos resultados desejados, no âmbito do indivíduo, da equipe e da organização.

Tais organizações desconsideram que o estímulo ao sentimento de pertencimento é o "combustível" do comprometimento com contribuições.

Entre outros condicionantes, ele requer gestão dos capitais humano, social e psicológico.

No campo das organizações, no qual se busca o atendimento das demandas do contexto externo cambiante, é necessária uma prática que priorize os anseios tanto da organização como dos indivíduos que nela habitam. Além disso, é relevante a adoção de um processo produtivo que não priorize apenas o domínio e o acúmulo de conteúdos, por parte de indivíduos, percebidos como coadjuvantes apáticos.

Organizações destinadas à formação de cidadãos protagonistas requerem uma prática de gestão que valorize o diálogo (Freire, 1986:123):

> Diálogo é uma espécie de postura necessária, na medida em que os seres humanos se transformam cada vez mais em seres criticamente comunicativos. O diálogo é o momento em que os humanos se encontram para refletir sobre sua realidade tal como a fazem e refazem. Outra coisa: na medida em que somos seres comunicativos, que nos comunicamos uns com os outros enquanto nos tornamos mais capazes de transformar nossa realidade, somos capazes de saber que sabemos, que é algo mais do que só saber.

Através do diálogo, refletindo juntos sobre o que sabemos e não sabemos, podemos, a seguir, atuar criticamente para transformar a realidade.

Logo, é necessária uma prática de gestão capaz de propiciar a construção de um espaço organizacional que estimule a compreensão da realidade à luz das informações disponíveis e se caracterize pelo pensar crítico visando à resolução de problemas que impedem os resultados desejados.

O desafio da mudança pessoal

A resistência à gestão participativa é um fato comum. As pessoas enfrentam dificuldades para praticar o diálogo. Em função disso, em sua maioria, as organizações' buscam a superação de problemas adotando "receitas de bolo". Na prática, porém, elas são ineficazes para lidar com problemas dessa natureza. A lógica cartesiana subjacente à "fórmula mágica", passível de ser traduzida pela expressão "Se isso, então aquilo", impede o encontro autêntico com o outro.

O diálogo, condição *sine qua non* à gestão participativa, exige a aceitação da diferença, a coexistência com crenças e valores distintos. Mas, os fatos demonstram que o medo dos conflitos decorrentes da não aceitação da diferença é um obstáculo à implantação dessa prática.

Saber lidar com a diferença, portanto, é uma competência relevante. Ela permite, por exemplo, a construção de acordos de modo compartilhado, base de sustentação da gestão participativa. À semelhança do violoncelista que trabalha o atrito na busca da melhor musicalidade, ela pode gerar efeitos produtivos ao estimular o crescimento dos envolvidos. Particularmente, essa competência interpessoal é notória em ambientes organizacionais interessados na institucionalização de um processo produtivo apoiado no diálogo. Se, por exemplo, a liderança gerencial for hábil para lidar com o conflito, ele pode trazer à tona as diferenças entre os envolvidos, tornando visíveis as percepções sobre a situação geradora do conflito.

Isso, porém, nem sempre é possível. As percepções diante das diferenças, bem como os sentimentos, os comportamentos e as posturas decorrentes, tanto podem reduzir como potencializar o conflito. Enquanto algumas pessoas percebem a diferença como uma oportunidade de crescimento, outras a veem como ameaça. Se a diferença for percebida como ameaça, o indivíduo tende a destruir quem a representa. Daí a relevância do desenvolvimento de competências interpessoais para lidar com essa situação, sobretudo se esse indivíduo exercer o papel de gestor. Abertura, flexibilidade, saber ouvir e compartilhar *feedbacks* são exemplos que merecem destaque.

No tocante ao compartilhamento de *feedbacks*, é oportuno lembrar que, na maior parte do tempo, o gestor interage com o outro por meio de *feedbacks*. Contudo, dar e receber *feedback* não é fácil.

Receber *feedback* requer abertura para reconhecer facetas pessoais nem sempre desejadas. Às vezes, é desconfortável experimentar a violação da "redoma" construída para "esconder" os aspectos pessoais indesejáveis. A identificação de deficiências pessoais acentua o medo da "quebra" da imagem construída. Pressupondo que o olhar do outro amedronta, provoca insegurança, estimula o medo da perda do apoio e da aceitação, a descoberta de pontos fracos, cuidadosamente escondidos, mobiliza, inconscientemente, mecanismos de defesa. O propósito é a diminuição do sofrimento provocado pelo contato com as fragilidades pessoais. Assim, ora se faz presente a racionalização, ora a distorção da realidade, ora a projeção, entre outros. Por conseguinte, é comum o desencadeamento de reações defensivas de modos distintos. A negação da realidade do *feedback*, a agressão ao emissor do *feedback* percebido como crítica e a criação de polêmicas a partir de argumentos que pressionam o outro são manifestações típicas de ações defensivas.

Igualmente, também não é fácil compartilhar *feedback*. Alguns se constrangem. Outros distorcem seu propósito. Outros o transformam em conselho para demonstrar inteligência e superioridade. Outros, por motivos pessoais, tornam o *feedback* avaliativo e parcial, centrado em um único aspecto do outro. Outros o utilizam como "arma" para efetuar humilhações intencionais. Há, ainda, os que o transformam em agressões diretas ou veladas para desqualificar o outro por meio da ironia.

Em síntese, a finalidade do *feedback* reside no estímulo à mudança de comportamento visando à consecução de objetivos desejados.

Nesse sentido, é importante compartilhar com alguém como seu comportamento ou sua postura afetou o sentimento, o comportamento e a postura do outro.

Em última instância, *feedbacks*, se adequadamente compartilhados, propiciam a construção de uma relação de confiança mútua, a visibilidade do reconhecimento e o aprendizado na escuta ativa. Assim o dar e o receber *feedback* requerem preparo, sobretudo psicológico, Moscovici (1997), uma referência no tema, propõe que ele deve ser:

- descritivo em vez de avaliativo;
- específico ao invés de geral;
- compatível com as motivações do emissor e do receptor;
- dirigido para comportamentos que podem ser modificados;
- solicitado ao invés de imposto;
- oportuno;
- esclarecedor.

Ainda, o diálogo autêntico exige aceitar ser quem se é e o outro como ele é. No entanto, apesar de essas serem condições essenciais para a realização do trabalho coletivo, nem sempre há maturidade e disponibilidade para lidar com a diferença de crenças, valores e prioridades. O trabalho coletivo requer o desejo da superação de particularidades individuais e do aprofundamento do olhar nas sutilezas da interação humana, objeto de estudos conduzidos por inúmeros pesquisadores.

Ilustrando, o processo da interação humana na perspectiva teórica do modelo clássico de Erving Goffman (1959), por exemplo, efetua a analogia da lógica e da dinâmica da comunicação interpessoal com o mundo teatral. Ela aprofunda o olhar sobre o processo sem cair nas armadilhas do reducionismo.

Goffman (2011) destaca que o processo da comunicação interpessoal envolve, pelo menos, duas pessoas: o emissor e o receptor. À semelhança das representações teatrais, a interação humana se constitui por atores, plateia, palco e bastidores. O ator (emissor) seleciona nos seus bastidores o que quer expressar aos demais (plateia), retendo o que não tem o interesse em tornar público. A plateia recebe informação afetada por filtros perceptuais.

No cotidiano, o indivíduo (ator) constrói cenários para tornar suas mensagens efetivas, criando personagens, fazendo *mis-en-scène*, usando "roupas peculiares", escolhendo "efeitos especiais" para revelar conteúdos e emoções. Assim, ele se expressa por meio da comunicação verbal e corporal. Enquanto a verbal transmite pensamentos e sentimentos, a corporal (posturas, entonações de voz, sorrisos e expressões de agrado ou desagrado) ilustra emoções, as quais revelam couraças, construídas para enfrentar os desafios cotidianos.

Especificamente, o tema emoção, enquanto objeto de estudo, extrapola a área da psicologia. Há muito inúmeras áreas do conhecimento científico realizam pesquisas objetivando ampliar a compreensão da dinâmica da interação humana. Recentemente, a neurociência trouxe à tona novas evidências relativas ao fenômeno emoção, sendo exemplos as investigações conduzidas por Paul Ekman (1971) e Bradley e colaboradores (2001) apud Paladino (2014). Eles reafirmam que o corpo fala.

Em linhas gerais, o modelo de emoções, concebido por Paul Ekman (1971 apud Paladino, 2014), pressupõe que o comportamento emocional humano possui uma dimensão subjetiva que o distingue dos demais seres vivos. O indivíduo, ao buscar sua adaptação ao ambiente por meio de variadas respostas, expressa emoções que podem ser classificadas em três tipos (Lent, 2008 apud Paladino, 2014): primárias, secundárias e de fundo.

As primárias ou básicas, inatas, independem da cultura e se evidenciam por meio de seis expressões faciais: raiva, medo, nojo, surpresa, alegria e tristeza (Ekman e Friesen, 1971 apud Paladino, 2014), demonstradas na figura 63. Cada uma apresenta uma "configuração" específica dos músculos da face que permite ao outro reconhecer em cada expressão uma determinada emoção.

FIGURA 63. Emoções básicas, segundo o modelo concebido por Paul Ekman (1971).

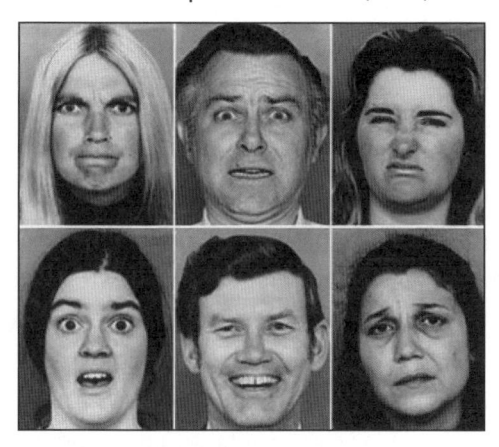

Fonte: página Psych Web.[4]

As denominadas secundárias evidenciam emoções complexas que dependem de fatores socioculturais, tais como culpa e vergonha.

Finalizando, as emoções relacionadas aos estados de tensão e relaxamento se evidenciam por meio de manifestações musculoesqueléticas, tais

---

[4] Disponível em: <www.intropsych.com/ch09_motivation/facial_expression.html>. Acesso em: ago. 2013.

como alterações na postura e, segundo o modelo de emoções concebido pelos autores em questão, denominam-se "de fundo".

Os resultados das pesquisas conduzidas por Bradley e colaboradores (2001 apud Paladino, 2014) caminham na mesma direção. Eles comprovam que as reações emocionais se organizam em sistemas motivacionais denominados apetitivo e defensivo. O primeiro, ao se relacionar à sobrevida e à procriação, estimula comportamentos que evidenciam interesse e aproximação, tais como a alimentação, o sexo e os cuidados com a prole. Por sua vez, o segundo, ao se vincular às situações que envolvem ameaça, tais como a imobilização e a luta e fuga, estimula comportamentos de esquiva, ou seja, de afastamento do outro.

No entanto, nem sempre a interação humana é dinamizada por informações que o ator emite de modo verbal ou comportamental. Às vezes, a plateia não tem acesso aos bastidores do ator. Nessas ocasiões, o ator tem uma "agenda oculta" que, às vezes, ele esconde de si mesmo.

O desconhecimento das motivações que condicionam ações pessoais cria obstáculos que prejudicam a interação do indivíduo com os demais. Daí o uso de máscaras, quer dizer, gestos, linguagens e vestuários, utilizados para manter sentimentos e necessidades escondidos nos bastidores, nem sempre ser de forma proposital.

Independentemente, porém, de a escolha do uso da máscara ser ou não intencional, ela cria barreiras à comunicação interpessoal. Às vezes é inútil o indivíduo se esforçar para ocultar suas verdadeiras motivações: elas se desvelam involuntariamente. A comunicação não verbal trai a intenção. Os bastidores são trazidos à tona, contradizendo o que se afirma propositalmente.

Quando isso ocorre, os vínculos interpessoais se enfraquecem devido à perda da confiança no outro. Mas, se a comunicação verbal confirma os gestos, o diálogo se fortalece, e, também, o sentimento da confiança. Por conseguinte, a comunicação no âmbito pessoal e organizacional se acentua.

Embora aparentemente simples, o processo comunicação revela-se, na prática, substancialmente mais complexo do que aparenta ser à primeira vista, sobretudo no campo das organizações. A mudança de gestão valoriza o diálogo, uma comunicação autêntica.

Assim, a frequente resistência ao diálogo estimula uma reflexão: por que a dificuldade para a adoção da gestão participativa? Tudo leva a crer que isso se deve ao fato de a concretização desta prática se apóia no diálogo e na descentralização do poder (empoderamento).

Assim, em última instância, uma resposta plausível para a resistência à gestão participativa é a ausência de confiança mútua entre os envolvidos. Esta prática de gestão amedronta ao requerer a coragem para se comunicar sem máscara considerando que a sua presença não favorece vínculos pessoais marcados pela confiança.

Entretanto, um número expressivo de pessoas se habituou a interagir por meio das máscaras para o desempenho dos seus papéis funcionais no cotidiano organizacional. Contudo, concordando com Colassanti (1996) não deveríamos encorajar este meio de comunicação.

> Eu sei que a gente se acostuma. Mas não devia.
>
> A gente se acostuma a morar em apartamento de fundos e a não ter outra vista que não as janelas ao redor. E, porque não tem vista, logo se acostuma a não olhar para fora. E, porque não olha para fora, logo se acostuma a não abrir de todo as cortinas. E, porque não abre as cortinas, logo se acostuma a acender mais cedo a luz. E, à medida que se acostuma, esquece o sol, esquece o ar, esquece a amplidão.
>
> A gente se acostuma a coisas demais, para não sofrer.
>
> A gente se acostuma para não se ralar na aspereza, para preservar a pele. Se acostuma para evitar feridas, sangramentos, para esquivar-se de faca baioneta, para poupar o peito. A gente se acostuma para poupar a vida. Que aos poucos se gasta, e que de tanto acostumar, se perde de si mesma [Colasanti, 1996:9].

A linguagem poética da autora traduz, por metáforas, a dinâmica intrapessoal que condiciona o uso de máscaras no cotidiano. Em contraposição, Nietzsche estimula a ousadia de ser quem se é. Mas, por várias razões, as pessoas escolhem máscaras para esconder quem verdadeiramente são no convívio com os demais. Por que?

A interação humana em ambientes profissionais é influenciada por fatores de naturezas distintas que impedem a comunicação aberta e autêntica. As percepções que as pessoas constroem umas das outras, às vezes, são distantes do que as pessoas são de fato porque elas se apoiam em imagens. Vínculos assentados em máscaras são frágeis.

Como se pode perceber, a simplicidade do processo de comunicação é aparente. Atores e plateia se comunicam com base em percepções construídas com base em fatos atuais, passados e, ainda, em expectativas futuras. A interação com o outro sempre corre o risco da distorção das mensagens, por parte tanto do emissor quanto do receptor, devido à influência dos ruídos ou filtros perceptuais. Mas do que se trata?

Filtros da comunicação são um conjunto de variáveis subjetivas que afetam a percepção, tais como condições psicológicas, idade, gênero, cultura, profissão, desejos, objetivos, experiência anterior, expectativas, crenças, valores, preconceitos. Logo a seletividade, um dos mais frequentes, prova a exclusão, a alteração e a inclusão de dados.

Em síntese, a percepção é a base do processo comunicação. Seu fortalecimento depende da coragem do mergulho interno (autopercepção) e da abertura para perceber o outro (heteropercepção). Logo, pressupondo que os filtros pessoais influenciam o modo de apreender a realidade, inexistem o certo e o errado em se tratando de percepção, que é um processo psicológico que permite ao indivíduo tomar conhecimento de si, do outro e da situação ao seu redor, cuja dinâmica resulta da interação de três componentes: a pessoa que percebe (percebedor), aquela que é o objeto da percepção (percebido) e a situação na qual ocorre a percepção social. Sob a ótica da neurofisiologia, percepção é o mecanismo que conduz estímulos aos centros nervosos, organizados de acordo com o princípio da boa forma, que condicionam a construção de percepções com o mínimo de esforço possível. Ainda, filosoficamente, segundo a abordagem existencial, é o modo pelo qual o indivíduo orienta seu modo de estar no mundo.

Como se verifica, à diferença de uma máquina fotográfica, a percepção humana é mediada por filtros mentais. O que significa dizer que inexiste a realidade em si mesma. A realidade é conforme à percepção de quem a percebe. Como diria Nietzche, não há fatos, antes interpretações. Portanto, a percepção social é única e intranferível. Daí a relevância do processo comunicação em espaços organizacionais ser inquestionável. Trata-se de um aprendizado contínuo:

- Como trocar mensagens centradas no aqui e agora?
- Como perceber fatos distorcendo o mínimo possível seus significados?
- Como construir vínculos sem o apoio de falsas seguranças oferecidas por classificações e rotulações, cujas raízes brotadas no passado interferem no presente?
- Como jogar fora máscaras escolhidas intencionalmente para evitar o encontro com o outro?
- Como lidar com o medo da diferença?

Em última instância, o fenômeno percepção social é o alicerce da interação humana. Lidar com a diferença e respeitá-la são desafios cuja superação demanda mudanças pessoais. Por essa razão, Moreno (1975:9), em uma poesia de sua autoria, afirma que o encontro existencial é uma possibilidade na relação consigo mesmo e com o outro no mundo:

Um encontro de dois: olho a olho, face a face
e quando estiveres perto arrancarei teus olhos e os colocarei no lugar dos meus,
e tu arrancarás meus olhos e os colocarás no lugar dos teus
e, então, te olharei com teus olhos e tu me olharás com os meus.

Referências

AQUINO, C. P. *Administração de recursos humanos*: uma introdução. São Paulo: Atlas, 1980.

ARAÚJO, L. C. G. e GARCIA, A. A. *Gestão de pessoas*: estratégias e integração organizacional. São Paulo: Atlas, 2009.

ARMANI, D. *Como elaborar projetos?* Guia prático para elaboração e gestão de projetos sociais. Porto Alegre: Tomo, 2009.

ATKINSON, J. *Employment flexibility in internal and external labour markets.* Brighton: University of Sussex/Institute of Manpower Studies, 1986.

AYRES, H. H. F.; SOUZA, V. L. Reflexões sobre a atuação do psicólogo nas organizações contemporâneas. Nomeação do conceito assédio moral e seus impactos no gerenciamento do capital humano no Brasil. In: CONGRESSO BRASILEIRO DE PSICOLOGIA ORGANIZACIONAL E DO TRABALHO, V., 2012, Rio de Janeiro. *Anais...* Rio de Janeiro: Uerj, maio 2012.

BARBOSA, L. *Igualdade e meritocracia*: a ética do desempenho nas sociedades modernas. Rio de Janeiro: FGV, 1999.

BECKER, B. E.; HUSELID, M. A.; ULRICH, D. *Gestão estratégica de pessoas com scorecard*: interligando pessoas, estratégia e performance. Rio de Janeiro: Campus, 2001.

BENNIS, W. G. *Desenvolvimento organizacional*: sua natureza, origens e perspectivas. São Paulo: Edgard Blücher, 1972.

BERGAMINI, C. W.; BERALDO, D. G. R. *Avaliação de desempenho na empresa.* 4. ed. São Paulo: Atlas, 1992.

_____. *Motivação nas organizações*. São Paulo: Atlas, 1997.

BITTENCOURT, F. R. et al. *Cargos, carreiras e remuneração*. Rio de Janeiro: FGV, 2005.

BOLTANSKI, L.; CHIAPELLO, È. *Le nouvel esprit du capitalisme*. Paris: Gallimard, 1997.

BONINO, R. Doses de beneflex: como a HP gerencia a sua política de benefícios flexíveis, um modelo mais admirado do que praticado pelas empresas brasileiras. *Melhor*: gestão de Pessoas, São Paulo, p. 30-33, ago. 2003.

BOURDIEU, P. *A miséria do mundo*. Petrópolis, RJ: Vozes, 1997.

BOURGUIGNON, A.; CHIAPELLO, E. The role of criticism in the dynamics of performance evaluation systems. *Critical Perspectives on Accounting*, 2003.

CASTEL, R. *As metamorfoses da questão social*: uma crônica do salário. Petrópolis, RJ: Vozes, 1998.

CASTELLS, M. *Sociedade em rede – a era da informação*: economia, sociedade e cultura. São Paulo: Paz e Terra, 1999.

CATTANI, A. D. *Dicionário crítico sobre trabalho e tecnologia*. Petrópolis, RJ: Vozes, 2002.

CEZARINI, L. S. Um olhar sobre Hegel: crítica da razão dialética de Jean Paul Sartre. *Intuitio*, Porto Alegre, v. 1, n. 2, p. 188-200, nov. 2008.

CHAMPION, D. J. *A sociologia das organizações*. São Paulo: Saraiva, 1979.

CHARAM, R. *Pipeline da liderança*: como criar e gerir uma empresa líder. Rio de Janeiro: Elsevier, 2009.

CHESNAIS, F. *A mundialização do capital*. São Paulo: Xamã, 1996.

CHIAVENATO, I. *Recursos humanos*: o capital humano das organizações. 8. ed. São Paulo: Atlas, 2004.

_____. *Gestão de pessoas*: o novo papel dos recursos humanos nas organizações. 2. ed. São Paulo: Campus, 2005.

CODA, R. *Pesquisa de clima organizacional*: uma contribuição metodológica. Tese (livre docência) – Universidade de São Paulo, São Paulo, 1998. Trabalho não publicado.

COLASSANTI, M. *Eu sei, mas não devia*. Rio de janeiro: Rocco, 1996.

COOPER, G. L.; ARGYRIS, C. *Dicionário enciclopédico de administração*. São Paulo: Atlas, 2003.

COSTA, I. S. A.; BALASSIANO, M. *Gestão de carreiras*: dilemas e perspectivas. São Paulo: Atlas, 2006.

COSTA, S. C. O sistema de relações de trabalho no Brasil: alguns traços históricos e sua precarização atual. *Revista Brasileira de Ciências Sociais*, São Paulo, v. 20, n. 59, p. 111, out. 2005.

COSTA, W. O. Breve estudo sobre a solução dos conflitos trabalhistas no Brasil e no direito comparado. *Revista TST*, Brasília, DF, v. 76, n. 2, p. 18-19, abr./jun. 2010.

DAFT, R. L. *Administração*. São Paulo: Thomson Learning, 2005.

DAVIS, S. M. *Managing corporate culture*. Cambridge, MA: Ballinger, 1984.

DEJOURS, C. *A loucura do trabalho*: estudo da psicopatologia do trabalho. 5. ed. ampl. São Paulo: Cortez, 1992.

_____. *O fator humano*. Rio de Janeiro: FGV, 1997.

_____. *A banalização da injustiça social*. 4. ed. Rio de Janeiro: FGV, 2001.

DENISON, D. R. What is the difference between organizational culture and organization-al climate? A native's point of view on a decade of paradigm wars. *The Academy of Management Review*, v. 21, n. 3, p. 619-654, jul. 1996.

DiMAGGIO, P. *The twenty-first-century firm*: changing economic organization in international perspective. Princeton, NJ: Princeton, 2001.

DUTRA, J. A gestão de carreira. In: _____. *As pessoas na organização*. São Paulo: Gente, 2002. p. 99-114.

DUTRA, J. S. *Competências*: conceitos e instrumentos para gestão de pessoas na empresa moderna. São Paulo: Atlas, 2004.

_____ (Org.). *Gestão de carreiras na empresa contemporânea*. São Paulo: Atlas, 2010.

FAYOL, H. *Administração industrial e geral*: previsão, organização, comando, coordenação, controle. 10 ed. Trad. Irene de Bojaro e Mário de Souza. São Paulo: Atlas, 1989.

FERREIRA, M. C.; ROSSO, S. D. O sujeito forja o ambiente, o ambiente "forja" o sujeito. Mediação indivíduo-ambiente em ergonomia da atividade. In: _____; _____; BARBIERO, A. *A regulação social do trabalho*. Brasília: Paralelo 15, 2003.

FLANNERY, T. P. et al. *Pessoas, desempenho e salários*: as mudanças nas formas de remuneração nas empresas. São Paulo: Futura, 1997.

FLEURY, A.; FLEURY, M. T. L. *Aprendizagem e inovação organizacional*. São Paulo: Atlas, 1997.

FLEURY, M. T. L. *As pessoas na organização*. São Paulo: Gente, 2002.

FRANÇA, A. C. L. *Práticas de recursos humanos – PRH*: conceitos, ferramentas e procedimentos. São Paulo: Atlas, 2010.

FREIRE, P. *Medo e ousadia*: o cotidiano do professor. Rio de Janeiro: Paz e Terra, 1986.

_____. Professora sim, tia não. Cartas a quem ousa ensinar. São Paulo: Olho D'Água, 1993.

FREITAS, M. E. *Cultura organizacional*: identidade, sedução e carisma? Rio de Janeiro: FGV, 1999.

FURNHAM, A. Work in 2020: prognostications about the world of work 20 years into the millennium. *Journal of Managerial Psychology*, Londres, v. 15, n. 3, p. 242-254, 2000.

GALBRAITH, J. R. *Designing the global corporation*. São Francisco: Jossey-Bass, 1995.

GIL, A. C. *Gestão de pessoas*: enfoque nos papéis profissionais. São Paulo: Atlas, 2001.

GOFFMAN, E. *A representação do eu na vida cotidiana*. Petrópolis, Vozes: 2011.

GRÜN, R. A promessa da "inserção profissional instigante" da sociedade em rede: a imposição de sentido e sua sociologia. *Dados – Revista de Ciências Sociais*. Rio de Janeiro, v. 46, n.1, p. 5-38, 2003.

GUÈRIN, F. Ação ergonômica e análise do trabalho. In: _____. *Compreender o trabalho para transformá-lo*. São Paulo: Edgard Blücher, 2001. p. 1-6.

HACKMAN, R.; OLDHAM, G. R. Development of the job diagnostic survey. *Journal of Applied Psychology*, 1975.

HAMEL, G. e PRAHALAD, C. K. *Competindo pelo futuro*: estratégias inovadoras para obter o controle do seu setor e criar os mercados. Rio de Janeiro: Campus, 1995.

HANDY, C. *Os deuses da administração*: como enfrentar as constantes mudanças da cultura empresarial. São Paulo: Saraiva, 1994.

HIRATA, H. et al. As alternativas sueca, italiana e japonesa ao paradigma fordista: elementos de uma discussão sobre o caso brasileiro. In: SEMINÁRIO INTERDISCIPLINAR SOBRE MODELOS DE ORGANIZAÇÃO INDUSTRIAL, POLÍTICA INDUSTRIAL E TRABALHO, 1991, São Paulo. *Anais...* São Paulo: Abet/USP, 1991.

HIRIGOYEN, M. *Mal-estar no trabalho*: redefinindo o assédio moral. Rio de Janeiro: Bertrand Brasil, 2002.

_____. *Assédio moral*: a violência perversa no cotidiano. 6. ed. Rio de Janeiro: Bertrand Brasil, 2003.

HOFER, C. W.; SCHENDEL, D. E. *Strategy formulation*: analytical concepts. St. Paul: West Publishing, 1978.

INGELGARD, A. *On macroergonomics and learning strategies in improving working* conditions. Gotemburgo: Göteborg University, 1998.

KAPLAN, R. S.; NORTON, D. P. *The balanced scorecard*: translating strategy into action. Boston: Harvard Business School Press, 1996.

_____. *A estratégia em ação*. Rio de Janeiro: Campus, 1997.

KÖHLER, H. La "máquina que cambió el mundo" cumplió diez años: el debate sobre la producción ligera. *Sociología del Trabajo, Nueva* Época, n. 41, p. 75-100, inverno 2000-2001

KOLTLER, P. *Administração de marketing*. São Paulo: Pearson Prentice Hall, 2006.

LAWLER. E. E. *Strategic pay*: aligning organizational strategies and pay systems. São Francisco: Jossey-Bass, 1990.

_____. *From the ground up*: six principles for building the new logic. São Francisco: CA: Jossey-Bass, 1996.

LEMOS, A. C.; RODRIGUEZ, D. A.; MONTEIRO, V. C. Empregabilidade e sociedade disciplinar: uma análise do discurso do trabalho contemporâneo à luz de categorias foucaultianas. *O&S*, Salvador, v. 18, n. 59, p. 567-584, out./dez. 2011.

LIMA, F. P. A. Noções de organização do trabalho. In: OLIVEIRA, C. R. de (Org.). *Manual Prático de LER* – lesões por esforço repetitivo. Belo Horizonte: Health, 1998.

LIMONGI, A. C. *Práticas de recursos humanos*. São Paulo: Atlas, 2007.

LUCENA, M. D. S. *Planejamento de recursos humanos*. São Paulo: Atlas, 1990.

_____. *Avaliação de desempenho*. São Paulo: Atlas, 1995.

LUZ, R. S. *Clima organizacional*. Rio de Janeiro: Qualitymark, 1995.

_____. *Gestão do clima organizacional*: proposta de critérios para metodologia de diagnóstico, mensuração e melhoria. Estudo de caso em organizações nacionais e multinacionais localizadas na cidade do Rio de Janeiro. Dissertação (mestrado) – Universidade Federal Fluminense, Niterói, 2003, 182 p.

MAIS QUE uma simples intuição. São Paulo: Siamar Educação e Treinamento, 1998. Vídeo (30 min). Tema: Seleção de pessoal. Ref.: 498. Cód. interno: 26455A.

MANZINI, A. O. *Sistrat*: sistema estratégico de planejamento e desenvolvimento de recursos humanos. Rio de Janeiro: Intercultural, 1987.

MARRAS, J. P. *Administração de recursos humanos*. 3. ed. São Paulo: Futura, 2000.

MARTINS, H. T. Gerenciamento da carreira proteana: contribuições para práticas contemporâneas da gestão de pessoas. In: COSTA, I. S. A.; BALASSIANO, M. *Gestão de carreiras*: dilemas e perspectivas. São Paulo: Atlas, 2006.

McGREGOR, D. *O lado humano da empresa*. São Paulo: Martins Fontes, 1992.

MEISTER, J. *Educação corporativa*. São Paulo: Makron, 1999.

MORGAN, G. *Imagens da organização*. São Paulo: Atlas, 1996.

MORIN, E. *O pensar complexo*. Rio de Janeiro: Garamond, 1999.

MOTA, F. C. P. *Teoria geral da administração*. São Paulo: Biblioteca Pioneira de Administração e Negócios, 1989.

MOTTA, P. R. *Gestão contemporânea*: a ciência e a arte de ser dirigente. Rio de Janeiro: Record, 1991.

MORENO, J. L. *Psicodrama*. São Paulo: Cultrix, 1975.

MOSCOVICI, F. *Desenvolvimento interpessoal*. Rio de Janeiro: José Olympio, 1997.

NOGUEIRA, A. J. F. M. Gestão estratégica das relações de trabalho. In: FLEURY, M. T. L. *As pessoas na organização*. São Paulo: Gente, 2002. p. 33-68.

OLIVEIRA, D. P. R. *Gestão para resultados*: atuação, conhecimentos e habilidades. São Paulo: Atlas, 2010.

OLIVEIRA, M. A. *Pesquisa de clima interno nas empresas*: o caso dos desconfiômetros avariados. São Paulo: Nobel, 1995.

PAIN et al. *Gestão de processos*: pensar, agir e aprender. São Paulo: Bookman, 2009.

PALADINO, L. *A credibilidade da neurociência aplicada ao consumo junto aos executivos de alta gerência e diretoria*. Dissertação (mestrado) – Pontifícia Universidade Católica do Rio de Janeiro, Rio de Janeiro, 2014.

PONTES, B. R. *Avaliação de desempenho*: nova abordagem. São Paulo: LTr, 1999.

_____. *Administração de cargos e salários*. 8. ed. São Paulo: LTr, 2000.

PORTER, M. E. *Estratégia competitiva*: Técnicas para análise de indústrias e da concorrência. Rio de Janeiro: Campus, 1986.

POWELL, W. W. The capitalist firm in the twenty-first century: emerging patterns in Western enterprise. In: DiMAGGIO, P. *The twenty-first-century firm*: changing economic organization in international perspective. Princeton, NJ: Princeton, 2001.

QUINN, R, E. et al. *Competência gerenciais*: princípios e aplicações. Rio de Janeiro: Campus, 2003.

RAJ, Pavanni et al. *Gerenciamento de pessoas em projetos*. Rio de Janeiro: FGV, 2006.

RAMOS FILHO, J. A. *Seleção de dimensões para avaliação de clima organizacional em ambiente de manutenção industrial*. Dissertação (mestrado em engenharia de produção) – Universidade Tecnológica Federal do Paraná, 2008.

RAMPERSAD, H.K. *Scorecard para performance total*: alinhando o capital humano com estratégia e ética empresarial. Rio de Janeiro: Campus, 2004.

REGO, A. O capital psicológico e a vantagem competitiva. *Recursos Humanos Magazine*, Lisboa, set./out. 2007.

RIBEIRO, A. L. *Gestão de pessoas*. São Paulo: Saraiva, 2005.

RIFKIN, J. *O fim dos empregos*: o declínio inevitável dos níveis dos empregos e a redução da força global de trabalho. São Paulo: Pearson Education do Brasil, 2001.

_____. *O fim dos empregos*. São Paulo: Makron Books, 1996.

SCHNEIDER, B. The people make the place. *Personnel Psychology*, n. 40, p. 448, 1987.

SCHUTZ, W. C. *Profunda simplicidade*. São Paulo: Ágora, 1989.

SENGE, P. *A quinta disciplina*: a arte que apreende. São Paulo: Best Seller, 2013.

SILVA, R. F. L. *e-RH em um ambiente global e multicultural*. Brasília: Senac, 2009.

SMITH, V. New forms of work organizations. *Annual Review of Sociology*, v. 23, p. 315-339, ago. 1997.

SOUZA, C. C. S. Afinal, a administração de recursos humanos é uma função realmente estratégica? *Revista de Administração Pública*. Rio de Janeiro, v. 13, n. 3, p. 73, 1979.

SOUZA, E. L. P. Diagnóstico de clima organizacional. *Revista de Administração Pública*, Rio de Janeiro, v. 11, n. 2, p. 141-158, abr./jul. 1977.

_____. *Clima e cultura organizacional*: como se manifestam e como se manejam. São Paulo: Edgard Blücher: 1978.

SOUZA, M. Z. A. *Da administração de pessoal à administração estratégica de recursos humanos*: evolução natural ou consequência de uma estratégia empresarial? Um estudo de caso. Dissertação (mestrado em administração pública) – Escola Brasileira de Administração Pública, Fundação Getulio Vargas, Rio de Janeiro, 1996.

_____. *Modernização sem mudanças: da contagem de cabeças à gestão estratégica de pessoas*. Tese (doutorado em engenharia de produção) – Departamento de Engenharia de Produção, Universidade Federal de São Carlos, São Carlos, 2011.

_____; SOUZA, V. L. Sistemas contemporâneos de desempenho e remuneração: condicionantes do assédio moral no Brasil? In: CONFERÊNCIA PORTUGUESA DE ASSÉDIO MORAL EM PORTUGAL: O assédio moral: emergência de uma nova realidade, 1., 2007, Lisboa. *Anais...* Lisboa: Centro de Investigação em Sociologia Econômica e das Organizações, do Instituto Superior de Economia e Gestão, da Universidade Técnica de Lisboa, 2008.

_____ et al. *Cargos, carreiras e remuneração*. Rio de Janeiro: FGV, 2005.

SOUZA, V. L. O problema do desemprego no Brasil. In: CONGRESSO SOBRE PROBLEMAS DA AMÉRICA LATINA, XIX., 1999. Austin, TE. *Anais...* Austin: Institute of Latin American Studies, 1999.

_____. *Plano de desenvolvimento pessoal – PDP*. Rio e Janeiro: FGV, 2002. Material didático desenvolvido para utilização das oficinas Construindo Planos de Desenvolvimento, na Fundação Getulio Vargas, desde 2002.

_____. *A qualificação do conceito assédio moral no Brasil*: implicações nas práticas de gerenciamento do capital humano. Tese (doutorado) – Universidade Federal de São Carlos, São Carlos: 2008. 669 p.

_____. *Gestão de desempenho*: julgamento ou diálogo? 4. ed. Rio de Janeiro: FGV, 2009.

_____ et al. *Gestão de desempenho*. Rio de Janeiro: FGV, 2009.

SPARROW, P. R. New employee behaviours, work designs and forms of work organization. *Journal of Managerial Psychology*, Sheffield, v. 15. n. 3, p. 202-218, 2000.

STEINER, G. A.; MINER, J. B. *Política e estratégia administrativa*. Rio de Janeiro: Interciência; São Paulo: EdUSP, 1981.

TOLEDO, F.; MILIONI, B. *Dicionário de recursos humanos*. 3. ed., São Paulo: Atlas, 1986.

ULRICH, D. *Campeões de recursos humanos*. São Paulo: Futura, 1998.

VROOM, V. H. *Gestão de pessoas, não de pessoal*. Rio de Janeiro: Campus, 1997.

WALKER, J. W. *Human resource planning*. Nova York: McGraw-Hill, 1980.

WOMACK, J. P.; JONES, D.; ROOS, D. As origens da produção enxuta. In: _____; _____; _____. *A máquina que mudou o mundo*. Rio de Janeiro: Campus. p. 7-60.

WOOD, JR. T. Mudança organizacional e transformação da função recursos humanos. In: _____. *Mudança organizacional*: aprofundando temas atuais em administração de empresas. São Paulo: Atlas, 1995.

_____; PICARELLI FILHO, V. *Remuneração estratégica*. São Paulo: Atlas, 1995.

ZARIFIAN, P. *Objetivo competência*: por uma nova lógica. São Paulo: Atlas, 2001.

ZIMPECK, B. G. *Administração de salários*. 7. ed. São Paulo: Atlas, 1992.

As autoras

Maria Zélia de Almeida Souza

Doutora em engenharia de produção pela Universidade Federal de São Carlos (UFSCar) e mestre em administração pública pela Escola Brasileira de Administração Pública e de Empresas da Fundação Getulio Vargas (Ebape/FGV). É graduada em administração pela Ebape/FGV. Foi gestora de RH e consultora em planejamento e gestão de pessoas. É autora e coautora de publicações no país e no exterior. Teve tese publicada pelo Instituto de Pesquisa Econômica Aplicada (Ipea)/Associação Brasileira de Estudos do Trabalho (Abet) em face de obtenção do primeiro lugar do certame "Prêmio mundo do trabalho em perspectivas multidisciplinar", realizado em 2013. Foi coordenadora e coautora do livro *Cargos, carreira e remuneração* e coautora de *Gestão de recursos humanos*, traduzido para o espanhol. É palestrante em eventos científicos no país e exterior e sócia-diretora da VZ Consultoria. Docente convidada do FGV Management e do IAG, a Escola de Negócios da Pontifícia Universidade Católica (PUC).

Vera Lúcia de Souza

Doutora em engenharia de produção pela Universidade Federal de São Carlos (UFSCar) e mestre em administração pública pela Escola Brasileira de Administração Pública e de Empresas da Fundação Getulio Vargas (Ebape/FGV). É graduada em psicologia pela URFJ. Foi gestora de RH e planejamento estratégico e atua como consultora de gestão de pessoas.

Autora e coautora de publicações no país e no exterior, destacando-se *Gestão de desempenho: julgamento e diálogo*? Foi coordenadora e coautora dos livros *Gestão de desempenho*, *Gestão de pessoas em saúde* e *Valorização profissional e retenção de talentos*. Coautora do livro *Gestão de recursos humanos*, traduzido para o espanhol. Palestrante em eventos científicos no país e exterior. Sócia-diretora da VZ Consultoria. Docente convidada do FGV Management. Terapeuta maieuta-existencial.

Este livro foi impresso nas oficinas gráficas da Editora Vozes Ltda.,
Rua Frei Luís, 100 – Petrópolis, RJ.